Quirinal
Viminal
Esquilin
Caelius
Palatin
1
2
3
6
13
16

S.P.Q.R.

prima.

Gesamtkurs Latein

Ausgabe B

Band 2

C. C. Buchner · Oldenbourg

prima.
Gesamtkurs Latein

Herausgegeben von Clement Utz, Regensburg

prima B wurde auf der Grundlage von prima A erarbeitet von Dr. Wolfgang Freytag, München, Andrea Kammerer, Schwabach, Bernhard O'Connor, Landshut, und Clement Utz, Regensburg.

prima A wurde bearbeitet von Dr. Martin Biermann, Göttingen, Josef Burdich, Neuss, Roswitha Czimmek, Hildesheim, Dr. Wolfgang Freytag, München, Dr. Wolff-Rüdiger Heinz, Kiel, Dr. Gerhard Hey, Kiel, Andrea Kammerer, Schwabach, Dr. Stefan Kipf, Berlin, Anja Lücker, Bonn, Bernhard O'Connor, Landshut, Clement Utz, Regensburg, Prof. Dr. Edzard Visser, Koblenz, und Dr. Brigitte Wilke, Karlsruhe.

1. Auflage 1 5 4 3 2 1 2007 06 05
Die letzte Zahl bedeutet das Jahr dieses Druckes.

Dieses Werk folgt der reformierten Rechtschreibung und Zeichensetzung. Ausnahmen bilden Texte, bei denen künstlerische, philologische oder lizenzrechtliche Gründe einer Änderung entgegenstehen.

www.ccbuchner.de
www.oldenbourg-schulbuchverlag.de

Satz und Gestaltung: Artbox Grafik und Satz GmbH, Bremen
Druck und Bindung: Graph. Großbetrieb Friedrich Pustet, Regensburg

C.C. Buchners Verlag ISBN 3-7661-**5022**-7
Oldenbourg Schulbuchverlag ISBN 3-486-**81372**-2

Liebe Schülerinnen und Schüler!

Für die Arbeit mit dem zweiten Band von **prima B** begleiten euch weiterhin unsere besten Wünsche. Bleibt konsequent bei der Sache, vergesst auch nicht zu wiederholen, damit ihr am Ende unseres Gesamtkurses „prima" Latein könnt!

Hinweise zur Konzeption und zur Arbeit mit prima B

prima B bietet einen zusammenhängenden Lateinlehrgang für den Sprachunterricht in drei Bänden. Alle Teile sind in ihrer Gestaltung und Progression, aber auch in Terminologie und Wortschatz eng aufeinander abgestimmt. Die Grammatikstoffe werden in dem Umfang vorgestellt, wie von den Lehrplänen für Latein heute übereinstimmend gefordert wird. Das Vokabular basiert verlässlich auf den statistischen Untersuchungen des „Bamberger Wortschatzes" und bezieht darüber hinaus den so genannten Kulturwortschatz ein.

Das **Lehrwerk** ist gegliedert in einen Textteil und einen zugehörigen Grammatikteil, der den Wortschatz und die Grammatikstoffe darbietet (vgl. eigenes Vorwort, S. 106 f.). Im **Textteil** schaffen die übersichtliche Anlage der Lektion (auf jeweils vier Seiten) und die thematische Gliederung nach Sequenzen einen hilfreichen Ordnungsrahmen. Innerhalb der Lektionen ermöglichen die einzelnen Teile viel Freiheit im methodischen Vorgehen:

Seite 1: Vorentlastung

Altersgerechte deutsche Texte und Bildmaterial führen **inhaltlich** in die Thematik der Lektion, insbesondere des Lektionstextes, ein. Außerdem werden die **Grammatikstoffe** der Lektion vorgestellt, in aller Regel anhand kurzer und einfacher lateinischer Texte **(G)**, die noch auf neue Vokabeln verzichten.

Seite 2: Lektionstext

Das Kernstück in jeder Lektion ist der **Text (T)**. Er sollte in jedem Fall behandelt werden. Der gesamte Grammatikstoff und alle neuen Vokabeln sind enthalten. Zur Erfassung und Erschließung dieses Textes sowie zur inhaltlichen Abrundung folgen **Aufgaben**, die nummeriert sind (❶).

Seite 3: Übungsmaterial

Verschiedenartige Übungen zum **sprachlichen Training (Ü)** finden sich auf der dritten Seite; sie sind mit Kleinbuchstaben (ⓐ) gekennzeichnet.

Seite 4: Übungsmaterial

Zusatztexte (Z) erweitern das Übersetzungsangebot; sie wälzen den Grammatikstoff der vorausgehenden Lektionen um und dienen der inhaltlichen Abrundung.

Dazu kommen immer wieder spezielle Aufgaben

- zur spielerisch-kreativen Umsetzung
- zur Übersetzungsschulung
- zur Wortschatzarbeit
- und zum Fortleben des Lateinischen

Übungen aller Typen, die sich besonders für die Bearbeitung im Team eignen (auch arbeitsteilig), haben als Kennzeichnung ein Sechseck ⬢. Aus dem vielfältigen Angebot der fakultativen Übungen wird die Lehrkraft gezielt auswählen. Am Ende jeder Sequenz findet sich eine Doppelseite „**prima lesen**", die in erster Linie der Motivation dient.

Für ausführliche Informationen zur Arbeit mit dem Lehrwerk verweisen wir auf den Lehrerband.

Der Mensch und die Götter

Wortschatz und Grammatik

Die Griechen erklären die Welt

Wortschatz und Grammatik

Die Wunderprovinz Kleinasien

Wortschatz und Grammatik

Gallien wird römisch

Wortschatz und Grammatik

Abkürzungsverzeichnis

Abl.	Ablativ
Abl. abs.	Ablativus absolutus
AcI	Akkusativ mit Infinitiv
Adj.	Adjektiv
Adv.	Adverb
Akk.	Akkusativ
Akt.	Aktiv
Dat.	Dativ
Dekl.	Deklination
dir.	direkt
dopp.	doppelt(er)
dt.	deutsch
e.	englisch
f	feminin
f.	französisch
Fut.	Futur
Fw.	Fremdwort
Gen.	Genitiv
griech.	Griechisch
i.	italienisch
Imp.	Imperativ
Impf.	Imperfekt
indekl.	indeklinabel
Ind.	Indikativ
Inf.	Infinitiv
jmd.	jemand(en/em)
intrans.	intransitiv
Jh.	Jahrhundert
Komp.	Komparativ
Konjug.	Konjugation
kons.	konsonantisch
lat.	lateinisch
m	maskulin
m.	mit
Nom.	Nominativ
örtl.	örtlich
n	neutrum
Part.	Partizip
Pass.	Passiv
Perf.	Perfekt
Pers.	Person
PFA	Partizip Futur Aktiv
Pl.	Plural
Plusqpf.	Plusquamperfekt
PPA	Partizip Präsens Aktiv
PPP	Partizip Perfekt Passiv
Präd. nom.	Prädikatsnomen
Präp.	Präposition
Präs.	Präsens
Pron.	Pronomen
röm.	römisch
s.	spanisch
Sg.	Singular
Subj.	Subjunktion
Subst.	Substantiv
Sup.	Superlativ
trans.	transitiv
vgl.	vergleiche
Vok.	Vokativ
wörtl.	wörtlich
zeitl.	zeitlich

Bildnachweis

13/20/23: Musée du Louvre, Paris; 26: Archiv für Kunst und Geschichte, Berlin; 29: Cinetext, Frankfurt am Main; 34: Artothek, Weilheim; 35a: Museumspädagogisches Zentrum, München; 35b: Anja Lücker, Bonn; 39: Chiusi, Museo civico; 41: Neapel, Archäologisches Nationalmuseum; 42: Interfoto, München; 43: Russisches Museum, St. Petersburg; 46: Archäologisches Nationalmuseum, Neapel; 47a: Musée du Louvre, Paris; 47b: Nationalmuseum, Rom; 49: Archiv für Kunst und Geschichte, Berlin; 50: Interfoto, München; 52: British Museum, London; 53/55: Archiv für Kunst und Geschichte, Berlin; 56: Deutsches Theatermuseum, München; 57: Musée du Louvre, Paris; 60: Bridgeman Art Library, London; 61d: Pergamonmuseum, Berlin; 62: Archiv für Kunst und Geschichte, Berlin; 63: Preußischer Kulturbesitz, Berlin; 65: Bowdoin College Museum of Art, Brunswick; 66: Ephesos-Museum, Wien; 69: Archiv für Kunst und Geschichte, Berlin; 70: Rheinisches Bildarchiv, Köln; 74: Archiv für Kunst und Geschichte, Berlin; 86: Rheinisches Landesmuseum, Trier; 89: Cinetext, Frankfurt am Main; 92/93: Musée Crozatier, Le Puy-en-Velay; 94b: Archiv für Kunst und Geschichte, Berlin; 97: Archäologisches Museum, Florenz; 99/101: Archiv für Kunst und Geschichte, Berlin; 104a: Gerhard Dittrich, Bamberg; Verlagsarchiv.

Dem Wirken der Götter ausgeliefert?

Die Götter der Römer:

Jupiter: oberster aller Götter und Herrscher des Himmels

Juno: oberste Göttin und Jupiters Gemahlin, Göttin der Frauen und der Geburt

Minerva: Göttin der Weisheit und des Handwerks

Mars: Gott des Krieges

Neptun: Gott des Meeres und des Wassers

Apollo: Gott des Lichts und der Künste

Diana: Zwillingsschwester des Apollo; Göttin des Mondes und der Jagd

Merkur: Göterbote, Gott des Handels und der Reise

Venus: Göttin der Liebe und der Schönheit

Was lernt ihr kennen?

Auf dieser Seite begegnet ihr den wichtigsten Göttern der Römer. In den folgenden Lektionen erfahrt ihr, wie nach Auffassung der Römer das Leben vom Wirken der Götter geprägt war, wie und mit welchen religiösen Handlungen man dieses Wirken der Götter erforschte. Ja, man hoffte, den Willen der Götter und das Schicksal beeinflussen zu können.

- Verschafft euch Bilder von antiken Tempeln. Beschreibt und zeichnet einen römischen Tempel. Fertigt den Grundriss eines römischen Tempels an. Bastelt allein oder mit anderen ein Modell.

23 Ein Götterspruch aus Delphi

Religion bedeutete bei den Römern, sorgfältig auf die Weisungen der Götter Acht zu geben; denn man glaubte, dass diese in Erscheinungen, Träumen, vielfältigen Zeichen und Orakeln den Menschen ihren Willen offenbarten.

Heiliger Bezirk von Delphi

Die Menschen meinten, durch Opfer, Geschenke, Gebete und Gelübde den Göttern zu gefallen und so Unglück von sich und anderen abwenden zu können. Zahlreich sind die erhaltenen Zeugnisse des religiösen Lebens, angefangen von kleinen Hausaltären und Kultgegenständen bis zu großen Tempelanlagen wie in Delphi.

Apollo

Das bekannteste Orakel befand sich im griechischen Delphi. Auch die Römer fragten dieses Orakel um Rat. Man glaubte, dass der Gott Apollo durch eine Priesterin, Pythia genannt, zu den Menschen spreche. Die Fragesteller übergaben den Apollopriestern ihre Bitten; diese trugen sie dann Pythia vor. In Ekstase gab Pythia unverständliche Laute von sich, die die Priester in oftmals zweideutige Antworten für die Fragesteller formulierten. Natürlich zeigten sich die Besucher durch großzügige Geschenke erkenntlich.

Apollotempel in Delphi

G Erinnerst du dich?

Mercurius Aeneam monuit: „Apud Didonem manere tibi non licet. Cur te tam improbe geris? Celeriter relinque Carthaginem et Italiam pete!“ Quae verba Aeneam vehementer terruerunt.

Adverb

T

Ein Götterspruch aus Delphi

Nach der vernichtenden Niederlage der Römer gegen Hannibal bei Kannä im Jahre 216 v. Chr. (vgl. 13 **T**) gerieten die Römer in Panik. Sie konnten sich die Katastrophe nur damit erklären, dass sich die Götter von Rom abgewandt hätten. Verschiedene Ereignisse des vorangegangenen Jahres wurden nun im Nachhinein als böse Vorzeichen gedeutet; wenn man nur aufmerksamer gewesen wäre, hätte man gewarnt sein müssen – so glaubte man. Der Senat beauftragte einige Männer, die verschiedenen Prophezeiungen auszuwerten. Ja sogar vom berühmten griechischen Orakel des Apollo in Delphi erwartete man einen Ratschlag in dieser schlimmen Situation:

Senatores Quintum Fabium Pictorem cum legatione Delphos miserunt. Qui postquam templum intravit, intus sacerdotibus dixit: „Nos neque improbe neque turpiter egisse credimus. Tamen non iam iucunde vivere possumus, quia dei crudeliter se gerunt. Dicite mihi: Quomodo[1] deos placabimus[2]? Quomodo deos flectemus? Quando dei tandem calamitatum finem facient?“ Et Pythia sortem dedit. Sed legati Romanorum voces Pythiae non intellexerunt.

[1]quōmodo *wie?*
[2]plācāre *beschwichtigen*

Die Priesterin Pythia gibt in Delphi ein Orakel. Griechisches Vasenbild, um 440 v. Chr. (Berlin, Staatliche Antikensammlung).

Daraufhin deuteten die Priester des Apollotempels die Worte der Pythia: Sie nannten dem Abgesandten verschiedene Götter und Göttinnen, denen die Römer ein Sühneopfer abhalten und Geschenke darbringen sollten. Der Tempelvorsteher befahl ihm, mit einem Lorbeerkranz geschmückt nach Rom zurückzufahren und diesen Kranz auf dem Altar des Apollotempels in Rom niederzulegen. Quintus Fabius versprach dies zu tun und opferte noch in Delphi den genannten Göttern, um diese günstig zu stimmen.

Tum Quintus celeriter Romam rediit et senatoribus in curia nuntiavit: „Vobis, Romani, libenter dicam ea, quae sacerdotes responderunt: Deos placate suppliciis ac sacris! Si enim dei nobis aderunt, tuti erimus, immo vero civitas Romana multum valebit et Poenos superabit; victoria populo Romano erit. Ita civitatem Romanam servabimus. Tum vos, Romani, Pythio Apollini e praeda donum mittere debetis. Tamen superbiam a vobis prohibete! Aliter dei vos deserent. Quae dixit Pythia, ut sacerdotes Apollinis confirmaverunt.“ Et vehementer adiecit: „Equidem ex oraculo exii et statim omnibus deis, quos sacerdotes dixerant, pie sacrum feci. Unus e sacerdotibus antea caput meum corona[3] cinxerat. Quam coronam nunc in nostrum templum Apollinis portabo eiusque in ara deponam.“ Senatores statuerunt: „Nos omnia sacra statim magna cum cura faciemus.“

[3]corōna *Kranz*

❶ Welche Forderungen werden den Römern vom Orakel gestellt? Überlege, welche Erwartungen die Römer nach diesem Orakel haben können.

2 Vergleicht **T** (ab Z. 9) mit dem Originaltext aus dem 23. Buch des römischen Historikers Livius, der hier in Übersetzung abgedruckt ist. *Der Gesandte Quintus Fabius Pictor kehrte aus Delphi nach Rom zurück und las die Antwort vor, wie sie aufgeschrieben war. Darin wurden auch die Götter und Göttinnen genannt, denen man ein Sühneopfer abhalten solle, und es war vorgegeben, wie dies zu geschehen habe. Dann hieß es weiter: „Wenn ihr danach handelt, Römer, werden eure Probleme besser und leichter werden. Die Lage eures Staates wird sich mehr nach eurem Sinne gestalten und der Sieg in diesem Krieg wird den Römern beschieden sein. Wenn ihr dann den Staat wohl geführt und gerettet habt, sollt ihr dem pythischen Apollo von eurem erworbenen Gewinn ein Geschenk schicken und von der Beute, ihrem Ertrag und den eroberten Rüstungen ihm ein Ehrengeschenk darbringen. Werdet aber nicht überheblich!" Als er dies aus dem griechischen Orakeltext übersetzt vorgelesen hatte, sagte er, er habe die Orakelstätte verlassen und dann sofort allen diesen Göttern ein Opfer mit Weihrauch und Wein dargebracht. Auch sei ihm vom Tempelvorsteher befohlen worden: Wie er mit einem Lorbeerkranz geschmückt das Orakel betreten und das Opfer dargebracht habe, so bekränzt solle er auch sein Schiff besteigen und den Kranz nicht eher ablegen, als bis er nach Rom gelangt sei. Alle Anordnungen habe er gewissenhaft und sorgfältig befolgt und den Kranz in Rom auf den Altar des Apollo gelegt. Der Senat beschloss, diese Opfer und Bußgottesdienste möglichst bald mit Sorgfalt durchzuführen.* Am Ende des Livius-Textes ist zweimal von „Sorgfalt" die Rede: Wo findet sich in unserem lateinischen Text die Entsprechung?

Ü

a Stelle alle Adverbien aus **T** zusammen und ordne sie nach ihrer Bildungsweise.

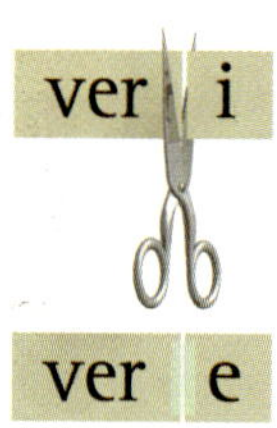

b „Adverbienwerkstatt"
Bilde zunächst zu folgenden Adjektiven den Genitiv. Schneide dann die Endung ab, damit du den Wortstamm erhältst, und klebe die richtige Adverbendung an.
Ein Tipp: Im Team geht die Arbeit leichter von der Hand.

verus	libens	vehemens	fortis
celer	improbus	crudelis	clarus
pulcher	turpis	contentus	iucundus

c Welche Form passt jeweils nicht in die Reihe?
1. interrogabit – intelleget – ibit – ignorabit – interest
2. defendebamus – decernebamus – aderamus – probamus
3. audiemus – aperiemus – tenemus – sentiemus – capiemus
4. duces – vives – aderis – bibis – reges – reperies
5. quaerit – vidit – respondit – venit – reliquit – rediit

WORTSCHATZ

Erkläre die Bedeutung der Komposita aus der Bedeutung des Präfixes und des Verbum simplex:

ad- (hinzu-, dabei-)	ac-cedere, ad-ire, ad-iungere, ad-mittere
dis- (auseinander)	di-mittere, dis-cedere
ex- (heraus-)	ex-cedere, ex-pellere, ex-spectare, e-ripere
con- (zusammen-)	con-venire, con-vocare, con-icere, com-ponere
re- (zurück-, wieder-)	re-vocare, red-ire, re-stare
per- (hindurch-)	per-spicere, per-venire

Z König Krösus missversteht ein Orakel

[1]Lȳdī, ōrum *die Lydier*
[2]beātissimus *der glücklichste*
[3]philosophus: *vgl. Fw.*
[4]aliquandō *einmal*
[5]beātus *glücklich*

Croesus, rex Lydorum[1], se esse beatissimum[2] omnium hominum putabat. Nam multas et magnas regiones vicerat. Tamen Solon philosophus[3], qui aliquando[4] hospes Croesi fuerat, regi dixerat: „Nemo ante mortem beatus[5] est."

Das wiederum hatte Krösus, der über sagenhaft großen Reichtum verfügte, dem Gast nicht glauben wollen. Vielmehr vergrößerte er durch weitere Eroberungen seine Macht.

[6]Persae, Persārum *m die Perser (Nachbarn der Lydier)*
[7]nē ... quidem *nicht einmal*
[8]Halys (*Akk.* Halyn) fluvius *Fluss Halys (kleinasiatischer Grenzfluss zwischen Lydien und Persien)*
[9]dēlēre (*Perf.* dēlēvī) *vernichten*
[10]flamma: *vgl. Fw.*
flammīs dare: *vgl. dazu das Vasenbild*

Croesus ne Persarum[6] quidem[7] vires timebat. Secum cogitavit: „Certe Persas vincam. Antea autem legatos Delphos petere et Pythiam adire iubebo."
Et Pythia respondit: „Si Halyn fluvium[8] transibis, magnum regnum delebis[9]." Croesus iis verbis vehementer gaudebat; nam cogitabat: „Si Halyn transibo, Persas vincam."|
Itaque libenter milites convocavit et cum iis Halyn fluvium transiit et proelium cum Persis iniit. Sed Persae copias Lydorum celeriter superaverunt. Croesum captivum ad Cyrum, regem Persarum, duxerunt. Cyrus milites suos Croesum flammis[10] dare iussit.
Tum Croesus verba Pythiae intellexit: Regnum suum deleverat, postquam Halyn fluvium transiit. Et fortunam suam doluit, quia cognovit: Nemo ante mortem beatus est.

Krösus auf dem Scheiterhaufen. Rotfigurige griechische Vase, um 500 v. Chr. (Paris, Musée du Louvre)

24 Keine Angst vor Gespenstern

- *Der Trainer der siegreichen Mannschaft hat schon drei Wochen lang seinen Pullover nicht gewechselt.*
- *„Toi, toi, toi!" sagen die Schauspieler vor der Premiere.*
- *Am Freitag, dem 13., gehe ich keinen Schritt aus dem Haus!*
- *Bei einer Klassenarbeit bringe ich immer mein Maskottchen mit.*
- *Die Eishockey-Spieler rasieren sich alle nicht, solange ihr Team im Play-off steht.*
- *Wenn man sich in einer Gruppe begrüßt, soll man sich nicht über Kreuz die Hände reichen.*

Sind die aufgeführten Vorstellungen für dich einsichtig? Welche davon sind für dich wichtig?
Was ist Aberglaube?
Versucht eine Definition auch unter Berücksichtigung des folgenden antiken Beispiels:

Die Medusa (rechts) war eine schreckliche Sagengestalt. Denn wer in die wahnsinnigen Augen ihres von Schlangen umrahmten Gesichtes blickte, erstarrte zu Stein. Warum trugen Soldaten Schilde mit dem Medusenhaupt? Warum war auf Haustüren das Medusenhaupt angebracht?

Magische Gemme aus dunkelgrünem Jaspis. Oben Vorderseite: Dämon. Unten Rückseite: Eine magische Beschwörungsformel, die sowohl vorwärts wie rückwärts zu lesen ist. Warum hat sie der Besitzer wohl ständig bei sich getragen?

G

Amicae Iuliam donis delectant.
Iulia ab amicis donis delectatur.
Amicae: „Te muneribus delectamus. Tu a nobis delectaris."
Iulia: „Ego a vobis donor. A vobis donari pulchrum est.
Quotiens a vobis iam donabar!
Etiam parentes donis vestris delectantur.
Iterum atque iterum parentes et ego donis vestris delectabamur.
Sed nunc vos a me donabimini."

T Keine Angst vor Gespenstern

Gerade in der römischen Kaiserzeit, in der der überlieferte Glaube an die Götter immer mehr in den Hintergrund trat, kamen im Alltagsleben überall abergläubische Vorstellungen auf. Auch gebildete Menschen aus der Oberschicht waren nicht frei davon. So wurden z. B. phantastische Gespenstergeschichten kritiklos verbreitet, wie uns der Brief des Schriftstellers **Gaius Plinius** an seinen Freund Sura (Anfang 2. Jh. n. Chr.) zeigt:

C. Plinius Surae suo salutem dicit.

Te interrogo: Tune monstra esse putas? Equidem iterum atque iterum fabulis miris commoveor et terreor. Etiamne tu talibus fabulis permoveris et timore[1] caperis?

Incredibile est, quod nunc narrabo: Antiquis temporibus erant Athenis aedes amplae, sed infames[2]. Nam tempore nocturno ibi sonus[3] ferri et vinculorum gravium audiebatur. Mox etiam senex ignotus videbatur, qui vincula gerebat. Omnes, qui iis in aedibus vivebant, noctes terribiles[4] esse contendebant. Nam a monstro e somno excitabantur. Iterum atque iterum ii, qui hic vivebant, aedes relinquebant.

Quondam venit Athenas Athenodorus philosophus. Cui omnia narrantur, sed: „Neque perturbor neque perterreor“, inquit, „immo vero vos a monstro liberabimini.“ Et aedes conducit.

Iubet nocte se solum in aedibus relinqui. Servos quoque dimitti sinit. Primo est silentium; deinde ferrum et vincula gravia moveri audit. Tum videt monstrum. Quod e tenebris procedit et signa dat. Athenodorus a sene ignoto in peristylium[5] ducitur. Ibi philosophus senem continere studet, sed monstrum, quod modo aderat, subito abest. Postridie[6] philosophus effodi[7] eum locum iussit, ubi monstrum abierat. Ibi ossa[8] et vincula inveniebantur. Postquam ossa rite sepeliri[9] iussit, aedes a monstro liberae erant.

Equidem credo iis, a quibus tales fabulae confirmantur.

Vale!

[1] timor, ōris *Furcht*

[2] īnfāmis, e *berüchtigt*

[3] sonus *Geräusch*

[4] terribilis, e *schrecklich*

[5] peristȳlium *Innenhof*

[6] postrīdiē *am nächsten Tag*

[7] effodere *aufgraben*

[8] os, ossis *n* *Knochen*

[9] rīte sepelīre *ordnungsgemäß bestatten*

❶ Stelle alle Merkmale zusammen, an denen man erkennt, dass **T** ein Brief ist. Worin unterscheidet sich ein römischer Brief von einem Brief, wie wir ihn abfassen würden, oder von einer E-Mail?

❷ Untersuche die Verwendung der Tempora in Z. 5–24. Überlege, weshalb ab Z. 12 wiederholt Präsensformen auftreten.

❸ Welche Gewährsleute nennt Plinius für seine Geschichte? Sammle die Stellen, an denen Plinius sich auf Gewährsleute direkt oder indirekt berufen kann. Was könnte Plinius, einen immerhin gebildeten Vertreter der Oberschicht, zu seinem abschließenden Urteil bewogen haben?

Ü

a Schreibe aus **T** alle Verbformen (ausgenommen Formen von **esse** und der Komposita von **esse**) heraus und setze sie in das andere Genus verbi (Aktiv bzw. Passiv). Zu welchen Verben gibt es kein Passiv?

b Ordne im Heft: Welche Formen sind Aktiv, welche Passiv?

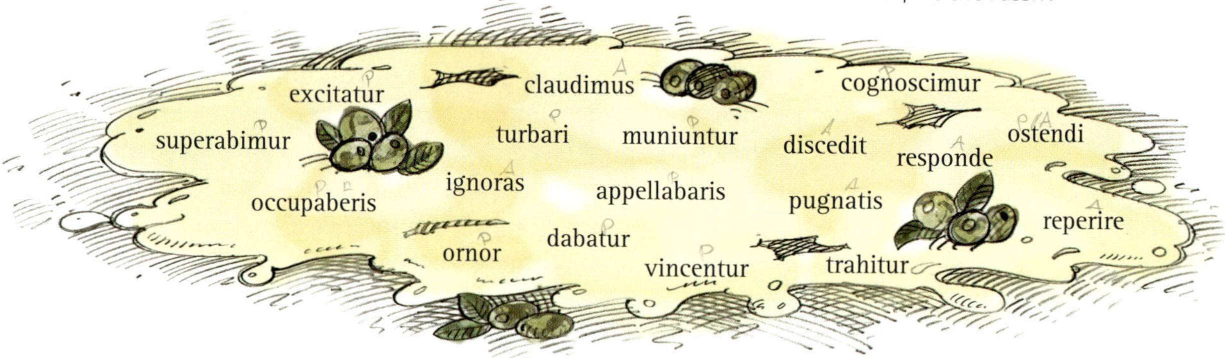

Bestimme anschließend die Formen und übersetze sie.

c Bilde eine Formenreihe in der angegebenen Person im Aktiv und Passiv für Präsens, Imperfekt und Futur:

Beispiel: **vocare** (3. Pers. Sg.)

Aktiv: **vocat – vocabat – vocabit**

Passiv: **vocatur – vocabatur – vocabitur**

capere (1. Pers. Sg.), **liberare** (3. Pers. Pl.), **monere** (2. Pers. Pl.), **decernere** (3. Pers. Sg.), **audire** (1. Pers. Pl.)

d Ordne die deutschen Übersetzungen zu.

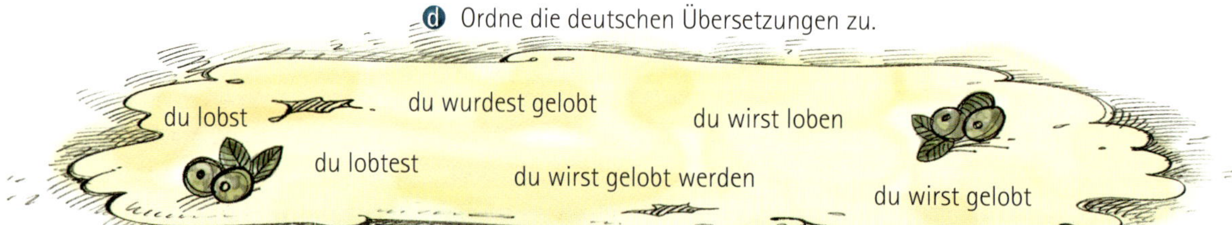

laudas – laudabas – laudabis – laudaris – laudabaris – laudaberis

e Wo wird in den folgenden Sätzen der Urheber einer Handlung genannt, wo eine Ursache und wo keines von beiden?

1. **Fabula mira narratur.** 2. **Multi fabulis miris terrentur.** 3. **Ego non terreor.** 4. **Neque ea fabula, quae narratur, terreor.** 5. **Quae fabula ab amico meo narratur.** 6. **Amicus a monstro non terretur.** 7. **Itaque ea fabula ab amico hospitibus narratur.** 8. **Ita hospites delectantur.**

Ein schwieriges Puzzle

Bildet in Anlehnung an **T** fünf sinnvolle lateinische Sätze.
Als Hilfe sind auch die deutschen Entsprechungen angegeben, allerdings nicht in der richtigen Reihenfolge.

aedes relinquebant – amplae aedes – antiquis temporibus – audiebatur – erant Athenis – ii, qui hic vivebant – incredibile est – iterum atque iterum – tempore nocturno ibi – qui vincula gerebat – quod nunc narrabo – sed infames *(berüchtigt)* – senex videbatur – sonus *(Geräusch)* ferri et vinculorum

aber berüchtigt – befand sich in Athen – das Geräusch von Eisen und Ketten – verließen das Haus – der Fesseln trug – diejenigen, die hier lebten – ein alter Mann wurde gesehen – ein stattliches Haus – es wurde gehört – immer wieder – in alter Zeit – zu nächtlicher Zeit dort – unglaublich ist – was ich jetzt erzählen werde

Z

Der Feind soll verflucht sein

Bronzemodell einer Schafsleber mit Bezeichnung der einzelnen Felder zur Deutung der Vorzeichen, 2. Jh. v. Chr.

Obwohl die Römer schon geglaubt hatten, dass ihre Herrschaft in Mittelitalien gefestigt sei, kam es im Jahr 340 v. Chr. zu einem Krieg gegen die Stämme der Latiner. Wieder einmal stand alles auf dem Spiel. Die beiden Konsuln Decius Mus und Titus Manlius zogen in die Schlacht. Vorher opferten die beiden römischen Feldherrn den Göttern, wie es üblich war. Doch offensichtlich reichte das nicht aus:

Nam uterque[1] consul nocte in somno vidit virum, qui dixit: „Ex altero[2] populo deis debentur milites, ex altero debetur imperator. Unius populi imperator et se et legiones hostium deis devovebit[3]; cuius populo erit victoria."

Da die Opferschauer, die aus den Eingeweiden der geschlachteten Tiere die Zukunft deuteten, die Träume der Konsuln bestätigten, verabredeten die beiden Konsuln, dass derjenige mit seinem Opfertod die Götter umstimmen solle, dessen Legionen vor dem Feind weichen würden.

Et Latini[4] et Romani proelium inierunt. Diu Latini a militibus Romanis prohibebantur. Tum autem legiones Decii fugere coeperunt[5]. Decius Romanos nunc perire et ab Latinis vinci intellexit. De somnio[6] cogitavit et magna voce clamavit: „Iane[7], Iuppiter, Mars pater, Quirine[8], Bellona[9], Lares, vos adeo: Date populo Romano vim victoriamque et exstinguite[10] hostes! Quibus verbis me atque legiones hostium deis devoveo."
Decius statim hostes petivit. Denique Decius necatur, hostes autem a militibus Romanis vincuntur.

[1]uterque *jeder von beiden*
[2]alter – alter *der eine – der andere*
[3]dēvovēre *weihen*

[4]Latīnī *die Latiner*
[5]coepērunt *sie begannen*
[6]somnium *Traum*
[7]Iānus: *Gott der Stadttore*
[8]Quirīnus: *Name des zum Gott erhobenen Romulus*
[9]Bellōna: *Kriegsgöttin, Schwester des Mars*
[10]exstinguere *vernichten*

25 Ein Opfer für Mars

In unserem Sprachgebrauch hat sich der Begriff des „Opferns" erhalten, auch wenn er nicht mehr mit der ursprünglichen Bedeutung zusammenhängt. Wie ist der Begriff in den folgenden Sätzen zu verstehen?

„Im Krieg mussten viele Opfer beklagt werden."
„Beim Schachspiel hat er ein Bauernopfer gebracht."

„Die Zahl der Drogenopfer hat abgenommen."
„Sie hat sich bei der Pflege ihres kranken Mannes aufgeopfert."

Große Opferzeremonien werden in Rom seit der Königszeit auf dem Marsfeld gefeiert. Die gesamte Bürgerschaft Roms versammelt sich dort.
Auch heute herrscht Hochbetrieb, denn die **Zensoren** haben die Vermögenseinschätzung der einzelnen Bürger abgeschlossen. Die Zensoren sind die obersten römischen Steuerbeamten. Sie kontrollieren nicht nur die Staatsfinanzen, sondern beaufsichtigen auch die Vermögensverhältnisse und die Lebensführung (!) der Bürger. Alle fünf Jahre teilen sie die Bevölkerung in Vermögensklassen ein und setzen danach die Steuern fest. Dieses Ereignis ist wichtig für die einzelnen Familien, besonders für diejenigen, die etwas auf sich halten: Denn die Entscheidung der Zensoren hat einen erheblichen Einfluss auf das Ansehen und die weitere Zukunft einer Familie.
Mit der Veranstaltung auf dem Marsfeld ist eine feierliche Opferzeremonie (die so genannte **lustratio**) verbunden: Die Bürger Roms treten in wohl geordneten Reihen zur Musterung an und schauen der Opferzeremonie zu, bei der ein Schwein (**sus**), ein Schaf (**ovis**) und ein Stier (**taurus**) dem Gott Mars geopfert werden.

G

Senatores Quintum Fabium ad oraculum miserunt.
Quintus Fabius a senatoribus ad oraculum missus est.
Quintus Fabius, postquam a senatoribus Delphos missus est, templum Apollinis intravit.
Quintus Fabius a senatoribus Delphos missus templum Apollinis intravit.
Postea Quintus corona *(Kranz)* ornatus Romam rediit.
Antea ea, quae Pythia dixerat, a sacerdotibus nuntiata erant.

Partizip Perfekt Passiv (PPP) - Passiv (Perfekt, Plusquamperfekt)

T

Ein Opfer für Mars

Wir befinden uns im Jahre 184 v. Chr., als Marcus Porcius Cato zusammen mit Lucius Valerius Flaccus Zensor war.

Paulatim in Campum Martium conveniebant homines, qui a Marco Porcio et Lucio Valerio convocati erant. A quibus per duos annos cives censi erant. Cives censi agmine longo a censoribus instructi sunt; pariter cives in Campum Martium convocati lustrationem[1] exspectabant. Denique Marcus Porcius cum collega[2] palam agmen instructum lustravit[3]: Processit cum lictoribus; hostiae[4] actae sunt a compluribus viris, qui antea propter nomina delecti erant: Felix, Fortunatus, Prosper[5]. A quibus viris lectis hostiae, quarum capita ornata erant, ter[6] circum multitudinem civium ductae sunt. Deinde censores aram Martis in Campo Martio positam adierunt. Illic a sacerdotibus sanguis hostiarum interfectarum exceptus est earumque exta[7] probata sunt. Tum Marcus Porcius Cato magna voce oravit: „Mars, supplices te adimus! Audi supplicia nostra! Tibi salutem publicam mandamus. Serva tu, sacro nostro motus, populum Romanum et auge eius gloriam! Officia tibi debita a nobis semper summa cum religione servata sunt. Respice preces nostras! Tibi grati erimus. Et iterum tibi lustratio erit."

[1] lūstrātiō, ōnis *Opferzeremonie*
[2] collēga *m* *Amtskollege*
[3] lūstrāre *mustern, reinigen*
[4] hostia *Opfertier*
[5] Fēlīx, Fortūnātus, Prosper: *alle drei Namen bedeuten „glücklich, beglückt, gesegnet"*
[6] ter *dreimal*
[7] exta, ōrum *Eingeweide*

1 Stellt euch vor, ihr wärt offizieller Veranstalter einer lustratio: Fertigt in Anlehnung an die Sachinformationen und T ein Veranstaltungsprogramm für eine lustratio an!

2 Opfern bedeutete in der Antike: die Götter durch ein Geschenk wohl gesonnen machen, damit sie einen bestimmten Wunsch erfüllen. Weise dies anhand des Opfergebetes (Z.16–21) nach. Woran wird deutlich, dass Götter und Menschen in einem gegenseitigen Abhängigkeitsverhältnis stehen?

3 Zahlen und Symbole (z. B. der Kreis) können magische und beschwörende und somit heilige Bedeutung haben. Finde Beispiele hierfür im Text. Welche Beispiele aus heutiger Zeit sind dir bekannt, wo solche Zahlen, Symbole oder Riten Bedeutung haben?

4 Nomen est omen. – *Der Name ist ein Vorzeichen.* Erkläre mit diesem lateinischen Sprichwort Z. 8 f.

Ü

a Schreibe aus **T** alle PPP-Formen heraus und überlege, ob du im Deutschen besser wörtlich, mit Relativsatz oder Adverbialsatz übersetzt.

Ein Priester opfert. Ausschnitt aus einem römischen Relief, 1. Jh. n. Chr. (Paris, Musée du Louvre)

b Bilde das PPP zu folgenden Verben:
accusare – legere – mittere – interficere – augere – censere – movere – agere – excipere – turbare – respicere – vocare – debere – instruere – habere – audire – ducere

c Verwandle ins Passiv. Die Auflösung der ersten Sätze hilft dir:
1. Claudius amicum exspectavit. – Amicus a Claudio exspectatus est.
2. Amicos delectavimus. – Amici a nobis delectati sunt.
3. Consul senatorem accusaverat. – Senator ...
4. Mulierem vidisti.
5. Hostcs milites superaverant.
6. Ii omnes interfecerunt.
7. Puellas donaveratis.
8. Amicus me excitavit.

ÜBERSETZUNG

Von der Analyse zur Übersetzung
1. Markiere zuerst das Nomen, auf das sich das Partizip bezieht.
2. Isoliere dann den Wortblock, der aus dem Partizip und den davon abhängigen Ergänzungen besteht (durch Einklammern).
3. Übersetze den Satz ohne diesen Wortblock.
4. Übersetze diesen Wortblock wörtlich und mit Relativsatz.
5. Überprüfe, ob du den Wortblock sinnvoller mit einem Adverbialsatz (weil ..., nachdem ...) wiedergeben kannst.
6. Übersetze den ganzen Satz.

1. Cives a censoribus convocati in Campum Martium conveniunt. 2. Omnes longo agmine instructi lustrationem *(Opferzeremonie)* exspectant. 3. Nam censores cives in Campum Martium convocatos Marti deo mandabunt. 4. Mars deus sacris motus civitatem Romanam servabit. 5. Hostes urbem a Marte servatam non superabunt. 6. Immo vero Romani hostes proelio perturbatos superabunt.

d Füge zu den kursiv gedruckten Substantiven die passenden Partizipialausdrücke hinzu:

a) ab imperatore convocati
b) ab imperatore datum
c) convocatos
d) ab hostibus paratas
e) nuntiis commotus
f) oratione excitatis
g) paratis

1. *Milites* statim conveniunt.
2. Imperator *milites* oratione excitat.
3. Imperator se *insidias* non timere nuntiat.
4. Milites quoque se *insidiis* non terreri confirmant.
5. Et omnes *signum* audiunt.
6. Paulo post imperator cum *militibus* hostes petit.

Z Prometheus hilft den Menschen

Prometheus vom alten Göttergeschlecht der Titanen hatte die Menschen erschaffen; dies ärgerte die olympischen Götter, weil sie von den Menschen nicht beachtet wurden:

Dei decreverunt: „Homines peribunt. Eos interficiemus.“ Itaque Prometheus deos adiit et cum iis de officiis hominum et de religione consuluit; denique promisit: „Dei ab hominibus colentur. Homines in aris deis sacra facient. Et dei ab hominibus culti eos servabunt iisque aderunt.“ Quod a deis probatum est. Prometheus autem superbia commotus deos fefellit: Magnum taurum[1] necavit. Dimidium[2] tauri necati deis promisit.

[1]taurus *Stier*
[2]dīmidium *Hälfte*

Prometheus hatte aber nach der Zerstückelung des Tieres zwei Haufen aufgeschichtet: Auf die eine Seite legte er die guten Fleischstücke und bedeckte sie mit dem unappetitlichen Magen, auf die andere Seite legte er die kahlen Knochen, die er sorgfältig mit den üppigen und auf den ersten Blick einladenden Fettschichten bedeckte. Jupiter, der allwissende Göttervater, durchschaute sehr wohl diesen Betrug. Trotzdem ging er auf Prometheus' List ein und wählte im Namen der Götter den Teil, der mit Fett bedeckt war; das bedeutete aber für künftige Opfer, dass die Götter jedes Mal Fett und Knochen, also die ungenießbaren Teile eines Opfertieres, erhalten sollten, dass aber die Menschen beim Opfermahl zu Ehren der Götter die Fleischstücke und Innereien verzehren durften.

Iuppiter autem fraudem[3] Promethei vindicare[4] voluit. Itaque Prometheo dixit: „Nos ab hominibus colemur. Homines nobis sacra facient. Sed propter superbiam tuam homines ignem[5] non habebunt. Homines ignem habere non sinam.“ Prometheus autem hominibus adesse ignemque eis parare cupivit. Itaque clam[6] solem[7] adiit; a sole ignem cepit et hominibus dedit. Tum homines igne a Prometheo donati multum valebant: Igne confirmati bestiis imperabant.
Sed Iuppiter ira commotus Prometheum in monte Caucaso[8] in vinculis esse iussit.

[3]fraus, fraudis *Betrug*
[4]vindicāre *rächen, bestrafen*
[5]īgnis, is *Feuer*
[6]clam *heimlich*
[7]sōl, sōlis *Sonne*
[8]mōns Caucasus *Kaukasusgebirge*

Lange Zeit musste der gefesselte Prometheus grausame Qualen ertragen; denn täglich flog ein Adler, der Vogel Jupiters, herbei und fraß von seiner Leber; und Tag für Tag wuchs die Leber wieder nach. Erst Herkules befreite Prometheus von seinen Qualen.

Atlas und Prometheus. Griechisches Vasenbild, um 560 v. Chr.

26 Der Triumph des Paullus

Ein siegreicher Feldherr darf im Triumphzug mit seinem Heer, den Gefangenen und der Beute durch die Stadt Rom ziehen.
Im Jahre 168 v. Chr. war es dem römischen Feldherrn L. Aemilius Paullus in der Schlacht bei Pydna endlich gelungen, König Perseus von Makedonien entscheidend zu besiegen. Dieser hatte sein Reich immer mehr ausgedehnt, worauf sich viele griechische Städte und kleinasiatische Fürstentümer an Rom um Hilfe gewandt hatten. Und Rom half tatkräftig und mit Erfolg.

Die Beute, die den Römern in die Hände fiel, war so gewaltig, dass die römischen Bürger fortan keine Steuern mehr bezahlen mussten. Livius und andere antike Historiker berichten, dass in Rom an drei aufeinander folgenden Tagen 250 Wagen mit erbeuteten Statuen und Gemälden im Triumphzug mitgeführt wurden; 3000 Männer sollen 750 Gefäße mit Silbergeld, außerdem Schalen, Krüge und Becher getragen haben; natürlich fand auch eine Parade der siegreichen Truppen samt Feldherr und den Gefangenen statt.

G

Et Caesar et Maiestix erant duces *(Anführer)* potentes.
Hic paucis solum Gallis *(Gallier)* imperabat, ille imperium Romanum regebat.
Hunc multi propter virtutem laudant, illius virtus a multis auctoribus antiquis laudatur.
Huic Asterix et Obelix aderant, ille quondam haec dixit: „Veni, vidi, vici."

T Der Triumph des Paullus

Omnes cives illuc conveniunt, ubi praeclarum spectaculum videre possunt. Imprimis in foro magna est turba hominum, qui et victorem ducem et regem captum spectare volunt.

Nimio gaudio permotus unus e turba: „Mox venient et ad Capitolium ibunt.“ Ad haec alius dicit: „Cur non in foro triumphi finem facient?“

Cui ille respondet: „Deis quoque, non solum mortalibus debetur triumphus. Nam hos bella gerere, illos autem victoriam dare credimus. Haec iam maiores nostri intellexerunt. Paullus pristinos mores colit et, postquam illud bellum confectum est, in Capitolio deis gratias aget.“

Iam incedunt hostiae[1] a sacerdotibus ductae. Tum homines, qui triumphum spectant, valde[2] delectantur: Praeda hostium ostenditur. Clamant: „Ecce, haec signa aurea et marmorea[3], illa arma ex aere facta, illae tabulae pictae[4], illae vestes regiae. Spectate et haec et illa! Tanta pecunia, tantum argentum, tantum aurum, tantum aes!“

Deinde rex victus ante victorem ducitur. Hic auro purpuraque[5] fulget[6], ille in vinculis it. Huius dignitas a duobus filiis augetur, quia ambo post patrem eunt; illius miseriam augent filii simul cum patre capti. Tum transit longum agmen equitum et legionum, dum turba clamat: „Io triumphe[7]!“

[1] hostia *Opfertier*
[2] valdē *sehr*
[3] marmoreus *marmorn*
[4] pictus *bemalt*
[5] purpura *Purpur*
[6] fulgēre *glänzen*
[7] Iō triumphe! *Hurra, Triumph!*

Kaiser Tiberius auf dem Triumphwagen. Becher von Boscoreale. 1. Hälfte des 1. Jh.s n. Chr. (Paris, Musée du Louvre)

1. Fertigt anhand von **T** ein Plakat an, auf dem die Aufstellung des Triumphzuges deutlich wird.
2. Verfolge auf der Karte der Stadt Rom den Weg des Triumphzuges, der vom Marsfeld über den Circus Flaminius, das Velabrum und die Via Sacra auf dem Forum zum Kapitol führte.
3. Wo endet der Triumphzug? Wie wird dies in **T** begründet? Erkläre demnach, weshalb dieses Thema „Triumphzug“ zur Sequenz „Römische Religion“ gehört.
4. Welche Details kannst du auf dem Becher erkennen?

Ü

a Wer ist jeweils **hic**, wer **ille**?
Achte darauf, dass du nicht durcheinander kommst.

1. Quis nescit Asterigem et Obelicem?
2. Hunc propter staturam *(Gestalt)* ridemus, illum propter virtutem laudamus.
3. Huic est canis *(Hund)* nomine Idefix, illius auxilio multa pericula prohibentur.
4. Ille potu magico *(durch den Zaubertrank)* incredibilia facit, hic semper multa edere *(essen)* cupit.
5. De hoc et illo narrare oportet.

b Bestimme das geheimnisvolle x:

nos	:	illi	=	nobis	:	x
eius	:	huius	=	eos	:	x
hanc	:	illam	=	hae	:	x
eos	:	hos	=	eorum	:	x
quas	:	illas	=	quibus	:	x
me	:	hunc	=	mecum	:	x

c Füge an Stelle der Ziffern die entsprechende Form von **hic** bzw. **ille** ein. Übersetze dann den kurzen Text:
hae – haec – haec – haec – hanc – illa – ille – illum

Multi homines in (1) vicum *(Dorf)* praeclarum Gallorum *(Gallier)* convenerunt. Nam Maiestix, (2) dux virorum fortium, mulieres placare *(beruhigen)* debet. (3) est Epona, uxor ducis. Et (4) est Barbula, quae (5) verbis laedit. Nam ira Barbulae magna est, quia coniunx *(Gatte)* Eponae in scuto *(auf einem Schild)* portatur, cum domo *(aus dem Haus)* exire vult. Dum (6) verbis illius dolet, Obelix adit et (7) dicit: „(8) mulieres delirant *(spinnen)*!"

d Markiere den Wortblock, der aus dem Partizip und der zugehörigen Ergänzung besteht.
Übersetze dann das Participium coniunctum mit allen bisher gelernten Möglichkeiten:
Servi a domino vocati domum cucurrerunt.

O TEMPORA, O MORES!

SERVA ME, SERVABO TE.

e Übersetze die beiden nebenstehenden Sentenzen und versuche nach dem folgenden Beispiel eine freiere Wiedergabe im Deutschen:

> Sine Cerere et Baccho *friget* Venus.
> Ohne Ceres und Bacchus *friert* Venus.
> Ohne Wein und Brot ist die Liebe tot.

Suche für alle drei Sentenzen Beispiele aus deinem Erfahrungsbereich.

LATEIN LEBT

Welche Wörter kannst du aus dem Lateinischen erklären?
Auf dem Schulhof wurde die Misere publik gemacht. Aber das war keine exzeptionelle Neuigkeit mehr, denn die Schüler dachten nicht daran, die Instruktionen des Rektors zu respektieren. Als erstes wehrten sie sich gegen die Zensur der Schülerzeitung.

Z

Cäsar - ein Gott?

Merkwürdig kommt es uns vor, dass einige bedeutende Römer „vergöttlicht" wurden; man glaubte also, dass sie unter die Götter aufgenommen worden seien. Von Cäsar wird nach seiner Ermordung Folgendes berichtet:

Primo Brutus et Cassius, postquam cum amicis Caesarem interfecerunt, corpus dictatoris[1] in Tiberim mittere volebant. Tum autem Antonius et Piso, amici Caesaris, eos prohibuerunt et Caesarem publico funere efferri[2] iusserunt. Quod senatores probaverunt; timebant enim iram populi, qui dictatorem amaverat eiusque mortem dolebat. Immo vero senatores Caesarem ut deum coli decreverunt. Hoc Antonius consul statim populo nuntiavit; multi enim cives, qui in forum convenerant, funus[3] spectare studebant. Antonius e Caesaris testamento[4], quod ille paulo ante fecerat, recitavit[5]. Ita cives valde[6] moti sunt; nam Caesar omnes cives post mortem suam trecentis sestertiis[7] donari iusserat. Postquam Antonius togam cruentam[8] de corpore Caesaris movit, populus ad tribunal[9] contendit et dictatoris corpus flammis[10] dedit. Alii mensas e tabernis mercatorum rapiebant, alii argentum et aurum. Denique multi cives ira commoti illos viros, qui Caesarem interfecerant, in viis necare studebant; sed Brutus eiusque comites iam Roma[11] fugerant. Et ecce, per septem[12] noctes cometes[13] visus est. Ita omnes Caesarem a deis in caelum acceptum[14] esse putabant.

[1] dictātor, ōris *Diktator*
[2] fūnere efferrī *zu Grabe getragen werden*
[3] fūnus *n* *Leichenbegängnis*
[4] testāmentum: *vgl. Fw.*
[5] recitāre *vortragen*
[6] valdē *sehr*
[7] trecentī sestertiī *300 Sesterzen (Silbermünzen)*
[8] cruentus *blutig*
[9] tribūnal *n* *Podium*
[10] flamma: *vgl. Fw.*
[11] Rōmā *aus Rom*
[12] septem *sieben*
[13] comētēs *m: vgl. Fw.*
[14] in caelum acceptus *in den Himmel aufgenommen*

Das Volk Roms vor Cäsars Bahre. Gemälde von P. Gagliardi

27 Im Namen Gottes

*Giulio Romano: Kaiser Konstantin erscheint das Kreuz (**In hoc signo vinces**). Fresko, um 1520/25. Rom, Vatikan, Sala di Costantino*

Fremden Religionen gegenüber waren die Römer sehr tolerant. Vor allem orientalische Kulte konnten nach Rom eindringen und dort ausgeübt werden. Das aufkommende Christentum aber kam bald mit dem römischen Staat in Konflikt; ein Grund dafür war, dass die Christen den Kaiserkult ablehnten.

Nach den ersten Verfolgungen unter den Kaisern Nero und Domitian war die Rechtslage der Christen lange unklar. Erst im 3. Jahrhundert gab es formelle kaiserliche Dekrete, die von den Christen z. B. das Opfern an heidnischen Altären verlangten. Die letzte große Verfolgungswelle fand unter Kaiser Diokletian (284–305) statt; 303 wurde sie im ganzen römischen Reich angeordnet. Als sich Konstantin schließlich im Kampf um die Herrschaft durchgesetzt hatte und römischer Kaiser geworden war (306–337), beendete er mit dem Toleranzedikt von Mailand 313 die Christenverfolgungen.

G Quamquam hostes se fortiter defenderunt, Paullus bellum confecit. Tum deis gratias agere voluit. Triumphus homines delectavit: Multi in forum cucurrerunt.

Unregelmäßige Perfektbildung (Stammformen)

T

Im Namen Gottes

Kaiser Diokletian wollte Verbesserungen in der Reichsverwaltung erreichen. Daher ernannte er drei weitere (weitgehend gleichberechtigte) Kaiser und teilte das Reichsgebiet auf die vier Herrscher auf. Nach seinem Tod aber kam es um seine Nachfolge zu erbitterten Kämpfen. Die Entscheidung musste schließlich vor den Toren Roms zwischen Maxentius, dem Herrscher in Rom, und Konstantin, dem Imperator aus den Provinzen Britannien und Gallien, fallen.

Maxentius etsi copias Constantini vincere voluit, tamen ipse[1] pugnare noluit. Hoc enim oraculum acceperat: „Peribis, nisi in urbe manebis.“ Manebat igitur in urbe Roma et bellum per duces suos geri iussit.

Constantinus multitudine hostium territus animo defecit. Multa autem nocte vocem divinam audivit, quae dixit: „Inscribe[2] signum Dei in militum scutis[3]. Nam hoc signo vinces.“

Quo signo ornati milites Constantini paulo post proelium inierunt. Copiae autem Maxentii sine imperatore processerunt. In ponte Milvio[4] diu summa vi pugnatum est. Interea ii homines, qui in urbe Roma finem pugnae exspectabant et – Maxentio infesti – Constantino victoriam optabant, iterum atque iterum clamabant: „Constantinus copias adversas vincet! Constantinus victor erit!“

Quorum clamore motus Maxentius libros Sibyllinos quaeri iussit. In quibus hanc sententiam repperit : „Hodie hostis Romanorum peribit.“ Quia putabat his verbis sibi victoriam indicatam esse, Maxentius sine timore urbem Romam reliquit et cum militibus suis hostes temptavit.

Subito autem copiae Constantini vi recenti praevaluerunt[5]. Maxentius copias suas reducere debuit. Celeriter milites fuga salutem petiverunt et pontem transierunt. Multitudine autem militum pons fractus est. Maxentius militesque in Tiberim ruerunt ibique perierunt. Tum homines putabant Constantinum auxilio Dei vicisse.

[1] ipse *(er) selbst*

[2] īn-scrībere in *m. Abl.* *auf etw. schreiben*

[3] scūtum *Schild*

[4] pōns Milvius *die Milvische Brücke (im Norden von Rom)*

[5] prae-valēre *die Oberhand gewinnen*

Das Christusmonogramm auf einem römischen Sarkophag. 4. Jh. n. Chr.

1 Stelle aus **T** die Passagen zusammen, in denen Orakel bzw. Vorzeichen das Geschehen beeinflussen. Inwiefern handelt es sich um Schlüsselstellen?

2 Informiert euch über die Sibyllinischen Bücher und stellt die Ergebnisse der Klasse vor.

Ü

ⓐ Schreibe aus **T** alle Verbformen heraus, die im Perfekt oder Plusquamperfekt Aktiv stehen, und ordne sie nach der Art der Perfektbildung. Welche Spalte bleibt zunächst leer? Fülle diese, indem du eine Verbform aus **T** vom Passiv ins Aktiv verwandelst.

ⓑ Ermittle aus **T** alle PPP-Formen: Nenne zu diesen jeweils den Infinitiv Präsens Aktiv und den Infinitiv Perfekt Aktiv.

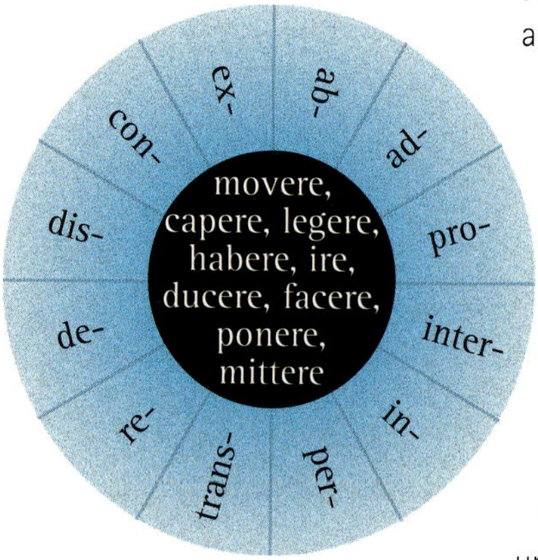

ⓒ Das magische Auge
Mit Hilfe des magischen Auges könnt ihr zu den angegebenen Verben alle Komposita bilden, die ihr schon kennt. Nennt jeweils auch die Stammformen. Beachtet, dass beim „Zusammenbauen" die Vorsilbe assimiliert (angeglichen) werden kann.

ⓓ Knobeln mit System
Überlege jeweils, nach welchem System die Zeilen angeordnet sind, und ergänze die fehlende Form:

pereunt	perierunt	peribant	?	peribunt	perierint
accipior	accipimur	?	accipiuntur	acciperis	accipimini
promittunt	promitto	promittitis	promittit	?	promittis
?	relinquar	relinquor	relinquebamur	relinquemur	relinquimur

ⓔ Ordne den folgenden Formen des Präsensstamms jeweils die entsprechende Form des Perfektstamms zu (Präsens → Perfekt; Imperfekt → Plusquamperfekt; Futur I → Futur II):
accipio – reducis – it – ibit – ibat – reduces – accipiam – accipiebam – reducebas
acceperam – reduxeras – ierit – reduxeris – iit – accepero – reduxisti – ierat – accepi

ⓕ Setze die folgenden Präsensformen ins Imperfekt und ins Futur I:
sumus – habes – ducitis – animadvertitis – vinco – ades – eunt – sentit – adiciunt – sedemus – it – perimus – cingis – postulant

ⓖ Ordne die folgenden Formen in deinem Heft nach den Tempora (Präs., Impf., Fut. I, Perf.):
veniunt – terruisti – transibat – estis – probabimus – capient – respondent – surgebatis – rapit – commiserunt – intelleget – dolebo – constiti – imperat – deposuistis – attingemus – erat
Ergänze zu jeder Form die anderen drei Tempora.

ÜBERSETZUNG

werden, werden, werden

Ermittle jeweils die richtige Übersetzung. Benenne dann den Fehler der falschen Übersetzungen (z. B. Tempus, Genus verbi).

1. Hostes vincuntur.
a) Die Feinde werden siegen.
b) Die Feinde werden besiegt.
c) Die Feinde wurden besiegt.

2. Urbem non capient.
a) Sie werden die Stadt nicht erobern.
b) Die Stadt wird nicht erobert.
c) Die Stadt wird nicht erobert werden.

Z

Rom brennt

Nachdem Kaiser Nero seinen Stiefbruder und seine Mutter hatte umbringen lassen, brachte das Jahr 64 n. Chr. einen Höhepunkt seiner gewalttätigen Herrschaft.

Nox erat. Romani quiescebant, cum clamor omnes terruit: „Fuga salutem petite! Fuga salutem petite! Tota Roma ardet[1]. Omnes peribimus!“ Mox ingens turba hominum in viis est. Undique clamor. Homines territi hoc audiunt: „Certe Nero iussit urbem Romam incendi[2]. Iam diu enim locum petit novo palatio[3] aureo. Nunc autem e loco tuto spectaculum crudele spectat et gaudet.“

Interea Nero secum cogitavit: „Nolo cives credere me urbem incendisse.“ Palam igitur falsa contendit: „Christiani[4] urbem incenderunt. Hostes enim populi Romani sunt. In eos vehementer vindicabo[5].“

Et profecto Nero Christianos necari iussit. Nonnulli in vincula coniecti incensi sunt, nonnulli bestiis interfecti sunt. Plerique homines hodie putant Neronem scelerate rexisse.

[1] ārdēre *brennen*

[2] incendere, incendō, incendī, incēnsum *anzünden*

[3] palātium *Palast*

[4] Chrīstiānus *Christ*

[5] vindicāre in *m. Akk.* *vorgehen gegen*

Kaiser Nero lässt in der Arena christliche Gefangene gegen wilde Tiere antreten. Szenenbild aus dem Film „Quo vadis?“ USA 1951

Roms heilige Stätten

Wer heute die Stadt Rom besucht, findet antike und christliche Bauwerke. Hunderte von Kirchen prägen das Stadtbild, die Überreste zahlreicher Tempel erinnern an die Ursprünge der Stadt. Über einige der interessantesten Bauwerke informiert euch der folgende „Stadtführer".

Sixtinische Kapelle

 id aedificium est, in quo papa[1] novus creatur[2]. Cum fumus albus[3] surgit, homines sciunt: „Habemus papam." Ingens pictura[4]  ornat, quae a Michelangelo[5] facta est.

[1]papa *Papst* [2]creāre *wählen*
[3]fūmus albus *weißer Rauch* [4]pictūra *Gemälde*
[5]Michelangelo *Michelangelo (berühmter italienischer Künstler)*

Petersdom

 est maxima[6] ecclesia[7] orbis. Aedificata est super[8] sepulchrum[9] sancti Petri[10]. Diebus festis[11] papa piis Christianis, qui ante  diu exspectant, et iis, qui televisificam transmissionem[12] spectant, benedictionem[13] dat. Itaque ea benedictio „URBI ET ORBI" appellatur. Etiam tholum[14]  Michelangelo fecit.

[6]maximus, a, um *der größte* [7]ecclēsia *(christliche) Kirche*
[8]super *m. Akk. über* [9]sepulchrum *Grab*
[10]sānctus Petrus *der heilige Petrus* [11]diēbus fēstīs *an Festtagen*
[12]televisifica trānsmissiō *Fernsehübertragung*
[13]benedictiō, benedictiōnis *Segen* [14]tholus *Kuppel*

Santa Maria in Cosmedin

 ecclesia clara est, quia ad portam caput est, quod „Bocca de la verità"[15] appellatur. Etiam nunc nonnulli homines hoc putant:  digitos[16] eorum, qui vera non dicunt, mordet[17].

[15]Bocca de la verità *i. Mund der Wahrheit*
[16]digitus *Finger* [17]mordēre *abbeißen*

Pantheon

id monumentum Romanorum est, quod optime[18] servatum est. Servatum est, quia diu ecclesia erat. nomen Graecum[19] est; hoc nomen 'omnibus deis' significat[20]. Tholus[14] ingens in vertice[21] patet; ita lux templum complet et ut solarium[22] tempus indicat.

[18]optimē *am besten* [19]Graecus, a, um *griechisch*
[20]sīgnificāre *bedeuten* [21]in vertice *an der höchsten Stelle*
[22]sōlārium *Sonnenuhr*

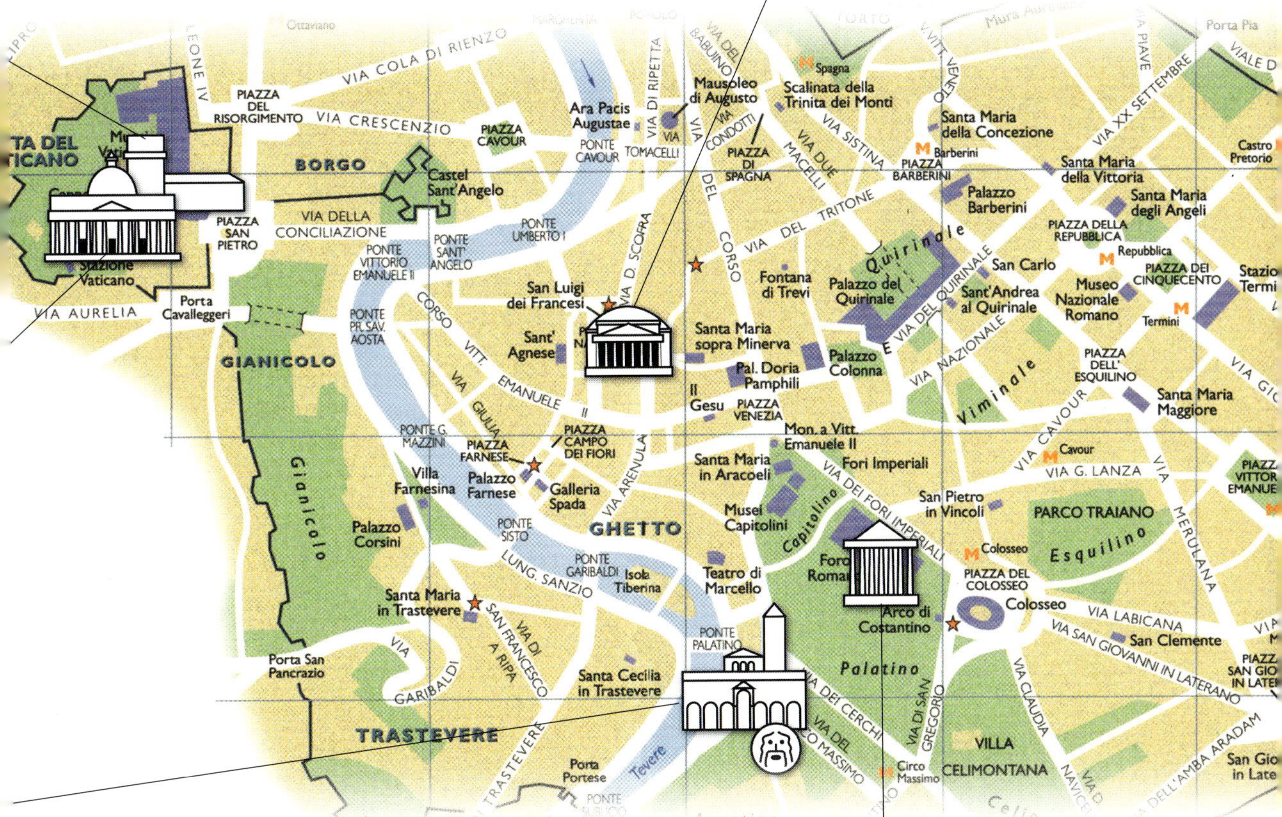

Vestatempel

In virgines flammas[23] Vestae[24] servabant. Romani enim putabant Vestam deam in flammis adesse. Virgines homines ab iniuriis servabant. Etiam servi auxilium earum petebant. Virgines ad templum vivebant, neque maritum neque liberos habere eis licebat.

[23]flammae, flammārum *Feuer*
[24]Vesta *Vesta (röm. Göttin des Herdfeuers)*

Das haben wir gelernt.

Der thematische Schwerpunkt der Sequenz lag auf dem Bereich **römische Religion**. Wenn wir heute durch Museen oder Schlossparks gehen, Wandmalereien auf Deckengewölben oder alte Bilder in Kunstgalerien betrachten, immer begegnen wir Darstellungen der römischen Götter, ja sogar in der modernen Werbung spielen sie mitunter eine Rolle. Deshalb teste dich selbst: Welche der abgebildeten Götter kannst du identifizieren?

In dieser Sequenz gab es folgende Grammatik-Schwerpunkte:
Passiv, **PPP** und **Futur**

ⓐ Das **Passiv** ist dir bereits aus dem Deutsch- und Englischunterricht geläufig. Führe dir nochmals den Perspektivenwechsel vor Augen, indem du mit Hilfe der Grammatik erklärst, was sich jeweils geändert hat:
Senatores legatum Delphos miserunt.
Legatus Delphos missus est.
Legatus a senatoribus Delphos missus est.
Übersetze die lateinischen Sätze auch ins Deutsche und Englische. Was kannst du beobachten?

ⓑ Das **Participium coniunctum** ist eine Spezialität des Lateinischen. Zeige am folgenden Beispiel, dass man es im Deutschen nicht nachahmen, sondern andere Übersetzungsmöglichkeiten wählen sollte:
Perseus rex ab Aemilio Paullo proelio victus et postea captus nunc a civibus hac victoria motis exspectatur.

ⓒ Mit dem **Futur** nimmt es der Lateiner offensichtlich genauer als wir im Deutschen. Und wie ist es im Englischen? Vergleiche:

Cras veniam.	*Morgen* komme ich.	I'll come *tomorrow*.
Tune quoque venies?	Kommst du auch?	Will you come, too?
Certe veniam.	Sicher komme ich.	Certainly I'll come.

Pioniere des Geistes

Wir wenden uns nun verschiedenen Provinzen des **imperium Romanum** zu. Zuerst befassen wir uns mit **Griechenland**, das für die kulturelle Entwicklung der Römer sehr wichtig war. Im 2. Jahrhundert vor Christus wurde Griechenland durch den Sieg des Aemilius Paullus (vgl. Lektion 26) zur römischen Provinz **Achaia** und viele Griechen kamen als Kriegsgefangene nach Rom. Dadurch lernte man in Italien auch die kulturellen Errungenschaften der Griechen kennen. An vielen Orten des römischen Imperiums entstanden Bauwerke nach griechischem Vorbild, vor allem aber wirkten die griechische Sprache und Literatur auf die Römer. Man erzählte griechische Sagen, fasste Reden und philosophische Abhandlungen nach griechischem Muster ab und übertrug griechische Theaterstücke ins Lateinische. Dadurch lernten die Römer neue und spannende Geschichten kennen, wurden aber auch mit wichtigen Fragen, die viele Lebensbereiche berührten, konfrontiert: Woher kommen Blitz und Donner? Wer oder was bestimmt mein Schicksal? Was passiert mit mir, wenn ich mich verliebe? ... Versucht einmal selbst auf diese Fragen eine Antwort zu finden. Dabei helfen euch aber auch die Griechen und Römer, die in den nächsten Lektionen vorkommen.

Griechischer Tempel in Pästum (Süditalien)

Steintafel mit Inschrift in griechischen Buchstaben

Odysseus blendet Polyphem (Vasenbild)

28 Der Mythos von Narziss und Echo

John William Waterhouse (1849–1917): Narziss und Echo (Liverpool, Walker Art Gallery)

Besonders wichtig bei der Übernahme kultureller Vorstellungen der Griechen war die Mythologie. Für die Römer der Frühzeit waren die Götter weniger menschlich handelnde Personen, sondern Mächte in der Natur. Nun wird diese Vorstellung durch die griechischen Mythen stark beeinflusst: Neue Götter werden in Rom verehrt und die Welt der römischen Heldensage wird eng mit der griechischen verbunden.
Abgesehen von ihrem hohen Unterhaltungswert sind die Mythen der Griechen aber auch in einem anderen Sinne ausgesprochen interessant: Sie erklären nämlich sehr anschaulich, welche Ursachen bestimmte Naturerscheinungen in der Welt haben, die den Menschen umgibt. Das einfachste Beispiel ist sicherlich der Blitz: Nach den heutigen Erkenntnissen der Physik handelt es sich um eine elektrische Entladung, nach der griechischen Mythologie sind es Feuerkeile, die Hephaistos (lateinisch: **Vulcanus**), der Gott der Schmiede, anfertigt und die Zeus (lateinisch: **Iuppiter**) als Waffe benutzt.
Der römische Dichter Ovid (43 v. Chr.–17 n. Chr.) hat in seinen „Metamorphosen" (Verwandlungen) viele Mythen ausgestaltet. Diese wurden dann so bekannt, dass sein Werk und seine Geschichten bis heute berühmt sind.

G

In foro Anna aspicit amicos triumphum spectantes.
Puella nomina amicorum vocans per turbam properat.
Subito amicos non iam videt.
Tandem pueri amicam magna voce clamantem aspiciunt et vocant: „Veni, Anna, hic sumus!"
Anna gaudet, quod voces amicorum clamantium audit, et ad eos currit.
Tum pueri puellae multa interroganti omnia ostendunt.

Partizip Präsens Aktiv (PPA)

T

Der Mythos von Narziss und Echo

Die Nymphe Echo war von Juno für ihre Geschwätzigkeit damit bestraft worden, dass sie immer nur die letzten Worte von dem wiederholen durfte, was vorher jemand gesagt hatte. In Echos Umgebung lebte Narziss, ein junger Mann, wunderschön, aber auch so stolz und unnahbar, dass er sich keinem anderen Menschen zuwenden wollte.

Quondam Echo, quae in silva vivebat, aspexit Narcissum bestias capientem. Ubi inter arbores vidit hunc iuvenem pulchrum, amore accensa est. Per silvam et agros vestigia eius petens ab eo magis magisque amari cupiebat. Sed cum eum appellare vult, natura hoc vetat. Tum demum Narcissus eam audit adeuntem, sed inter arbores eam non videt. Itaque interrogat: „Quis adest?“ – „Adest!“ respondet Echo. Narcissus verbum auribus accipit et puellam verbum repetentem quaerit. Sed nihil videns: „Cur“, inquit, „me fugis?“ – „Me fugis!“ illa repetit. Hic autem territus, quod vocem audit, sed neminem videt, magna voce clamat: „Huc veni!“ Et illa amore ardens vocat vocantem „Veni!“ respondens. Rursus Narcissus: „Te videre volo!“ – Et Echo: „Volo!“ Nunc puella iuveni pulchro occurrit. Sed ille fugit fugiensque clamat: „Veto corpus meum a te tangi!“ Ita Echo a Narcisso fugiente repulsa est et in silvam se recepit. Hinc sola vivebat in antro[1]. Amor tamen manebat – dolor crescebat. Tandem membra amantis solvuntur; manet vox.

Hirschjagd. Ausschnitt aus dem Mosaik von Westerhofen, Lkr. Eichstätt (Bayern). Beginn des 3. Jh.s n. Chr.

[1]antrum *Höhle*

❶ Vor der Übersetzung: Ein Schüler und eine Schülerin übernehmen die Rollen der beiden Hauptfiguren und lesen diejenigen Sätze laut vor, die in wörtlicher Rede wiedergegeben sind. Die anderen beschreiben dann, wie das Zusammentreffen der beiden offensichtlich abgelaufen ist. Haltet fest, welches Ende der Geschichte ihr erwartet. Vergleicht nach der Übersetzung das tatsächliche Ende der Geschichte mit euren Erwartungen.

❷ Bildet Gruppen und erstellt eine Abfolge von Fotos zu der Geschichte! Hängt die fertigen Werke aus und vergleicht, bei welcher Gruppe die charakteristische Bewegung der beiden Hauptfiguren (Flucht – Verfolgung) am besten zu sehen ist.

❸ In Ovids Werk nehmen die Hauptfiguren jeweils eine andere Gestalt an. Überlege dir unter diesem Gesichtspunkt ein mögliches Ende des Narziss.

Auch der Dichter Ovid lebt weiter: Das Hotel „Ovidius“ in Venedig

Ü

ⓐ Das Kennzeichen für ein PPA (-nt-) findet sich manchmal auch in anderen Formen. Suche aus der folgenden Liste die Formen heraus, bei denen es sich um ein PPA handelt (Tipp: Bestimme zuerst die Lernform). Die Anfangsbuchstaben dieser Formen ergeben einen wichtigen Begriff aus der Geometrie (übrigens auch ein PPA).
argenti – terrente – ingentibus – ardentis – petunt – vehementia – nescientes – venti – contento – gerenti – excipientium – adulescentium – nuntiantibus – tacens – contendent – exeuntem

ⓑ Dekliniere im Singular und Plural:
puella clamans – iuvenis fugiens – corpus ardens – puer fugere volens – equus currens

ⓒ Achte bei der Übersetzung vor allem auf das Zeitverhältnis:
1. Iuno verba a marito dicta falsa esse putabat. 2. Itaque Iovem quaesivit, qui dixerat se in monte bestias capere velle. 3. Iuno autem aspexit Iovem cum virginibus pulchris, quae nymphae *(Nymphen)* appellantur, in monte se delectantem! – 4. Protinus Echo nympha deae maritum quaerenti occurrit et multa verba faciens Iunonem diu tenebat. 5. Interea *(inzwischen)* aliae nymphae iram Iunonis timentes celeritate incredibili fugerunt. 6. Denique Iuno ira accensa nympham garrulam *(geschwätzig)* punivit *(bestrafen)*.

Franz von Stuck (1863–1928): Narziss betrachtet sein Spiegelbild.

ÜBERSETZUNG

Du weißt schon von der Übersetzung des PPP, dass das Partizip durch die KNG-Kongruenz an sein Bezugswort angebunden ist. So ist es auch beim PPA. Markiere in den folgenden Sätzen das Bezugswort des Partizips und isoliere den Partizipialblock (durch Einklammern).
Übersetze dann jeden Satz ohne den Partizipialblock; baue zuletzt diesen Wortblock sinnvoll in den Satz ein.

Narcissus et amici bestias capientes per campos et silvas properant. Subito iuvenis amicos non iam videt et eos quaerens solus ad stagnum *(Teich)* venit. Ibi bibere cupiens in aqua clara puerum pulcherrimum *(sehr schön)* aspicit. Iuvenis nesciens se faciem *(Gesicht)* suam videre hunc puerum aquam bibentem tangere desiderat. Narcissus autem aquam tangens simul faciem pueri turbat.

WORTSCHATZ

Sammelt aus **T** sämtliche Verben, welche die Hin- und Herbewegungen zwischen Narziss und Echo wiedergeben. Bildet zwei Gruppen von Verben:

1. Bewegung auf etwas zu 2. Bewegung von etwas weg

LATEIN LEBT

Im Italienischen findest du das lateinische PPA wieder: Wer ist wohl mit den folgenden Bezeichnungen gemeint?

l'amante, il credente, l'ignorante, il mittente, lo studente

Z Phaëthon: Hochmut kommt vor dem Fall

Hier eine weitere Geschichte aus dem Schatz der griechischen Mythen – überlege dir bei der Übersetzung, in welchen Fällen diese Begebenheit wohl erzählt wurde! Vielleicht kannst du dir ja auch Situationen in deinem eigenen Leben vorstellen, auf die genau diese Geschichte gut passen würde ...

Phaethon iuvenis semper verba superba faciebat confirmans se filium Solis[1] dei esse. Quia amici ridentes id non credebant, Phaethon ad aedes regias Solis contendit. Aedes auro argentoque factas intravit et patri veste aurea ornato dixit: „Audi preces meas, pater! Ostende et mihi et amicis verba turpia facientibus te patrem meum verum esse.“ Sol respondit: „Tu es filius meus; dabo tibi omnia, quae petis.“ Et Phaethon cupivit currum[2] patris. Ille autem verbis filii territus respondit: „Ingens est, quod petis, Phaethon! Quid putas? Homo es, non deus. Currus ignifer[3] a me tantum regi potest; via nimis periculosa[4] est et vires te deficient. Desine id petere, fili!“ Sed Phaethon non desiit – et tandem Sol puero vehementer roganti paruit.

Denique Phaethon currum patris regens periit – et terra[5] Sole accensa paene exusta[6] est.

[1] Sōl, Sōlis *Sol (der Sonnengott)*

[2] currus *Wagen*
[3] īgnifer *Feuer-, feurig*
[4] perīculōsus: *Adj. zu* perīculum
[5] terra *Erde*
[6] exūrere (-ūssī, -ūstum) *verbrennen*

Welche Stelle aus **Z** ist im folgenden Bild dargestellt? Erläutere, welche anderen Informationen aus **Z** im Bild deutlich werden.

Herabstürzender Phaëthon. Kolorierter Holzschnitt aus dem Mittelalter

29 Penelope vermisst Odysseus

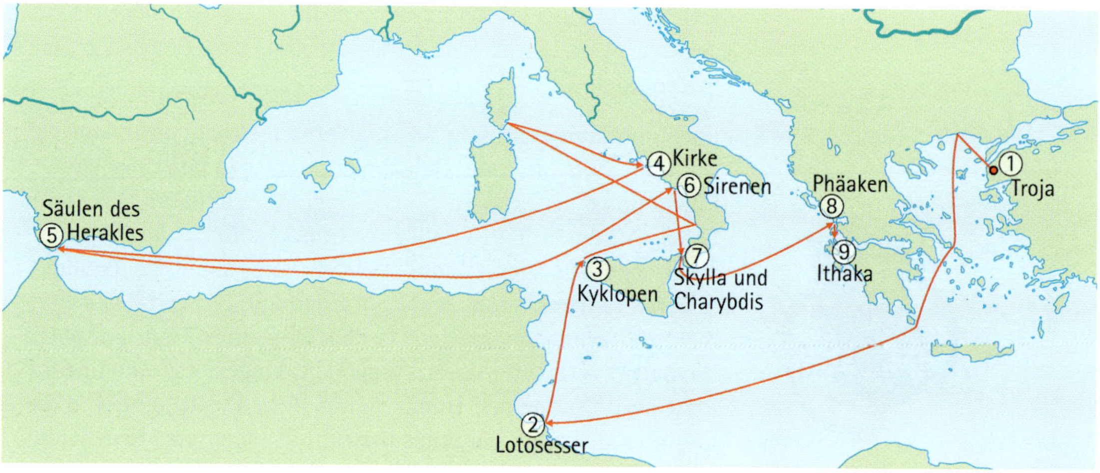

Auf der Karte ist eingezeichnet, wie die Irrfahrt des Odysseus vielleicht verlaufen ist.

Wir haben in der letzten Lektion Verwandlungsgeschichten kennen gelernt, die ursprünglich aus der griechischen Mythologie kommen. Zur Sagenwelt der Griechen gehören auch die Berichte von den Taten großer Helden, die ausführlich in Versen erzählt wurden. Diese Geschichten nennt man Epen.
Der Dichter **Homer** berichtet in dem Epos „**Ilias**" vom langen Kampf um Troja. In seinen Schilderungen begegnen wir dem griechischen Fürsten **Odysseus** (lateinisch **Ulixes**), einem Helden, der in jeder schwierigen Lage einen Ausweg weiß – Homer nennt ihn den „listenreichen" Odysseus!

In seinem anderen großen Epos, der „**Odyssee**", schildert uns Homer die Abenteuer, die Odysseus nach der Zerstörung Trojas auf seiner langen Irrfahrt durch fremde Meere und Länder erlebte, bevor er endlich heimkehren konnte.
Was bewegte den Helden eigentlich vor seiner Abfahrt? Wohin ging seine Sehnsucht? Wusste er, was er zurückließ? In Gisbert Haefs Roman „Troja" (1997) fragt sich Odysseus, als er bereits lange unterwegs ist: „Wer sitzt auf dem Thron, wenn der Fürst heimkehrt und feststellt, er ist kein Fürst mehr, kein Gemahl und kein Vater?"

Wir wollen uns im Folgenden vorstellen, wie sich die Lage der Zurückgebliebenen auf Ithaka darstellte: Der Trojanische Krieg war zu Ende; nach ihrem Sieg über die Trojaner waren die überlebenden Helden der Griechen – wenn sie nicht auf ihrer gefahrvollen Rückfahrt umgekommen waren – nach Hause zurückgekehrt. Odysseus wurde von den Göttern noch an einer Heimkehr gehindert.
Auf der Insel Ithaka wartete seit mittlerweile 20 Jahren Penelope auf die Rückkehr ihres Gatten. Inzwischen war eine Menge von so genannten Freiern, d. h. Männern, die den Platz an Penelopes Seite einnehmen wollten, in den Palast eingezogen. Diese versuchten der Wartenden einzureden, dass Odysseus tot sei und sie einen von ihnen heiraten solle. Penelope aber blieb zurückhaltend und versuchte mit allen möglichen Listen, Zeit zu gewinnen …

G Ulixes per maria errans convenit nympham *(Nymphe)* pulchram, cui nomen erat Calypso *(Kalypso)*. Quae Ulixem amans per nonnullos annos virum apud se tenuit. Sed Ulixes ipse Penelopam uxorem desiderabat! Calypso animum Ulixis perspiciens tamen eum abire non sivit. Itaque Iuppiter ipse Mercurium ad nympham misit; qui ei vehementer flenti imperavit: „Ulixem dimitte!" Denique Calypso virum multis muneribus ornatum dimisit.

T Penelope vermisst Odysseus

Während Penelope sehnsüchtig auf ihren Mann Odysseus wartete, hat sie vielleicht eines Nachts weinend und voller Verzweiflung einen solchen Brief geschrieben:

Penelopa Ulixi suo salutem dicit.

Si tu vales, bene est. Ego ipsa non valeo. Hanc epistulam Penelopa tua amore mota tibi non redeunti mittit, Ulixes. Heu me miseram![1] A te – familiam tuam certe desiderante – nullam accepi epistulam, nullum solacium. Sed opus non est te mihi respondere: Ipse veni!

Ego deserta in lecto iaceo; longas et perpetuas vigilias vix sustineo. Animus meus timore agitatur: Nam postquam Troia perdita est, nonnullos comites tuos in patriam redisse vidi – sed te ipsum in tecto nostro non video. Aliae uxores contentae sunt, sed uxor ducis ipsius sola est.

Ita me de vita tua metuentem tristes curae conficiunt. Sine te nihil mihi contingit, nihil me delectat. Ubi tu nunc labores periculaque suscipis? Cur non redis? Domum rediens amorem tuum ostende! Non ignoras: Tua sum. Penelopa coniunx Ulixis semper erit et numquam alii viro nubet. Equidem tibi redeunti amorem meum ostendam!

Nunc turba virorum locum tuum cupientium me premit; non iam sustineo illos, quos tu – absens[2] ipse – opibus tuis alis. Magna est audacia illorum virorum bona tua consumentium. Mihi ipsi vires non sunt in illos inimicos vehementer consulere. Ego ipsa illos eicere non possum. Tu es arx et ara mihi – domum veni!

[1] Heu mē miseram! *Ach, ich Unglückliche!*

[2] absēns *abwesend*

Penelope am Webstuhl. Nachzeichnung eines griechischen Vasenbildes um 450 v. Chr. (Chiusi, Museo civico)

1. Suche alle PPA aus **T** heraus und ordne sie den verschiedenen Personen (Penelope, Odysseus, Freier) zu. Welcher erste Eindruck ergibt sich dadurch von den einzelnen Personen?
2. Lest in einem Sagenbuch nach, was Odysseus und seine Mitfahrer an den einzelnen Stationen der Irrfahrten erlebt haben. Bildet Gruppen, die je ein Abenteuer vorstellen.
3. Erkläre, was damit gemeint ist, wenn jemand sagt, er habe eine „Odyssee" hinter sich.
4. Lies in einem Sagenbuch nach, warum der Kampf um Troja ausbrach und wie er zu Ende ging. Welches war die bekannteste List des Odysseus? Du hast sie in Band 1 schon kennen gelernt.

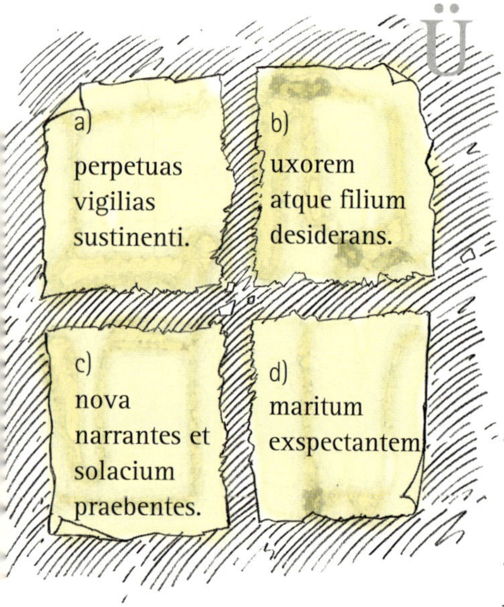

a Stell' dir vor, dass **T** lediglich die Endfassung des Briefes an Odysseus ist und dass Penelope in einer ersten Fassung noch viel mehr Sätze zu Papier gebracht, dann aber doch zerrissen hat. Diese Schnipsel liegen uns jetzt vor und wir müssen sie ordnen: Füge die auf der linken Seite abgedruckten Satzfetzen so an die unten stehenden Teile an, dass sinnvolle Sätze entstehen und übersetze diese dann:

1. Iam diu abest maritus 2. Vires non iam sunt mihi
3. Curae ingentes permovent me 4. Semper audire cupio viros

b In ihrer Sehnsucht nach Odysseus hat Penelope sicherlich jedem zugehört, der irgendetwas von ihrem Gatten zu berichten wusste. Vielleicht ist ihr einmal Folgendes passiert: Eine Freundin, die mit ihrem Mann, einem Gewürzhändler, auf Reisen war, erzählt nach ihrer Rückkehr von einer Begegnung in der Hafenstadt Pylos ...
Achte bei der Übersetzung dieser Begebenheit vor allem auf eine jeweils passende Übertragung der Formen von ipse.

„Homines multa et de Ulixe ipso et de amicis eius narrant, sed ego ipsa maritum tuum vidi, Penelopa. Is cum puella ignota, quae pulchris vestibus ornata erat, palam per portum *(Hafen)* ambulabat *(spazieren gehen)*. Statim: 'Ulixes!', clamo. 'Ulixes, Ulixes!', repeto – sed subito nauta magna voce me ad navem vocat. Postea Ulixem quaerens circumspectavi *(sich umsehen)*, sed neque Ulixem neque puellam ignotam vidi. Hac ipsa nocte illum portum reliquimus. – Audi, Penelopa, perturbata sum, sed verum est: Ulixes ipse erat!"

c Ist ipse wirklich so neu?
Trage in dein Heft nebeneinander die folgenden vier Tabellen ein und vervollständige sie (im *Sg.* und *Pl.*). Setze hinter die Formen, die besonders auffallen und daher genau gelernt werden müssen, ein Ausrufezeichen.

is	ea	id	hic	haec	hoc	ille	illa	illud	ipse	ipsa	ipsum
eius			huius			illius			ipsius		
usw.			usw.			usw.			usw.		

d Amantes non vident. Videntes non amant.
Sucht bzw. überlegt euch ähnliche Sätze (auch im Deutschen), die sich umdrehen lassen.

LATEIN LEBT

Die folgenden Fremdwörter sind offensichtlich von Formen des PPA abgeleitet. Nenne jeweils das PPA (im Nom. Sg.) und den Infinitiv Präsens des betreffenden lateinischen Verbs.

Student, Ignorant, Laborant, Repetent, intelligent, solvent, Tangente

Z Plinius an Calpurnia: Sehnsucht tut weh

Der berühmte römische Schriftsteller Plinius, den du bereits aus 24 T kennst, war einmal wegen einer Reise von seiner geliebten Ehefrau Calpurnia getrennt. Im Unterschied zu der Situation, in der sich Odysseus und Penelope befanden, kamen die Briefe seiner Frau tatsächlich bei Plinius an; das erleichterte ihm die Trennung sehr. Und Calpurnia fand während der Abwesenheit ihres Mannes einen besonderen Trost, wie wir aus einem Brief des Plinius wissen:

C. Plinius Calpurniae suae salutem dicit.

Scripsisti[1] te absentia[2] mea tristem esse, sed tibi unum solacium esse:
Pro me libros meos tenes, quos scripsi tibique reliqui.
Laudo, quod me absentem[3] desideras, laudo, quod his ipsis libris solacium invenis!
Sed – vix credes: Quotiens tu ipsa marito absenti magnum solacium das!
Epistulas enim tuas accepi neque eas legere desino.
Te verba pulchra scribentem etiam magis desidero.
Cuius enim verba scripta tam pulchra sunt, huius verba dicta tantum amoris habent!
Tu tamen multas epistulas scribe – nam hae pariter me delectabunt et dolebunt.
Vale!

[1] scrībere (scrīpsī, scrīptum) *schreiben*
[2] absentia: *Subst. zu* abesse
[3] absēns *abwesend*

❶ In diesem Brief wird deutlich, dass beiden Ehepartnern die Trennung zwar sehr schwer fällt, aber auch erleichtert wird. Wodurch wird Calpurnia und wodurch Plinius getröstet?
❷ Stell' dir vor: Eine Person, die du sehr magst, verlässt dich für einige Zeit: Womit könntest du getröstet werden?

Römisches Ehepaar. Fresko aus Pompeji, 1. Jh. n. Chr. (Neapel, Nationalmuseum)

30 Was steckt hinter den Naturgewalten?

Walter Crane (1845–1915): Die Pferde des Neptun (München, Neue Pinakothek)

In den vorausgegangenen Lektionen hast du schon einige Geschichten aus der Sagenwelt der Griechen kennen gelernt. Am Beispiel der Nymphe Echo hast du auch erfahren, dass die Vorstellungen der Sagenwelt den Menschen dazu dienten, Erscheinungen in der Natur zu erklären. Der griechische Dichter Homer beschrieb den Gott Poseidon – so lautet der griechische Name für Neptun – einmal so: *„Und Poseidon, der Herr, der Erderschütterer, stieg von dem felsigen Berg herab und schritt weit aus mit seinen Füßen und es erzitterten die großen Berge und der Wald unter den Füßen, wie er dahinging. Dreimal griff er aus mit dem Schritt und mit dem vierten erreichte er sein Ziel. Dort angekommen schirrte er die beiden Pferde mit eisernen Füßen an seinen Wagen, schnell fliegende Pferde mit goldenen Mähnen. Und er kleidete sich selbst auch in Gold und fasste eine goldene, gut gefertigte Geißel und stieg auf seinen Wagen. Und er trieb durch die Wogen und es hüpften die Meerungeheuer unter ihm überall her aus den Tiefen und erkannten ihren Herrn. Und voller Freude trat das Meer auseinander und sie flogen ganz leicht dahin und die eiserne Achse des Wagens blieb dabei trocken." (Übersetzung nach Wolfgang Schadewaldt)*

● Welche Bedeutung hatte der Gott Neptun? Werte zur Beantwortung das Bild und den Text des griechischen Dichters Homer aus.
Male ein Bild, das zeigt, wie der Gott ein Erdbeben auslöst.

G

Vergleiche:
a) Homines deos timent. - Timor hominum magnus est.
b) Homines deos timent. - Timor deorum magnus est.

Eine neue Deklination:
Populus Romanus magistratūs creat *(wählt)*.
Magistratūs Romani populo imperant.
3 Populus imperio magistratuum paret.
In senatu de bello et pace agitur.
Magistratūs senatui parent.
6 Auctoritas *(Einfluss)* senatūs magna est.

T

Was steckt hinter den Naturgewalten ?

Das gebirgige griechische Festland und die vielen griechischen Inseln liegen in einer Region, die häufig von See- und Erdbeben heimgesucht wurde.
Im Jahre 372 v. Chr. wurde die griechische Stadt Helike an der Küste des korinthischen Golfes völlig zerstört und versank in den Fluten des Meeres:

Ad Helicem[1], oppidum Graeciae, erat templum Neptuni sacrum; quem deum homines dominum oceani[2] appellabant et – potentiam eius timentes – colebant. Eundem deum alio nomine Ennosigaeon[3] nominabant. Aliquando[4] complures homines Ionii[5] in hoc templo Neptunum colere voluerunt. Sed senatus huius oppidi eos e templo pepulit.
Et eodem anno totum oppidum ingenti motu terrae et fluctibus maris periit.

[1]Helicē *Stadt am korinthischen Golf in Griechenland*
[2]oceanus: *vgl. Fw.*
[3]Ennosigaeon *(griech. Akk.) 'den Erderschütterer'*
[4]aliquandō *einst*
[5]Iōnius, a, um *jonisch, aus Kleinasien*

Wie haben die Menschen dieses Erdbeben erlebt?

Praecesserat[6] diu tremor[7] terrae. Quare iidem magistratus, qui antea homines Ionios e templo pepulerant, – sceleris memores – nunc iram Neptuni timebant. Metu dei commoti ex oppido excedere civibus persuadebant.
Tamen multi cives – consilium magistratuum neglegentes – intra domos et moenia oppidi manebant.
At illa nocte tremor terrae crevit: Homines e somno territi non solum moveri omnia, sed etiam verti et frangi credunt. Domos motu terrae cadentes fugiunt, animum demittunt, manus ad caelum tendunt. Omnia luctūs plena sunt.
Audiuntur undique clamores: Alii parentes, alii liberos, alii coniuges vocant. Omnes eodem metu mortis capti sunt. Audiuntur undique gemitus hominum; audiuntur undique carmina Neptuni sacra.

[6]praecēdere *(Perf.* praecessī*) vorausgehen*
[7]tremor *Zittern*

Karl Brüllow (1799–1852): Untergang einer Stadt (St. Petersburg, Russisches Museum)

1 Stelle aus **T** lateinische Begriffe und Formulierungen zusammen, die das Verhältnis zwischen Menschen und Göttern beschreiben.

2 Wie haben sich die Menschen dem Bericht zufolge das Erdbeben erklärt? Belege deine Antwort mit lateinischen Zitaten.

3 Informiert euch darüber, wie heute Erdbeben erklärt werden. Diskutiert, ob die heutige Erklärung für Menschen, die eine solche Naturkatastrophe erleben, eine Hilfe darstellt.

Ü

a Suche alle Genitive aus **T** und überlege, ob sie dem Typ a) oder b) aus **G** entsprechen.
Suche nach passenden deutschen Übersetzungen für die Genitive des Typs b).

b Übersetze die folgenden Ausdrücke treffend: **amor patris** (2x), **metus mortis**, **timor Romanorum** (2x), **fiducia** *(Vertrauen)* **sui**

c Übertrage die folgende Tabelle in dein Heft. Bestimme die in **T** vorkommenden Formen dieser Substantive, trage sie ein und vervollständige anschließend die Tabelle.

				Endungen
Nom. Sg.	senatus	magistratus	metus	-us
Gen. Sg.	?	?	?	-ūs
Dat. Sg.	?	?	?	
... usw.				

d Ein Erdbeben hat die Wörter durcheinander gebracht!
Stelle Pronomina und mögliche Bezugswörter wieder richtig zusammen und übersetze.

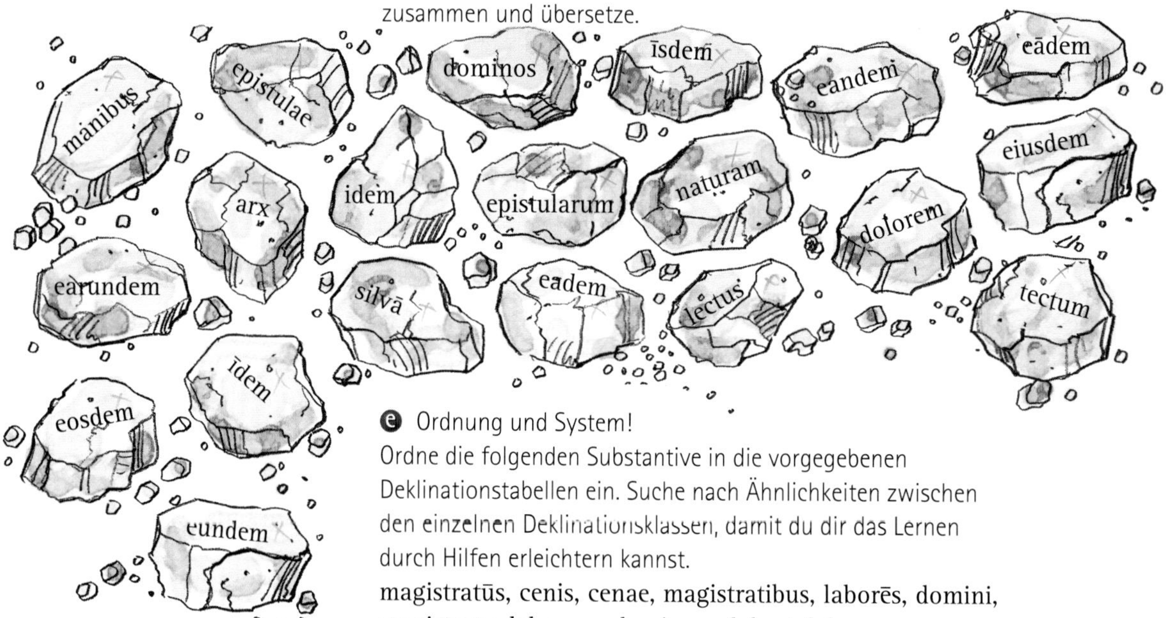

e Ordnung und System!
Ordne die folgenden Substantive in die vorgegebenen Deklinationstabellen ein. Suche nach Ähnlichkeiten zwischen den einzelnen Deklinationsklassen, damit du dir das Lernen durch Hilfen erleichtern kannst.
magistratūs, cenis, cenae, magistratibus, laborēs, domini, magistratu, laborum, dominum, labori, laborem, cenam, magistratuum, labore, domino, cenā, laboribus, laboris, cenas, magistratum, dominorum, dominos, dominis, cenarum, magistratui

	o-Dekl.	a-Dekl.	3. Dekl.	u-Dekl.
Nom.	domin-us	cen-a	labor	magistrat-us
Gen.				
usw.				

Z Thales erklärt das Erdbeben

Als Helike zerstört wurde, glaubten die meisten Menschen, dass das Erdbeben durch den Gott Neptun ausgelöst worden sei. In der kleinasiatischen Stadt Milet hatte allerdings schon lange vorher der Philosoph Thales über die Entstehung von Erdbeben nachgedacht. Er gehörte zu einer Reihe von Männern, die versuchten, die Erscheinungen der Welt mit ihrer Vernunft (griechisch: „logos") zu deuten.
In Europa haben also zuerst die Griechen einen neuen Weg beschritten, Naturerscheinungen zu erklären. Die Römer sind den Griechen auf diesem Weg gefolgt. Und letztlich versuchen auch wir bis heute, die Welt mit Hilfe der menschlichen Vernunft zu verstehen.

Vixerat ante illum motum terrae, quo Helice perdita est, Thales[1] philosophus in Ionia[2]. Qui cogitaverat etiam de causis, quae motum terrae efficiunt[3]: Aqua primum elementum[4] est. Nam orbis aqua portatur ut navis magna et gravis. Motu aquae terram portantis etiam terra movetur ut navis fluctibus agitata.

Multi philosophi, qui postea de natura et de motibus terrae cogitabant, alias causas motus esse dixerunt. Iidem autem animum Thalis laudabant, quod censuit iram deorum non esse causam motuum. Ita philosophus ille ratione[5] timorem deorum vicit – quamquam errabat de veris causis, quae motum terrae efficiunt.

[1]Thalēs, is *Thales*
[2]Iōnia *Kleinasien*
[3]efficere *hervorrufen*
[4]elementum *Grundstoff*
[5]ratiō, ōnis *f* *Vernunft*

❶ Spätere Philosophen hielten die Theorien des Thales teilweise für falsch. Erkläre, weshalb sie ihn trotzdem verehrten.

❷ Informiert euch (z. B. im Internet unter der Adresse www.philosophenlexikon.de), über welche weiteren Probleme Thales nachgedacht hat, und stellt euren Mitschülern die Ergebnisse vor.

LATEIN LEBT

Ist doch „logisch"!

Das griechische Wort „logos" bedeutet *Vernunft* und *planvolles Denken*. So kommt es, dass die Bezeichnungen vieler moderner Wissenschaften, die ihre Wurzeln im antiken Griechenland haben, aus dem Griechischen kommen und oft mit der Endung „-logie" (= Lehre von ...) gebildet werden:

Archäo-logie

Geo-logie

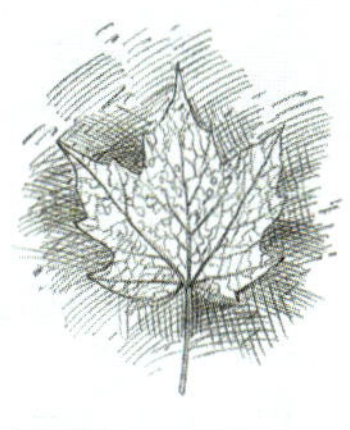

Bio-logie

Psycho-logie

Stelle die Namen weiterer Wissenschaften zusammen und erkläre mit Hilfe eines Lexikons ihre Bezeichnung.

31 Römer und Philosophie?

Philosophenmosaik. Pompeji, 1. Jh. n. Chr. (Neapel, Nationalmuseum)

Mit Thales (vgl. 30 **Z**) beginnen die Griechen um 600 v. Chr., nicht mehr in den Mythen, sondern in der Philosophie Erklärungen über die Götter, die Menschen und die Welt zu suchen. Es geht ihnen dabei um Fragen wie:

- „Bestimmen die Götter oder das Schicksal das Handeln der Menschen?"
- „Was tun wir eigentlich, wenn wir denken?"
- „Wie sollte ein Staat aufgebaut sein?"

So entwickeln dann vor allem Platon und Aristoteles umfassende philosophische Systeme; im 3. Jh. v. Chr. kommen die Gedanken der Stoiker und Epikureer hinzu, die sehr schnell großen Einfluss gewinnen und danach die Geschichte der Philosophie für lange Zeit bestimmen sollten.

In Rom tritt man erst im Jahr 155 v. Chr. in direkten Kontakt mit dieser Art des Denkens. Drei bedeutende Philosophen aus Athen besuchen Rom und vertreiben sich die Zeit damit, ihre seit langem entwickelte Art logisch zu argumentieren öffentlich vorzuführen; so etwas ist in Rom bisher noch unbekannt. Viele Jugendliche reagieren darauf begeistert, die Älteren ablehnend. Vor allem der greise Politiker Marcus Porcius Cato macht massiv Front gegen diese Philosophen, die er abfällig **Graeculi** („Griechlein") nennt.

G

Terra movetur; itaque magistratus urbis homines domos relinquere iubent. Homines autem consilium magistratuum neglegunt. Eo consilio neglecto urbs plena hominum est. Itaque multi eorum muris domuum laeduntur et interficiuntur. Muris homines laedentibus magnus clamor auditur. Nunc demum homines urbem deserunt. Urbe deserta nemo redit.

Ablativus absolutus

M. Porcius Cato, 234–149 v. Chr. (Paris, Musée du Louvre)

Mark Aurel, Kaiser von 161–180 n. Chr. (Rom, Nationalmuseum)

T

Römer und Philosophie?

Cato stellt im Senat den Antrag, die Philosophen aus Rom auszuweisen:

„Dico vobis, patres conscripti: Ex urbe pellere debemus illos philosophos Graecos, qui orationibus suis non solum mutabunt animos adulescentium Romanorum, sed etiam exstinguent civitatem nostram! Civitatis nostrae interest adulescentes Romanos orationibus eorum aures non praebere. Orationibus Graecorum auditis multi eorum philosophiam magni aestimare incipiebant; magna pars eorum mox huic disciplinae studebit.

At si id facient, civitas nostra peribit. Credite mihi: Sententiis philosophorum Graecorum cognitis adulescentes nostri corpora non iam exercebunt; vim corporum neglegent. Vi corporum neglecta inopiam laboresque non iam sustinebunt et in bellis male pugnabunt. Sed periculis ingentibus imperio nostro instantibus necessarium est milites Romanos magna vi pugnare. Quod si non iam facient, imperium amittemus; denique urbs ipsa ab hostibus petetur.

Quare vos moneo: Vindicate in illos Graecos, qui iuvenes Romanos docent; damnate eorum philosophiam! Nam philosophia causa funeris nostri erit. Dum vivam, nullo modo sinam iuvenes Romanos philosophia Graeca corrumpi. Itaque illos Graecos ex urbe nostra expellite! Philosophis ex urbe pulsis mores nostri non peribunt."

Hac oratione habita nonnulli senatores his verbis acerbis restiterunt. Sed Catone iterum atque iterum Graecos reprehendente animi senatorum mutati sunt. Denique expulsio[1] philosophorum decreta est.

[1] expulsiō, ōnis *Vertreibung*

Das untere Bild zeigt Mark Aurel, der zwischen 161 und 180 n. Chr. Kaiser war. Er hatte eine für einen römischen Herrscher seltene Leidenschaft, die Philosophie. Um dies sichtbar zu machen, trug er einen Vollbart, damals ein typisches Kennzeichen für einen Philosophen. Mark Aurel verfasste sogar eine umfangreiche philosophische Abhandlung, und zwar in der Sprache der Philosophie, dem Griechischen.

❶ Erkläre das Sprichwort: Barba *(der Bart)* non facit philosophum.

❷ Vergleiche die Bilder von Cato und Mark Aurel und überlege, welche Art von Mensch in den Gesichtern erkennbar werden soll.

❸ Erläutere anhand von **T**, was Cato aufgrund des griechischen Einflusses für das Leben in Rom befürchtet.

Ü

a Stelle alle Partizipien aus **T** in einer Liste zusammen und notiere dazu die Bezugswörter. Vergleiche dein Ergebnis mit den Listen deiner Mitschüler.

b Wenn man das Partizip eines Ablativus absolutus mit seinem Bezugswort verbindet, entsteht eine Wortgruppe. Finde in **T** solche Wortgruppen und suche verschiedene Wiedergabemöglichkeiten für das Deutsche. Überlege, welche Übersetzung dem Lateinischen am nächsten kommt.

c Suche im folgenden Satzgefüge die Partizipien. Beschreibe den Unterschied in ihrer grammatischen Verwendung.
Verbis philosophorum cognitis Cato habuit orationem a multis senatoribus laudatam, in qua philosophi damnati sunt.

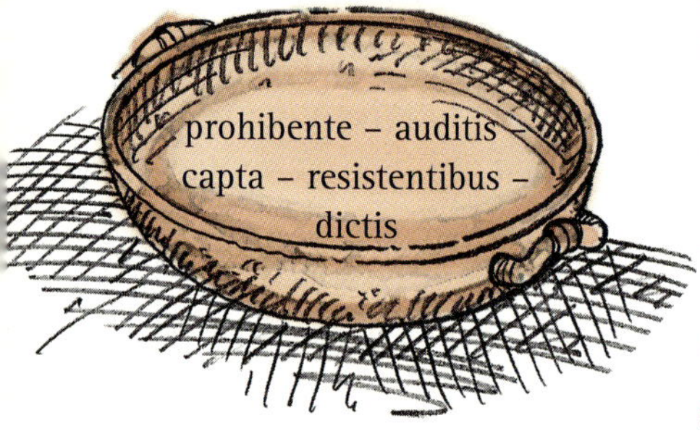

d Im Topf stecken verschiedene Partizipien. Füge in jeden Satz ein Partizip ein, sodass sinnvolle Aussagen entstehen:

1. His verbis Cato abiit.
2. Nullo hoste ? milites Romam petunt.
3. Troia ? Graeci in patriam redierunt.
4. Verbis philosophorum ? adulescentes imperium non iam defendent.
5. Multis hostibus ? Caesar arcem urbis capere non potuit.

e Der Unterschied zwischen Aktiv und Passiv ist bei Partizipien wichtig:
Magistro *(Lehrer)* reprehendente liberi non gaudent. –
Magistro *(Lehrer)* reprehenso liberi gaudent.
Erkläre den Unterschied zwischen den beiden Sätzen.

f Füge mit Hilfe eines Ablativus absolutus die beiden Einzelsätze zu einem einzigen Satz zusammen:

Orationes	ab adulescentibus Romanis	laudatae sunt.
Cato	philosophos in urbe manere	vetuit.

Übersetze den entstandenen Satz. Welche Sinnrichtung passt für die Wiedergabe des Ablativus absolutus?

LATEIN LEBT

lateinisch:	**philosophia**	**philosophus**	**philosophicus**
deutsch:	*Philosophie*	*Philosoph*	*philosophisch*
englisch:	*philosophy*	*philosopher*	*philosophical*
französisch:	*philosophie*	*philosophe*	*philosophique*
italienisch:	*filosofia*	*filosofo*	*filosofico*

1. Sucht das Wort 'Philosophie' in weiteren Sprachen.
2. Entwerft eine ähnliche Liste zu einem anderen aus dem Lateinischen oder Griechischen stammenden Wort.

Z Gespräch über den Philosophen Epikur

70 Jahre nach Catos Tod sprechen Memmius (M) und Lucretius (L) über Epikur (Epicūrus):

M: Dic mihi: Cur amas philosophiam Epicuri?

L: Epicurus non solum mihi ipsi, sed etiam omnibus hominibus donum magnum dedit: A metu deorum nos liberavit.

M: Quid dicis? Nonne credit Epicurus homines a deis regi?

L: Dicit deos neque in caelo nostro esse neque vitam hominum temperare. Intellegisne Epicurum hoc modo cunctos homines liberavisse? Sententiis Epicuri cognitis animus meus non iam turbatus est: Nam doctrina[1] eius metum deorum tollit. Metu deorum sublato felix[2] vivo. Gratias ago Epicuro.

M: Mihi persuasisti. Certe necessarium est multos Romanos studere huic doctrinae. Quare ostende praecepta[3] eius verbis tuis!

L: Quod faciam et Epicuro ducente philosophiam docebo.

[1] doctrīna *Lehre*
[2] fēlīx *glücklich*
[3] praeceptum *Vorschrift*

Raffael (1483–1520): Die sog. Schule von Athen mit einer Darstellung aller berühmten griechischen Denker, im Zentrum Platon und Aristoteles. Fresko, um 1508–11 (Rom, Vatikan)

32 Die Tragödie der Antigone

Das Dionysos-Theater am Fuß der Akropolis in Athen, 4. Jh. v. Chr.

Im Dionysos-Theater in Athen fanden jährlich zu Ehren des Gottes Dionysos Theateraufführungen statt. Mehrere Dichter traten mit ihren Theaterstücken in einen Wettstreit. Eine Aufführung bestand aus drei ernsten und einem komischen Theaterstück: drei Tragödien und einer Komödie. Die berühmtesten athenischen Tragödiendichter waren Aischylos, Sophokles und Euripides. Bekannte Komödiendichter waren Aristophanes und Menander.
Alle Athener besuchten die Aufführungen. Der Eintritt war frei. In den Theaterstücken wurden Probleme behandelt, die das ganze Volk und sein Zusammenleben betrafen, zum Beispiel Krieg und Frieden, Gewaltherrschaft, Gehorsam und Auflehnung, Frömmigkeit, Männer und Frauen. Später nahmen sich auch Dichter in Rom diese Theaterstücke zum Vorbild; von Rom aus wurden sie zum kulturellen Erbe Europas. So werden die Dramen der Griechen auch heute auf Bühnen in der ganzen Welt aufgeführt.

● Informiere dich über die Titel griechischer Theaterstücke und versuche herauszufinden, ob einzelne Stücke zur Zeit in deutschen Theatern aufgeführt werden.

G Vergleiche den lateinischen Satz und die deutschen Wiedergabemöglichkeiten.
Philosophis ex urbe pulsis tamen Romani philosophiae studebant.

a) Nachdem die Philosophen aus der Stadt vertrieben worden waren, interessierten sich die Römer dennoch für Philosophie.
b) Obwohl die Philosophen aus der Stadt vertrieben worden waren, interessierten sich die Römer dennoch für Philosophie.
c) Die Philosophen waren aus der Stadt vertrieben worden; aber trotzdem interessierten sich die Römer für Philosophie.
d) Trotz der Vertreibung der Philosophen aus der Stadt interessierten sich die Römer für Philosophie.

T

Die Tragödie der Antigone

Der griechische Dichter Sophokles stellt in verschiedenen Tragödien das Schicksal der Königsfamilie von Theben dar: Sie ist durch einen Fluch zum Unheil verdammt. Darunter hat schon König Ödipus fürchterlich gelitten. Aber auch seine Söhne Eteokles (Eteoclēs, Eteoclis) und Polyneikes (Polynīcēs, Polynīcis) und die Töchter Antigone und Ismene können dem Verderben nicht entgehen:

Post Oedipodis mortem Eteocles et Polynices de imperio urbis certaverunt[1]. Denique Polynices Thebas reliquit et ad Argos[2] iit. Ibi multis sociis collectis ad Thebas magno cum exercitu rediit. Qui exercitus Polynice duce ante portas Thebarum proelium commisit. Eteocles urbem defendit. Fratribus in proelio occisis Creon avunculus[3] imperium in urbe obtinuit.

Antigona et Ismena in scaenam[4] procedunt:

I: Quid mente agitas, soror? Video te dolore commotam per domos Oedipodis, patris nostri, errare.

A: Creonte auctore Eteocles frater magno in honore est, corpus autem Polynicis iacet insepultum[5]. Morte puniet[6] Creon eum, qui Polynicem sepulcro[7] condet. – Nunc tu mihi mentem tuam ostende! Scio te honestam esse deisque parere. Dei autem Polynicem sepulcro condi iubent.

I: O miseram sororem! Creonte talia iubente quid facere possumus?

A: Una mecum Polynicem fratrem meum et tuum sepulcro conde!

I: Rege id prohibente magnum facinus audes. Cave iram Creontis! Aditum ad fratrem difficilem esse audivi; nam custodes armati a Polynice omnes prohibent.

A: Sed fratrem non sepelire[8] flagitium est. Id faciam, quod et deis debetur et fratri!

I: Mulieres sumus; legibus urbis a viris constitutis parere oportet. Nos deos obsecrare debemus – ita veniam impetrabimus, si Creonti nunc paremus. Equidem Creonte invito tantum facinus committere non audebo.

A: Tu menti tuae pare! Ego sola fratrem sepulcro condam.

Fratre sepulto Antigona a Creonte morte punita est.

[1] certāre *streiten*
[2] ad Argōs *nach Argos (griechische Stadt)*
[3] avunculus *Onkel*
[4] scaena *Bühne*
[5] īnsepultus *unbeerdigt*
[6] pūnīre *bestrafen*
[7] sepulcrum *Grab*
[8] sepelīre *(PPP* sepultum*) beerdigen*

1 Den Bruder beerdigen oder nicht? Formuliere die Argumente, die Ismene und Antigone nennen, mit deinen Worten und gib die Zeilen des lateinischen Textes an, auf die du dich beziehst.

2 Um welche konkrete Problematik geht es in der „Antigone"?

3 Antigone streitet in der Tragödie auch mit Kreon. Erfindet einen Dialog zwischen Antigone und Kreon, in dem auch Argumente Kreons deutlich werden.

Ü

Antigone vor Kreon.
Süditalisches Vasenbild, um 380 v. Chr.
(London, British Museum)

ⓐ Suche die Sätze in **T**, die einen Ablativus absolutus enthalten, und erprobe verschiedene Übersetzungsmöglichkeiten.

ⓑ Die Ablativi absoluti und die deutschen Fortführungen der Sätze sind durcheinander geraten. Ordne sie richtig zu und wähle für den Ablativus absolutus jeweils eine treffende Übersetzung.
Antigone hat den Bruder begraben, aber Soldaten Kreons haben sie beobachtet. Das Schicksal nimmt seinen Lauf:

1. Antigona a militibus capta ...
2. Civibus in forum convocatis ...
3. Mente puellae non mutata ...
4. Ira Creontis magis magisque aucta ...
5. Antigona a Creonte damnata ...
6. Antigona interfecta ...
7. Morte filii Haemonis nuntiata ...

a) ... machte Kreon Antigone in aller Öffentlichkeit bittere Vorwürfe, dass sie einem Feind des Vaterlandes - gegen seinen ausdrücklichen Befehl - die Ehre eines Begräbnisses hatte zuteil werden lassen.
b) ... wurde sofort Kreon benachrichtigt.
c) ... erkannte Kreon, dass er sich durch seine Härte gegenüber der mutigen Antigone selbst ins Unglück gestürzt hatte.
d) ... nahm sich auch Hämon das Leben.
e) ... geriet Kreon fürchterlich in Zorn.
f) ... ließ sich Antigone von ihrem wütenden Onkel trotzdem nicht einschüchtern.
g) ... stürzte der Sohn des Kreon, Hämon, der Antigone liebte, in tiefe Verzweiflung.

ⓒ Triumph im Eiscafé!
Finde passende deutsche Wendungen für die nominalen Ablativi absoluti, die in dieser Geschichte stecken.

Es geschah an einem ganz normalen Schultag. MARCO AUCTORE fasste die Klasse 7b einen waghalsigen Entschluss: Das italienische Eiscafé gegenüber der Schule sollte erobert werden und tägliche Tributleistungen in Form von Eiskugeln zahlen. AUGUSTO IMPERATORE brachen die Legionäre der Klasse (die Jungen natürlich!) morgens um neun Uhr unter den bewundernden Blicken der Mitschüler aus der Schule auf. Die Mädchen sollten zuerst die beiden italienischen Kellner ablenken. MAGISTRĀ DUCE (magistra = Lehrerin) gelang ihnen das auch ganz hervorragend! PUERIS INVITIS stürmten diese aber dann gleich selbst in das Café und machten mit dem Inhaber aus, dass sie in Zukunft umsonst Eis essen dürften, wenn sie die geplanten Tributleistungen an die Schule verhindern würden. SCELERE PUELLARUM MANIFESTO zogen sich die Jungen maulend zurück ...

LATEIN LEBT

Unsere Theater leben bis heute aus den Wurzeln der griechischen und römischen Antike. Informiert euch über Bedeutung und Ursprung folgender Wörter:

Theater, Orchester, Szene, Autor, Tragödie, Komödie, Drama, Monolog, Dialog, Chor, Person

Z Ödipus erkennt sein Schicksal

Ödipus war der Sohn des Lajos und der Jokaste, des Königspaares von Theben. Er sollte als Kind in der Wildnis ausgesetzt werden, weil seine Eltern eine fürchterliche Prophezeiung bekommen hatten: Er werde seinen Vater töten und die eigene Mutter heiraten. Aber ein mitleidiger Hirte hatte ihm das Leben gerettet, sodass Ödipus überlebte und heranwuchs. Eines Tages machte sich Ödipus, der nicht wusste, wer er wirklich war, auf die Reise nach Theben. Auf dem Weg traf er auf seinen Vater Lajos, den er nicht erkannte. Die beiden gerieten in einen heftigen Streit, in dessen Verlauf Ödipus seinen Vater tötete.

Patre interfecto Oedipus in patriam suam venit et uxorem regis in matrimonium duxit[1], ignorans eam matrem suam esse. Matre in matrimonium ducta[1] regnum obtinuit. His sceleribus commissis tota urbs a deis punita est[2]. Multis civibus peste[3] interfectis Oedipus oraculum de causa pestis consuluit. Oraculum iussit hominem, qui Laium necaverat, puniri[2]. Quare Oedipus curā civium commotus non dubitavit quaestionem de morte regis instituere[4]. Multos homines interrogavit. Tandem fatum suum cognovit: Intellexit se ipsum patrem necavisse et matrem in matrimonium duxisse.
Scelere suo cognito Oedipus oculos sibi ipse effodit[5] Thebasque reliquit.

[1] in mātrimōnium dūcere *heiraten*

[2] pūnīre *bestrafen*

[3] pestis, pestis *Pest*

[4] quaestiōnem īnstituere *eine gerichtliche Untersuchung einleiten*

[5] effodere *(Perf. effōdī)* *ausstechen*

Szenenbild einer Aufführung des Dramas „Ödipus" im Schauspielhaus am Gendarmenmarkt Berlin (1929)

33 Phädra zwischen Vernunft und Wahnsinn

Aischylos

Sophokles

Euripides

Besonders wichtig für die Geschichte des Dramas in Europa wird der athenische Tragödiendichter Euripides: Nur wenige Jahre jünger als Sophokles legt er in seinen Stücken besonderen Wert auf die Darstellung menschlicher Leidenschaften und auf das Verhalten von Menschen in Extremsituationen. Diese Themen greifen dann auch die lateinischen Dramendichter auf. Die einzig vollständig erhaltenen römischen Tragödien sind die des Philosophen Seneca. Dieser war im 1. Jahrhundert n. Chr. nicht nur der Erzieher des Kaisers Nero, sondern vor allem auch ein bedeutender Philosoph, wodurch seine Bearbeitungen der bekannten mythischen Stoffe eine ganz besondere Ausprägung erhielten. Die Tragödien Senecas übernahmen schließlich eine Art Mittlerfunktion zwischen den antiken Tragödien und den späteren Werken. So werden sie z. B. in der Zeit der Renaissance (das ist die Zeit der Rückbesinnung auf die Antike am Ende des Mittelalters) von vielen Dichtern nachgeahmt und haben auf diesem Weg das europäische Theater bis heute geprägt.
An ein Stück Senecas mit dem Titel „Phädra" ist der folgende Text angelehnt.

G

SYRUS: Cui placuit fabula de Antigona acta?
MARCUS: Mihi non placuit, quia res tristis est. Res tristes mihi non placent. Num tibi placuit ea fabula, Cornelia?
CORNELIA: Antigona mihi placuit. Quam exemplum magnae fidei esse puto!
SYRUS: Visne audire aliam fabulam tristem?
CORNELIA: Cur rogas? Equidem omnes tragoedias *(Tragödien)* amo.

T

Phädra zwischen Vernunft und Wahnsinn

Phädra ist die zweite Frau des Theseus, des Königs von Athen. Als Theseus längere Zeit fort ist, verliebt sich Phädra leidenschaftlich in Hippolytos, den Sohn des Theseus aus erster Ehe, also ihren Stiefsohn. Dieser ist ein zurückhaltender, aber auffallend schöner junger Mann, der sehr naturverbunden ist und gern auf die Jagd geht. Aus Frauen macht er sich jedoch noch gar nichts. Phädra hingegen wird sich ihrer Verwirrung immer stärker bewusst – sie kann doch nicht dieser Liebe nachgeben! Als sie auch noch ihre Heimat Kreta zu vermissen beginnt, schaltet sich Phädras alte Amme ein:

Phädra mit einer Sklavin. Wandmalerei aus Pompeji, 1. Jh. n. Chr. (Neapel, Nationalmuseum)

PHAEDRA: O magna Creta, domina maris vasti: Cur me vitam in malis lacrimisque agere cogis? Nunc sola hic sum, quia Theseus abest neque fidem praestat uxori. At tamen ego adventum mariti desidero. Nam dies noctesque crescit et ardet malum, quod vehementer me sollicitat et torquet: Labores meos subire et deos donis colere mihi non iam libet, sed semper in silvis montibusque esse volo. – Quo petit animus meus?

NUTRIX[1]: Quam mulierem desperatam audio? Quid, misera, verbis tuis dicere vis? Quidnam illud malum est?

PHAEDRA: Amore Hippolyti incensa sum. – Satisne dixi?

NUTRIX: Quem amas? Nonne id te pudet? Hippolytus quasi filius tuus est! Te spei turpi dedis! Exstingue, Thesei clara coniunx, flammas amoris! Num dubitas? Num amori tuo cedere vis?

PHAEDRA: Res ita est, ut dixisti. Amore non levi capta sum. Equidem flammas amoris in animo meo exstinguere non possum. De ea re omnem spem deposui. Qui deus amorem exstinguet?

NUTRIX: Spem salutis in virtute tua ponere debes! Aliter res adversae nobis accident.

PHAEDRA: Id verum esse scio, sed – cui ea bona consilia das? Mihi ratio deest: Furor me vicit et regit.

[1] nūtrīx *Amme*

❶ Beschreibe mit eigenen Worten den Konflikt, in dem sich Phädra befindet. An welcher Stelle in **T** wird er besonders deutlich?

❷ Die Tragödie „Phädra“ wurde von mehreren bekannten Schriftstellern Europas immer wieder neu geschrieben. Könnt ihr euch vorstellen, wie eine heutige Fassung dieses Tragödienstoffes aussehen müsste, damit ihr sie gespannt lest? Formuliert in Kleingruppen den Dialog aus **T** in einer modernen Version (auch als Drehbuch möglich).

Ü

Deklinationenwürfel

Jeder Würfel ist beschriftet mit Formen zweier Wörter. Auf den gegenüberliegenden Seiten stehen die entsprechenden Formen des anderen Wortes. Wie lauten diese?

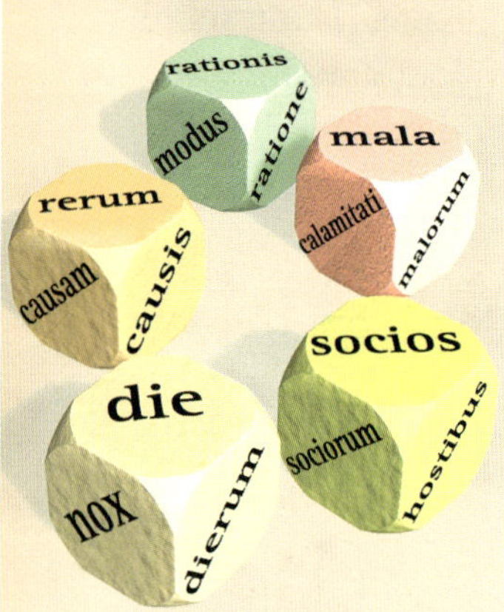

a Dekliniere (im Singular und Plural) nebeneinander in deinem Heft **dies** und **nox**. Markiere die Gemeinsamkeiten.

b Bestimme und übersetze:
1. **vires** (2), **consules** (3), **aspicies**, **dies** (3), **vides**, **incipies**, **aes**, **amantes** (2), **abes**, **tristes** (2), **statues**.
2. **verum** (2), **rerum**, **puerum**, **liberum**, **umerum**, **carminum**.
3. **se** (2), **spe**, **sorore**, **considere**, **iucunde**, **nubere**.

c Ein bewusstloser Mann liegt am Boden. Um ihn herum stehen mehrere Menschen, die laut Fragen stellen:
Quis est? Ubi vivit? Cur ...
Skizziere zusammen mit zwei Mitschülern ein Bild, auf dem diese Situation abgebildet ist. Tragt dann diese und weitere denkbare Fragen in Sprechblasen ein.

d Zwei Besucher der Tragödie „Phädra" haben nur noch Plätze in der letzten Reihe bekommen. Einer der beiden ist kurzsichtig und lässt sich von seinem Begleiter die Situation auf der Bühne beschreiben.
Er fragt: „**Quid vides?**" Schreibe die weiteren Fragen auf, mit denen er die in den Antworten kursiv gedruckten Wörter erfragt:
1. *Mulierem tristem* video.
2. Magna voce clamat, *quia patriam non iam videt.*
3. *Nutrix* (Amme) manum dat mulieri.
4. Mulier tristis *flammas amoris* exstinguere non potest.
5. Nutrix *mulieri* bona consilia dat.

Griechische Theatermasken und Szenenrekonstruktion aus einer Komödie des Aristophanes, um 400 v. Chr. (München, Deutsches Theatermuseum)

Z

So benimmt sich keine Römerin

Im 1. Jh. v. Chr. hat man in der römischen Gesellschaft viel über die Lebensweise der Patrizierin Clodia gelästert, die angeblich ein Verhältnis mit einem jüngeren Mann aus der Nachbarschaft, einem gewissen Cälius, hatte. Dieses Gerücht benutzt auch der Redner Cicero, um den politischen Einfluss der Clodia zu schwächen. In einer Rede vor Gericht wendet Cicero dazu folgenden Trick an: Das Publikum soll sich vorstellen, mit welchen Worten Clodia von ihrem eigenen Bruder beschimpft und erniedrigt werden könnte:

„Quid facis tumultum[1], soror? Quid furori te dedis? Quid clamorem tollis et multis verbis parvam[2] rem magnam facis? Adulescentem aspexisti; corpus pulchrum et oculi te tetigerunt; semper eum videre voluisti.
Visne nunc tu, nobilis mulier, illum filium patris parci[3] tuis opibus vincire[4]? Cave: Id tibi non continget; ille te repellet neque tua dona tanti[5] esse putabit.
Cur mens tua nunc non redit? Obsecro te: Habes ad Tiberim hortos[6], quo omnes iuvenes conveniunt; ibi multos iuvenes, multos amores novos invenies. Cur hunc adulescentem nullo modo te cupientem premis?"

[1]tumultus *Tumult, Aufruhr*
[2]parvam rem magnam facere *„aus einer Mücke einen Elefanten machen"*
[3]parcus *sparsam*
[4]vincīre: *zu* vinculum
[5]tantī esse *so viel wert sein*
[6]hortus *Garten, Park*

In der Art und Weise, wie Cicero den Bruder sprechen lässt, wird die Einschätzung von Clodias angeblichen Verfehlungen sehr deutlich. Ermittle, welche Rolle gerade die Fragesätze hierbei spielen, indem du sie (im Deutschen) als Aussagen formulierst!

Beschreibe, welche besonderen Tugenden eines Ehepaares du aus dem Relief ableiten kannst und welche „Gefahren" für genau diese Tugenden die Statue der Aphrodite ausstrahlt. Beziehe deine Beobachtungen auch auf **T**.

Gipsabgüsse von verschütteten Opfern des Vesuvausbruchs

Ein Augenzeuge der Naturkatastrophe

Auch die Römer standen den Naturgewalten oft machtlos gegenüber. Die wohl bekannteste Naturkatastrophe der Antike, der Vesuvausbruch des Jahres 79 n. Chr., hat für uns heute auch eine positive Seite: Dadurch dass die Stadt Pompeji jahrhundertelang von Asche bedeckt war, sind viele Straßen und Gebäude in ihrem ursprünglichen Zustand erhalten geblieben. So können wir uns ein viel genaueres Bild vom Leben in der Antike machen, als wir das mit Hilfe anderer antiker Städte könnten, von denen nur Ruinen erhalten sind.
Der berühmte Schriftsteller Plinius berichtet von der Naturkatastrophe, in die auch sein Onkel, Plinius der Ältere, von Beruf Flottenkommandant und Naturwissenschaftler, verwickelt war:

Plinius nubem[1] atram[2],
quae e Vesuvio monte[3] surrexit,
e loco opportuno[4] spectare voluit.
„Nubes atra“, inquit, „quae ut magna arbor est,
me non terret.
Immo vero studium[5] meum incendit.“
Plinius non diu dubitavit et nave Herculaneum[6] petivit.
Sed quia cinis[7] et sulpura[8] navem texerunt[9],
Plinius litus Stabiarum[10] petivit,
ubi Pomponianus amicus vivebat.
Ibi cum familia amici cenavit[11],
postea studuit, denique quievit.
Subito autem aedificia nutaverunt[12]
et Plinius cum aliis hominibus ad litus properavit.
Sed in litore sulpura multos homines necaverunt.
Ibi etiam Plinius periit.

[1] nūbēs, nūbis f *Wolke*
[2] āter, ātra, ātrum *schwarz, düster*
[3] Vesuvius mōns *der Vesuv*
[4] opportūnus, a, um *günstig*
[5] studium *Interesse*
[6] Herculāneum *Herkulaneum (antike Stadt am Golf von Neapel)*
[7] cinis, cineris *m* *Asche*
[8] sulpura, sulpurum *n Pl. Schwefelbrocken*
[9] tegere, tegō, tēxī *bedecken*
[10] Stabiae, Stabiārum *Stabiä (Ort am Golf von Neapel)*
[11] cēnāre: *zu* cēna
[12] nūtāre *schwanken*

Der Vesuvausbruch auf einem Gemälde des 18. Jh.s

Der folgende Auszug aus dem Roman „Pompeji" von Robert Harris schildert, wie Plinius getrieben von seinem wissenschaftlichen Interesse trotz der drohenden Gefahr auf die Küste von Herkulaneum zusteuern will:

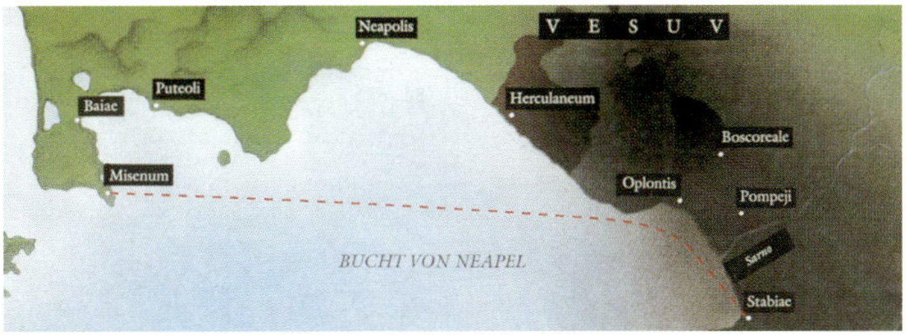

Über die Schulter des Befehlshabers sah Attilius die Quadriremen der Flotte von Misenum, die, noch im Sonnenlicht, den Hafen in V-Formation wie ein Schwarm fliegender Gänse verließen. Aber dann wurde er sich bewusst, dass der Himmel sich verdunkelte. Zu ihrer Rechten prasselte ein Steinhagel auf die See und kam rasch näher. Die Rammsporne und die Segel der Quadriremen verschwammen, und als sich die Luft mit wirbelndem Gestein füllte, lösten sie sich in Geisterschiffe auf.
In dem Inferno war Torquatus überall und brüllte Befehle. Männer rannten in der Düsternis auf dem Deck herum. Die Taue wurden gelöst und das Segel gesenkt. Der Rudergänger schwenkte hart nach Steuerbord. Eine Sekunde später kam ein Feuerball vom Himmel, er berührte die Spitze des Mastes, glitt an ihm herunter und dann an der Rahnock entlang. Attilius sah Plinius mit eingezogenem Kopf und in den Nacken gedrückten Händen, und sein Sekretär beugte sich vor, um seine Papiere zu schützen. Attilius spürte das Trommeln der Steine auf seinen Schultern und hörte sie auf das Deck fallen. Die *Minerva* musste sich am Rand der Wolke befinden, und Torquatus versuchte, sie aus ihr herausrudern zu lassen; plötzlich gelang es ihm. Es gab eine letzte Ladung Geschosse, dann waren sie ins Sonnenlicht zurückgekehrt.
Er hörte Plinius husten, und als er die Augen öffnete, sah er, dass der Befehlshaber aufgestanden war und das Geröll aus den Falten seiner Toga schüttelte. Er hatte eine Hand voll Steine ergriffen, und als er wieder auf seinen Stuhl gesunken war, betrachtete er sie auf seiner Handfläche. Noch immer steuerte die *Minerva* auf Herculaneum zu, das jetzt kaum noch eine Meile entfernt und deutlich zu sehen war, aber der Wind nahm an Stärke zu und die Wellen wurden höher. Der Rudergänger hatte Mühe, sie auf Kurs zu halten, weil die Wellen gegen die Backbordseite des Schiffes brandeten.
„Begegnung mit der Manifestation", sagte Plinius gelassen. Er wischte sich das Gesicht mit dem Ärmel ab und hustete abermals. „Hast du das?" Plinius hielt einen Stein hoch und betrachtete ihn aus der Nähe. „Das Material ist schaumiger, blasenreicher Bimsstein. Weißlich grau. Er ist leicht wie Asche und zerfällt in Bruchstücke, die nicht größer sind als mein Daumen." Er hielt einen Moment inne, dann sagte er sanft: „Nimm deine Feder, Alexion. Wenn ich eines nicht ausstehen kann, dann ist es Feigheit."
Die Hand des Sekretärs zitterte. Wegen des Stampfens und Schlingerns des Schiffes konnte er kaum schreiben. Seine Feder glitt in einem unleserlichen Gekritzel über die Oberfläche des Papyrus.
Plinius' Stuhl rutschte über das Deck, und Attilius suchte ihn schnell zu packen. Er sagte: „Du solltest unter Deck gehen." Im selben Moment stolperte Torquatus auf Plinius zu: „Befehlshaber – ich flehe dich an – dieser Wind trägt uns direkt in den Sturm – wir müssen umkehren!"
Plinius ignorierte ihn. „Der Bimsstein gleicht weniger Gestein als vielmehr Brocken einer gefrorenen Wolke. Er schwimmt auf der Wasseroberfläche wie Eisschollen. Siehst du das? Höchst merkwürdig."
Attilius war es noch nicht aufgefallen. Das Wasser war mit einem Steinteppich bedeckt. Die Ruder fegten ihn mit jedem Schlag beiseite, aber sofort wurde weiteres Gestein herangeschwemmt und trat an seine Stelle. Torquatus lief zur Reling. Sie waren eingeschlossen.
Eine Welle aus Bimsstein brach über die Vorderkante des Decks herein.
„Befehlshaber ..."
„Das Glück ist mit den Tapferen, Torquatus. Lass uns auf die Küste zusteuern!"

(Robert Harris: Pompeji, 8. Aufl., 2004, S. 321 ff.)

Das haben wir gelernt.

Die Griechen entdecken den „Logos"

Die Philosophie der Griechen bot ein völlig neues System zu denken, sich Unbegreifliches zu erklären ...
Du hast in den letzten Lektionen einige Philosophen kennen gelernt, die verschiedene Denksysteme vertraten. Kennst du auch diesen Philosophen?

a Informiere dich in einem Fremdwörterlexikon über Ursprung und Bedeutung folgender Wörter:
Politik, Demokratie, Theologie, Psychologie und *Physik*

b Griechische Mythen prägen europäische Literatur, Kunst und Musik bis in unser Jahrhundert.
Füge die Namen bekannter mythischer Heldinnen und Helden im richtigen Kasus in folgende Sätze ein:
Num ? amore Hippolyti incensa est? Polynice sepulcro *(Grab)* condito ? a Creonte capta est. Troia capta ? per multa maria errabat. ? currum *(Wagen)* patris regens periit.

c Übertrage die Tabelle in dein Heft und setze die folgenden Namen an den richtigen Stellen ein:
Thales, Homer, Kaiser Mark Aurel, Ovid, Platon, Aristoteles, Aischylos, Epikur, Sophokles, Lukrez, Euripides, Seneca

Kulturelle Leistungen der Griechen	Römische Vermittler der griechischen Kultur
Griechische Verwandlungssagen	?
Heldensagen: ?	Vergil
Griechische Philosophen: ? , ? , ? , ?	? , Cicero, Seneca, ?
Tragödiendichter: ? , ? , ?	?

Die Römer profitieren vom Orient

Rom war über seine Beziehung mit Griechenland auch in Kontakt mit Kleinasien getreten. Die Städte an der kleinasiatischen Westküste waren zwar in ihrer Lebensform griechisch geprägt, doch sie unterschieden sich von Griechenland in einem wichtigen Punkt: Hinter ihnen standen bedeutende Kulturen des Orients. Es fügten sich hier griechisches Denken und orientalische Prachtentfaltung zu einer einmaligen Verbindung zusammen. Dies war für die Römer besonders anziehend.

Ephesos. Hafenstraße

Troja. Rekonstruktion der antiken Stadtmauer

Priene. Bouleuterion (Rathaus)

Pergamon. Zeusaltar (Berlin, Pergamonmuseum)

Sucht auf einer modernen Karte der türkischen Westküste Orte, die zu einer Besichtigung empfohlen werden, und sammelt Material zu diesen Orten.

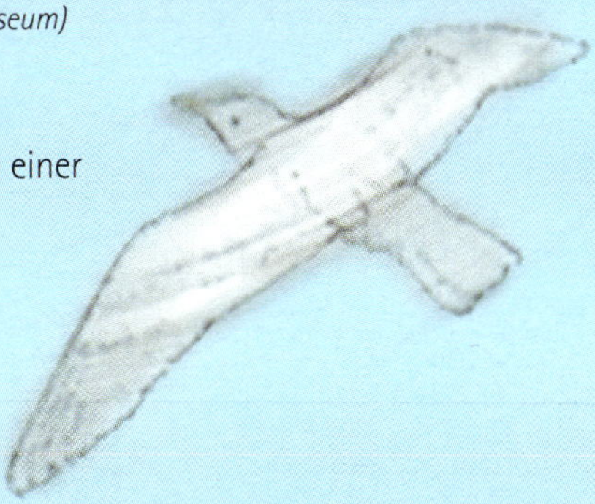

34 Äneas verliert seine Frau

Federico Fiori Barocci (1526–1612): Äneas' Flucht aus Troja (Rom, Galleria Borghese)

Wie du schon weißt, beginnt die Geschichte von der Gründung Roms mit der Zerstörung Trojas in Kleinasien (vgl. Lektion 21). Du erinnerst dich: Äneas verlässt in göttlichem Auftrag seine zerstörte Heimat, um nach Italien zu segeln. Die Hausgötter, seinen Vater und seinen Sohn nimmt er mit.

Aber was wird aus der Mutter seines Sohnes, seiner Gattin Krëusa?
Unterwegs trifft er die Königin Dido, verliebt sich in sie – verlässt sie dann aber auf göttliche Weisung, weil er den Auftrag hat, in Italien eine neue Heimat zu finden.

● Wie gelang es nun den römischen Dichtern, den Urvater der Römer als Vorbild hinzustellen, ohne ihn als rücksichtslos gegenüber Frauen erscheinen zu lassen? Der Text gibt wieder, wie der Dichter Vergil die Trennung von Äneas und Krëusa erzählt.

G Troiani patriam ab hostibus denfendere diu temptabant. Sed milites infestos (ex) urbe expellere non poterant. Tandem Troiani victi sunt. Nam fortunā carebant.

T

Äneas verliert seine Frau

Das trojanische Pferd hatte seinen Zweck erfüllt und den Griechen geholfen, die uneinnehmbaren Befestigungsmauern Trojas durch eine List zu überwinden. Die Griechen wüten fürchterlich in der fast vollständig eroberten Stadt:

Nobiles Troiani patriam acriter ab hostibus defendebant, sed hostes quoque saeve pugnabant. Troiani fortiter resistebant; hostes autem nemini pepercerunt et totam urbem accenderunt: Ignis omnia perdidit. Etiam Aeneas patriam et domum suam acriter ab hostibus defendens vim eorum a domo non prohibuit. Dei autem eum – Troia relicta – novam patriam quaerere et gentem suam claram reddere iusserunt. Quare signo a deis dato una cum familiaribus ex oppido fugit: Patrem Anchisem et filium parvum Ascanium secum eduxit. Creusam, coniugem caram, post filium ire iusserat. Sed postquam periculum effugit, extra urbem constitit. Respiciens Creusam non iam conspexit. Uxore amata carens Aeneas fortem se praebuit: Dolore acri commotus solus in oppidum redit, per urbem perditam currit, uxorem saepe vocat. Sed nemo respondet. Subito umbra Creusae ante oculos stat et: „Aeneas“, inquit, „coniunx dulcis! Haec omnia non sine numine deorum eveniunt, qui te fortem esse sciunt. Tu quaere sedes novas: Iter longum erit laboresque ingentes erunt, sed dei te curis liberabunt. Patria pristina carebis, sed novam patriam invenies. Coniugem regiam habebis condesque urbem potentem. Dei cives huius urbis dominos gentium facient. Ego autem Troiam non relinquam. Dei in hac regione me retinent. Vale et serva amorem Ascanii, filii communis!“

Münzprägung Cäsars (47/46 v. Chr.): Äneas rettet seinen Vater und das Kultbild der Athene aus dem brennenden Troja.

Die Prophezeiungen der Gattin des Äneas wurden nach langen Jahren Wirklichkeit.

❶ Suche in **T** Adjektive und Adverbien, die Äneas und sein Handeln charakterisieren.

❷ Welche Aussagen über die Gefühle des Äneas für seine Gattin Krëusa lassen sich **T** entnehmen? Belege deine Antworten mit Zitaten.

❸ Untersuche die Worte, die Krëusa an Äneas richtet: Welche Haltung zeigt sie gegenüber dem Plan der Götter? Welche Rolle spielt für sie die Liebe zu ihrem Mann?

❹ Erfinde eine Antwort des Äneas auf die Worte, die Krëusa an ihn richtet.

Ü

a Übersetze:

1. Homines amicis carentes miseros appellamus.
2. Homo misericordia *(Mitleid)* carens crudelis habetur.
3. Homo, qui magnis opibus valebat, a Romanis „Croesus“ appellatus est.
4. Imperatorem, qui fines imperii auxerat, Romani potentem putaverunt.
5. Hominem, qui numquam animo deficit et omnia mala sustinet, omnes fortem dicunt.
6. Oportet eum virum senatorem facere, qui honestus est.
7. Plato dixit: „Philosophos reges facite!“

b Mutationsmaschine

Verwandle die folgenden Sätze ins Passiv.
Beachte das Tempus.

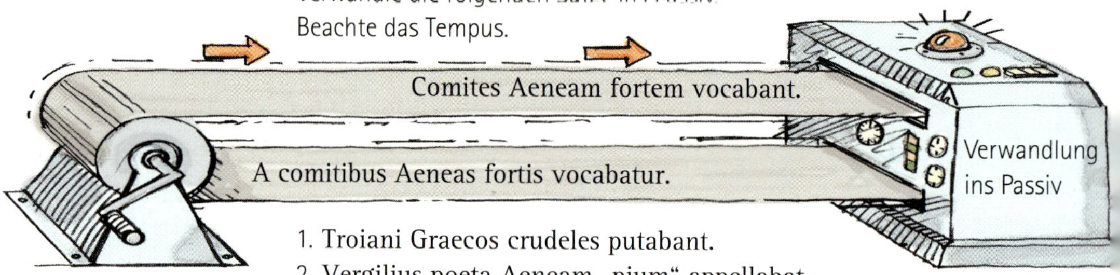

1. Troiani Graecos crudeles putabant.
2. Vergilius poeta Aeneam „pium“ appellabat.
3. Dei Aeneam patrem Romanorum fecerunt.
4. Dei Troianos dominos gentium reddiderunt.
5. Dido: „Nuper Aeneam maritum meum feci. Nunc Aeneam sceleratum habeo.“

c Haben oder nicht haben?

Macht jeweils die für euch zutreffende Aussage.
Beispiel: „Amicos habeo.“ oder „Amicis careo.“

multi libri — soror — parentes cari — **habeo / careo** — frater — vestes pulchrae — opes

d Aus zwei mach eins!

Bilde jeweils einen einzigen Satz, indem du den zweiten Teil als AcI vom ersten abhängig machst.

Beispiel: Scis: Romulus Romam condidit.
→ Scis Romulum Romam condidisse.

1. Romani narraverunt: Lupa *(Wölfin)* Romulum et Remum aluit.
2. Manifestum est: Romani multis populis imperaverunt.
3. Scimus: Romani etiam cum Gallis pugnaverunt.
4. Audivistis: Multa aedificia pulchra in urbe Roma sunt.
5. Poetae narrant: Uxor ab Aenea saepe vocata est.
6. Aeneas dixit: Dei uxorem retinent.
7. Scimus: Comites Aenea duce Troiam reliquerunt.

ÜBERSETZUNG

Wähle jeweils die treffende deutsche Übersetzung.

1. **Milites urbem ab hostibus defendunt.**
   a) Die Soldaten verteidigen die Stadt von den Feinden.
   b) Die Soldaten verteidigen die Stadt mit den Feinden.
   c) Die Soldaten verteidigen die Stadt vor den Feinden.

2. **Ulixes Troianos a victoria prohibuit.**
   a) Odysseus behinderte die Trojaner beim Sieg.
   b) Odysseus verhinderte den trojanischen Sieg.
   c) Odysseus hinderte die Trojaner am Sieg.

Z

„Pius Aeneas" – eine andere Sichtweise

Du kennst schon die Geschichte von Äneas (vgl. Lektion 21, 22 und 34). Stell dir vor, die Königin Dido hätte der ersten Gattin des Äneas, Krëusa, einen Brief schreiben können, in dem sie ihre Wut und ihre Enttäuschung zum Ausdruck bringt, dass Äneas sie verlassen hat: Äneas erscheint in ganz anderem Licht.

Dido Creusae salutem dicit.

Omnes Aeneam pium appellant, sed ego cognovi: Ille pius Aeneas improbus est. Dux Troianorum superbus est, crudelis est. Nam reliquit et te, honestam uxorem, et me, potentem reginam[1], quod imperio deorum parere debuit, ut ipse contendit. Sed nos miserae hoc viro amato caremus. Quando curis liberae erimus? Homines fatum et officium grave dicunt, quamquam officium tristis est, amor autem dulcis. Ille dux fortis, qui amorem officio praeponere[2] non audet, miserum se praebuit.

Talis est virtus virorum! Talis est animus viri, qui urbem potentem condet!

[1] rēgīna *Königin*

[2] praepōnere *m. Dat. für wichtiger halten als*

Peter Paul Rubens (1577–1640): Der Tod der Dido (Brunswick, Bowdoin College Museum of Art)

35 Kaufleute feilschen in Ephesos

Bauten am Hafen von Ephesos (Rekonstruktionsmodell im Ephesos-Museum, Wien)

Nach Jahrhunderten des Krieges herrschte seit der Zeit des Kaisers Augustus auch im östlichen Mittelmeergebiet Frieden. So konnten in den folgenden Jahrhunderten die Menschen im gesamten Mittelmeergebiet sicher Handel treiben.
Ephesos in Kleinasien war eine der größten Handelsstädte im Imperium Romanum. Ihre Glanzzeit hatte die Stadt unter Kaiser Hadrian (117–138 n. Chr.), der das gesamte Imperium bereiste, um den Wohlstand in den Provinzen zu fördern. In dieser Zeit muss die Stadt ungefähr 200 000 Einwohner gehabt haben. Sie besaß zwei Märkte, mindestens sieben Thermenanlagen, ein riesiges Gymnasium, ein Theater, ein Stadion, Straßen mit Säulengängen, zahllose Tempel, Wasserleitungen und sogar eine der bedeutendsten Bibliotheken der Kaiserzeit, die Celsusbibliothek. Viele prächtige Gebäude verdankte Ephesos reichen Bürgern, die bereit waren, ihre Stadt auf eigene Kosten zu verschönern.
Die Handelsgeschäfte im Hafen waren eine wichtige Voraussetzung für den Wohlstand der Stadt. Die Abwicklung der Geschäfte war ganz unproblematisch, denn im ganzen Reich wurde in einheitlicher römischer Währung bezahlt und überall galt das römische Recht.

G Parentes mihi bene consulunt.
Parentibus curae sum.

Dativ des Zwecks und des Vorteils

T Kaufleute feilschen in Ephesos

Quintus Crassus Oeconomicus und Croesus Monopolista – das sind natürlich Phantasienamen für zwei Kaufleute. Aber dass sich zwei Kaufleute zur Zeit des Kaisers Hadrian im Hafen von Ephesos treffen, ist durchaus vorstellbar.
Gerade ist der Römer Crassus mit seinem Schiff im Hafen angekommen:

Plurimae naves in portu sunt, audiuntur ubique[1] voces hominum diversis linguis clamantium. Mercator Romanus in taberna amicum invenit et Graecā linguā Croesum salutat[2]: „Chaire!“[3] „Salve!“, ille respondet. Tum Latinā linguā de negotiis agitur:
„Vinum optimum importavi[4]. Nam vinum Italicum totius imperii optimum esse constat. Hoc vinum magno usui tibi erit. Nam imperator Hadrianus, qui provinciis semper consulit, Ephesum visitabit[5]. Et senatores Romani una cum eo venient. Itaque Falernum[6] ab eis libenter sumptum magno pretio vendes. Et maximo honori tibi erit hoc vinum imperatori offerre[7]“.
„Honor meus tibi magnae scilicet curae est! Quid aliud vendere cupis?“
„Oleum[8] parvo pretio a senatore Romano, amico meo, emi: Oleum optimum vendit. Bonum pretium faciam amico bono. Sed manus manum lavat. Quid tu vendis?“
„Omnia, quae optas: Unguenta[9] ex oriente[10] importata; sed magno constant.“
„Mmh. Quippe omnia, quae ex oriente importantur, Alexandriae[11] et Antiochiae[12] minimo pretio emuntur.“
„Sed iter longum est. Periculosum[13] est haec omnia Romam vehere. Piratae ...“
„Piratae maxime timent imperatorem Hadrianum, qui – ut ipse dixi – provinciis semper consulit.“

[1] ubīque *überall*
[2] salūtāre *begrüßen*
[3] Chaire *(griechisch) Sei gegrüßt!*
[4] importāre: *vgl. Fw.*
[5] vīsitāre *besuchen*
[6] Falernum *Falernerwein*
[7] offerre *anbieten*
[8] oleum *Öl*
[9] unguentum *Salbe, Parfüm*
[10] oriēns, ntis *Osten*
[11] Alexandrīae *in Alexandrien*
[12] Antiochīae *in Antiochia*
[13] perīculōsus *gefährlich*

❶ Die Namen der Kaufleute in **T** sind erfunden. Informiere dich in einem Fremdwörterlexikon über Herkunft und Bedeutung der Fremdwörter „Ökonomie“ und „Monopol“.

❷ Überlege, ausgehend von den Zeilen 1–5, welche Bedeutung die lateinische Sprache für die Wirtschaft im Römischen Reich hat.

❸ Was fällt an dem Gespräch der Kaufleute auf? Untersuche ihre Sprache im Hinblick darauf, wie sie ihre Ware an den Mann bringen wollen.

Ü

ⓐ Ordne die in **T** auftretenden Wendungen in die richtige Spalte ein.

Dativ des Zwecks	Dativ des Vorteils
• vinum magno <u>usui</u> tibi erit (Z. 7 f.) • …	• Hadrianus p<u>rovinciis</u> consuluit (Z. 8 f.) • …

ⓑ consulere mit Dativ oder Akkusativ?
Setze je nach Zusammenhang die eingeklammerten Wörter in den richtigen Kasus und übersetze:

1. Pater et mater (liberi) magna cura consulunt.
2. Consul (senatores) de re publica consulit.
3. Dominus (servus) bene consulere debet.
4. Senator Romanus (amicus) consulit, nam amicus multas res cognovit.
5. Manus manum lavat! Itaque Valeria (amica) consulit, quae ei adfuit.

ⓒ Welchem Zweck dient das ?
Ergänze aus dem Karteikasten links jeweils die Dative des Zwecks. Suche dann eine passende deutsche Formulierung als Übersetzung.

1. Feriae *(Ferien)* liberis ? sunt.
2. Pater amico filios ? misit.
3. Antiquis temporibus equi hominibus, qui agros colebant, ? erant.
4. Salus civium senatoribus ? esse debet.
5. Labor magis quam *(als)* pecunia hominibus ? est.

ⓓ Bilde jeweils einen Ablativus absolutus, indem du die folgenden Wendungen in den Ablativ setzt. Übersetze dann mit temporaler Sinnrichtung; gehe davon aus, dass das Prädikat des Satzes im Präsens steht.
puellae ridentes – homo laborans – deus appellatus – sacerdos orans – verba adiecta – urbs condita – amicus monens – vox audita – nuntii venientes

ⓔ Übersetze die Ablativi absoluti. Halte dabei die vorgegebene Sinnrichtung ein; gehe davon aus, dass das Prädikat des Satzes im Präsens steht.

1. konzessiv: patre filiam monente – amicis a nobis monitis – philosophis adulescentes monentibus
2. temporal: civibus templum intrantibus – sacerdote deos colente – deis a civibus cultis
3. kausal: imperatore leges neglegente – legibus neglectis – hostibus fugientibus

WORTSCHATZ

Wenn du in einem lateinisch - deutschen Lexikon ein Verb suchst, musst du unter der 1. Pers. Sg. Präs. nachschlagen. Nimm an, du weißt die Bedeutung folgender Partizipialformen nicht. Unter welchem Stichwort musst du suchen?

sublatum – dantibus – cultis – lecti – exeuntes – stantibus – excepto

Die Celsusbibliothek in Ephesos, 2. Jh. n. Chr.

Z

Celsus – ein antiker Sponsor

Auf seinem Weg durch die Stadt sieht Quintus Crassus Oeconomicus in einer Prachtstraße ein gerade fertig gestelltes, besonders prunkvolles Gebäude. Crassus hört, was ein begeisterter Ephesier seinen Gästen aus Alexandria über das Gebäude erzählt:

„Celsus Ptolemaeanus, vir clarus, hoc aedificium civibus e testamento[1] donavit. Bibliotheca[2] publica est. Celsus vir honestus erat, amicus imperatoris Traiani. Ecce, in muris legimus inscriptiones[3] Graecas et Latinas, in quibus de vita eius narratur: Senator Romanus erat; proconsul[4] factus est provinciae Asiae. Ibi saluti civium bene consulebat. Celso auctore bibliotheca aedificata est; quam filius Celsi luxuriose[5] ornare non dubitavit. Ecce muri marmorei[6], ecce sarcophagus[7] Celsi marmoreus[6], ecce ....“

Tum unus ex hospitibus civem Ephesium[8] interrogat: „Quid? Inscriptiones[3] de vita Celsi? Sarcophagus[7]? Estne bibliotheca publica an monumentum Celsi? Celsus gloriam sibi ipsi et familiae quaesivit!“

Sed civis Ephesius respondet: „Et salus civium et gloria sua Celso curae erant. Nam bibliotheca et civibus maximo usui est et Celso magnam gloriam parat.“

[1] ē testāmentō *durch testamentarische Verfügung*
[2] bibliothēca: *vgl. Fw*
[3] īnscrīptiō, ōnis *f Inschrift*
[4] prōcōnsul *Statthalter*
[5] luxuriōsus, a, um *aufwendig*
[6] marmoreus *aus Marmor*
[7] sarcophagus *Sarkophag (prunkvoller Steinsarg)*
[8] Ephesius, a, um *aus Ephesos*

36 Leben wie Lukull

Als man zu Beginn des 3. Jh.s n. Chr. eineinhalb Millionen kleiner, verschiedenfarbiger Würfel kunstvoll zusammensetzte, um den Boden im Speisesaal eines römischen Hauses prachtvoll auszugestalten, wusste man nicht, wie lange danach noch wichtige Persönlichkeiten der Weltpolitik auf ihm tafeln würden: Im Jahre 1999 versammelten sich die Regierungschefs der acht führenden Industrienationen (USA, Deutschland, Großbritannien, Japan, Frankreich, Italien, Kanada und Russland) auf dem sog. Kölner Mosaik (im Römisch-Germanischen Museum) zu einem Gipfeltreffen.

Die Hafenstädte in Kleinasien sind für Rom nicht nur Zentren des Handels, sie wirken auch kulturell als Stätten des Austauschs. Wenn römische Soldaten und Verwaltungsbeamte in die kleinasiatischen Provinzen geschickt werden, lernen sie dort eine Lebensart kennen, die ihnen z. T. aus Rom nicht bekannt ist. Eleganz in der Art zu wohnen und sich zu kleiden hat im Osten eine lange Tradition und das Essen ist hier weitaus feiner und luxuriöser. Auch zuvor unbekannte Früchte wie der Pfirsich oder die Kirsche gelangen aus Kleinasien nach Rom.

Der römische General Lukull, der um 70 v. Chr. in Kleinasien Feldherr gewesen ist, setzt diese Art der Lebensführung auch nach der Rückkehr in seine Heimat fort. So wird sein Name sprichwörtlich für einen aufwändigen und eleganten Lebensstil, der mit der früheren römischen Schlichtheit nichts mehr zu tun hat.

G

Ein junger Römer wird auf dem Forum von einer zwielichtigen Gestalt angesprochen:

„Patrem tuum in Asia fuisse audivi. Quid de illo itinere et de eius negotiis scis? Aliqui mercator dixit patrem tuum multum auri et argenti Romam portavisse. Dic *(Sag)* mihi verum! Aliquid audire volo! Cur taces?"

„Nihil dicam! Nos omnes scimus te furem esse - et furis est semper aliquid rapere velle! Itaque nihil novi tibi narrabo!"

Indefinitpronomen (ali)quis – Genitiv der Zugehörigkeit – Genitivus partitivus

Hafen von Ostia (Rekonstruktionszeichnung)

Leben wie Lukull

Markus, der Sohn des Quintus Crassus Oeconomicus, ist mit seinem Vater nach Rom zurückgekehrt; im Hafen von Ostia trifft er auf seine alten Freunde. Sie wollen gegenüber ihrem weit gereisten Freund zeigen, dass auch sie in Rom inzwischen einige Kenntnisse vom eleganten Leben haben und breiten stolz ihre Kenntnisse vor Markus aus:

FLACCUS: „Ubi terrarum fuistis et quid novi Romam portavistis?"

MARCUS: „Videtisne illam navem? Patris est. In Asia pater magnam copiam rerum pulchrarum emit. Ob eam rem nobis cenam vere Lucullianam[1] fecit."

CALLIDUS: „Quis vestrum, amici, novit hominem nomine Lucullum?"

MARCUS: „Nuper aliquis mihi dixit hominem semper bene cenantem Lucullum nominari!"

CALLIDUS: „Recte dicis - sed Lucius Licinius Lucullus re vera vir Romanus erat! In Asia multos annos provinciae praefuit quaestor[2]; multis rebus bene confectis aedilis factus est, deinde praetor; postea in Africam iit et inde ...

FLACCUS: „Equidem aliquid dicere volo! Lucullus etiam magnus imperator in omni genere belli fuit, et si quid ei commissum erat ..."

LENTULUS: „Satis est! Ego quoque Lucullo ingenium egregium fuisse accepi. Sed – quid tandem ad rem pertinet? Num imperatoris magni est bene cenare? Marcus de cena Luculliana narravit!"

CALLIDUS: „In ultima parte vitae Lucullus non modo a militaribus muneribus, sed etiam a publicis se recepit; nam aliquo modo in otio vivere voluit. Postremo pecunia e praeda collecta hortos[3] et balnea[4] instruxit; aedificia magna et pretiosa[5] Luculli erant. Maximos sumptus faciens convivia ampla parabat et ipse variis voluptatibus multum pecuniae consumebat."

LENTULUS: „Nunc intellexi: Vitam eo modo vivere viri vere magni est."

[1] Lūculliānus *lukullisch*

[2] quaestor *als Quästor*

[3] hortus *Garten*

[4] balneum *Bad*

[5] pretiōsus: *Adj. zu* pretium

❶ Erläutere aus **T** und **Z**, was mit dem Begriff „lukullische Freuden" gemeint ist.

❷ Finde mit Hilfe eines Geschichtsbuches oder eines Lexikons heraus, welche Stationen zu einer Ämterlaufbahn gehörten, wie Lukull sie absolviert hat.

Ü

ⓐ Quis-Quiz ...

Markus irrt nachts durchs Haus, weil er ein Geräusch gehört hat. In die Dunkelheit hinein versucht er einen vermeintlichen Einbrecher anzusprechen. An einigen Stellen hat ihm allerdings die Angst die Stimme verschlagen, sodass du nachträglich die Lücken füllen musst, um seine Sätze verstehen zu können:

Setze an den passenden Stellen ein: **aliquis, quis** (3x), **qui**

1. Umbram video – ? es?
2. Si ? me audit, eum videre volo.
3. Pater meus, ? est vir fortis, fures semper necat.
4. Num ? me audit?
5. ? adest! Te e tenebris in lucem voco.

ⓑ Typisch!

Du hast in dieser Lektion den Genitiv als einen Kasus kennen gelernt, der etwas über die charakteristische Eigenart oder die besondere Aufgabe von jemandem aussagt. Verbinde demnach die beiden Spalten zu sinnvollen Sätzen:

consulis erat	res pulchras vendere
sacerdotis est	deos colere et mortalibus aures praebere
patris est	pericula subire et nihil timere
mercatoris est	membra fracta curare
viri fortis est	filios laudare
medici *(Arzt)* est	rem publicam regere neque in otio vivere

ⓒ Erfindet selbst typische Aussagen zu den abgebildeten Personen und schreibt die ergänzten Sätze auf:

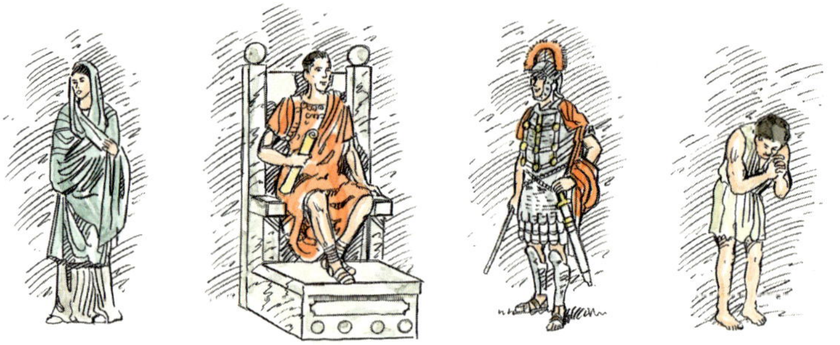

matris est	?	militis est	?
regis est	?	servi est	?

In dem Dialog in **T** geht es vor allem um die beiden Schwerpunkte, die Lukull in seinem Leben gesetzt hat: zunächst seine auf verschiedenen Ämtern aufgebaute Karriere und dann der genussreiche Ruhestand. Erstellt eine zweispaltige Tabelle, in der ihr zu beiden Bereichen die passenden Begriffe aus **T** heraussucht (Partnerarbeit; jede(r) übernimmt eine Spalte).

WORTSCHATZ

Z

Speisen wie Lukull

„Speisen wie Lukull" ist noch heute eine bekannte Redensart. Über die besondere Lebensart des Lukull waren immer schon zahlreiche Anekdoten im Umlauf. Auf jeden Fall passen die hier ans Licht tretenden Charakterzüge gut zu dem, was wir bisher über Lukull wissen:

Quo modo Lucullus re vera vitam agebat? Certe illius viri erat non modo multas voluptates capere, sed etiam miro modo vitam agere, ut hae fabulae narrant:
Nonnullis Graecis Romam convenientibus Lucullus per multos dies libenter cenam dedit. Postremo autem illi homines modesti[1] – ut sunt Graeci – ad cenam venire dubitaverunt, quia sumptus domini eis non placuit. Tum Lucullus ridens dixit: „Certe, amici, aliquid sumptus facimus vobis, sed maximam partem Lucullo!"

Quondam Lucullus solus cenans unam solam mensam et cibos tantum modicos[2] aspexit. Inde ira incensus servum, qui cenam paraverat, vocavit. Is se defendit dicens: „Domine, veniam da! Non tantum sumptus feci et cibos leves facilesque paravi, quia hospites non exspectavisti." – „Quid?", respondit Lucullus. „Nonne sciebas Lucullum hodie apud Lucullum cenare?"

[1] modestus *bescheiden*

[2] modicus *(mittel)mäßig*

Erfindet nun selbst eine Geschichte, die zu Lukull, dem Genießer, passt.

Römisches Gastmahl im Triklinium

37 Groß ist die Artemis von Ephesos

Der Artemis-Tempel von Ephesos, erbaut zwischen 560 und 500 v. Chr. (Rekonstruktion)

Größe und Ruhm der kleinasiatischen Städte machten auf die Römer starken Eindruck. Besonders bestaunten sie die glanzvollen Bauten: Immerhin gab es in Kleinasien drei Bauwerke, die sogar zu den sieben Weltwundern (**miracula mundi**) gezählt wurden: der Tempel der Artemis (*lateinisch:* **Diana**) in Ephesos, das Grabmal des Fürsten Mausolos in Halikarnass und eine gewaltige Statue des Sonnengottes auf Rhodos, der dem südlichen Kleinasien vorgelagerten Insel.

G

Aeneas dux fuit magna virtute.
Graecis autem urbem Troiam capientibus Aeneas tristi animo erat et pugnans necari voluit.
Sed dei Aeneae, viro summa religione, imperaverunt:
„Collige familiam tuam et properate ad litus! Tum navibus Asiam relinquite!
Sed pater tuus, quia senex est, ire non iam potest; itaque eum ferre debes.
Fer eum e finibus Troianorum! Si patrem ex urbe fers, imperio Iovis pares.“
His verbis commotus Aeneas patrem ex urbe tulit.
Tum iter multorum annorum suscepit.

❶ Lies zur Vorbereitung die Geschichte von Demetrius und Paulus im Neuen Testament in ihrer deutschen Fassung (Apostelgeschichte 19, 23–40).

❷ Verfasst in Gruppen Beschreibungen zu den antiken Weltwundern.

ferre – Ablativ der Beschaffenheit – Genitiv der Beschaffenheit

Weihgeschenke aus dem Diana-Tempel in Ephesos

T Groß ist die Artemis von Ephesos!

Beim Diana-Tempel in Ephesos konnten die Besucher kleine Silberfiguren der Göttin kaufen; diese Figuren waren nicht nur Souvenirs, sondern ihnen wurde auch Glück bringende Wirkung zugeschrieben. Demetrius, ein Produzent solcher Figuren, schreibt an seinen in Rom lebenden kranken Freund einen Brief:

Demetrius Marco suo salutem dicit.

Dolebam te morbum tuum nunc minus fortiter ferre, quam prius tuleras. Memoria tene illud philosophorum: „Quod fert fortuna, fer!“

Sed de alia re ac de condicione vitae tuae scribere volui. Scis templum Dianae Ephesiae unum ex miraculis mundi[1] esse. Hoc aedificium mira magnitudine est; quod cum aliis templis conferri non licet. Itaque multi homines urbem nostram visunt. Et multi eorum, qui hic vivunt – ut ego – quaestum faciunt[2] ex illo templo.

Ante paucos dies nuntius mihi allatus erat hominem quendam, nomine Paulum, Ephesum venisse. Qui primo ante portas aedis orationem habuerat de deo aliquo, quem Iesum Christum vocabat; deinde in theatrum ierat. Qua re audita celeriter ad theatrum ibam; ibi cernebam Paulum, virum parva statura, de theatro ad forum descendentem et iterum numen Dianae illudentem[3]. Statim clamavi: „Quis eiusmodi verba fert? Equidem haec numquam feram. Statim auferte hunc impium hominem, qui maiestatem[4] Dianae temptat! Certe enim scio: Maiestate Dianae sublata nemo urbem nostram viset. Postremo – hic Paulus nos omnes perdet.“ Cuncti, qui verba mea audiverant, clamabant: „Magna est Diana Ephesiorum! Diana, tu es praesidium urbis nostrae!“ Tunc magistratus, viri magni ingenii, Paulum vi a theatro averterunt et foras abstulerunt. Tum laetus domum ii.

Vale!

[1] mīrāculum mundī *Weltwunder*

[2] quaestum facere *seinen Lebensunterhalt bestreiten*

[3] illūdere *verspotten*

[4] māiestās, ātis *Erhabenheit*

❶ Stelle zusammen, was du in **T** über das Artemis-Heiligtum erfährst.

❷ Überlege, von welchen Ängsten Demetrius geleitet wird und wie er seinen Angriff gegen Paulus begründet.

❸ Untersuche die Vergangenheitstempora in **T**. Versuche die Auffälligkeiten zu erklären.

❹ Verfasst einen Antwortbrief des Markus und versucht darin das Verhalten des Demetrius kritisch zu würdigen.

Die Orte, an denen die sieben Weltwunder lagen:

1 *Babylon: Hängende Gärten der Semiramis*
2 *Gizeh in Ägypten: Pyramiden*
3 *Alexandria: Leuchtturm von Pharos*
4 *Rhodos: Koloss des Sonnengottes Helios*
5 *Halikarnass: Mausoleum*
6 *Ephesos: Artemis-Tempel*
7 *Olympia: Zeus-Tempel*

Ü

a Sammle aus **G** und **T** alle Formen von **ferre**. Erstelle dann eine vollständige Liste der Formen des Präsensstammes.

b Suche aus **T** alle Ablative ohne Präposition heraus und stelle fest, welche Bedeutung sie im jeweiligen Satz haben.

c Ordne entsprechend **T** den genannten Personen oder Sachen ihre speziellen Eigenschaften zu:

Paulus est vir	magnae potentiae
Magistratus sunt viri	mira magnitudine
Aedis Dianae est	tristis animi
Diana est dea	magni ingenii
Marcus est amicus	animo impio.

d „Fer-flixte Formen"! Bestimme und übersetze:
fero – feremur – fert – ferte – ferro – aufer – confers – afferunt – conferebam – feram – ferri (2)

LATEIN LEBT

Suche (z. B. mit Hilfe eines Herkunftswörterbuchs) aus den folgenden Wörtern diejenigen heraus, die auf **ferre** oder eine Stammform davon zurückzuführen sind:

Koniferen – Atlas – relativ – Konferenz – Verrat – Ablativ – Dativ – Interferenz – absolut – Toleranz – Tulpe – Referat

Ermittle zu den Wörtern, die dir unbekannt sind, die Bedeutung.

Z

Ein Weltwunder aus Liebe

Mausolos (Mausolus) war im 4. Jahrhundert v. Chr. der König von Karien (ein Gebiet im Südwesten Kleinasiens mit der Hauptstadt Halikarnass); verheiratet war er mit Artemisia, einer außergewöhnlichen Frau:

Artemisia, quod Mausolum maxime amavit, mortem mariti graviter fert. Ingenti luctu commota rem incredibilem suscipit: Mausolum desiderans corpus eius comburit[1], deinde corpus combustum in pulverem[2] contundi[3] iubet; postremo, quod maritum semper in se ferre vult, hunc pulverem in aquam immiscet[4] et aquam bibit.
Tum magnum monumentum, quod Mausolus exstruere[5] coeperat, ornat; hoc modo omnibus hominibus amorem suum maximum ostendit.
Sed Artemisia non solum semper memor est mariti. Haec mulier maxima virtute et regnum suum multos per annos optime administrat[6] et in bello se fortem praebet: Non modo Rhodios[7], qui Halicarnassum temptant, ex patria sua cedere cogit, sed etiam Rhodum[8] ipsam capit.

[1]combūrere (-būssī, -būstum) *verbrennen*
[2]pulvis, eris *m* *Staub*
[3]contundere *zerreiben*
[4]immiscēre *hineinstreuen*
[5]exstruere *errichten*

[6]administrāre *verwalten*
[7]Rhodiī, ōrum *die Bewohner von Rhodos*
[8]Rhodus *f* *Rhodos (griech. Insel)*

Rekonstruktion des Mausoleums von Halikarnass (erbaut um 350 v. Chr.)

Mausolos hatte schon zu seinen Lebzeiten damit begonnen, dieses Bauwerk errichten zu lassen; Artemisia sorgte dann für seine Fertigstellung und vor allem für eine glanzvolle Ausstattung.

Der frechste aller Philosophen

Aus dem Orient stammte auch der frechste aller Philosophen, Diogenes aus der Stadt Sinope (heute Sinop in der Türkei) am Schwarzen Meer.
Er trat für ein äußerst einfaches Leben ein. Deshalb trug er verschlissene Kleidung und lebte in einer Tonne. Wegen dieser Lebensweise nannte man Diogenes auf Griechisch kyon (Hund) und Menschen, die sich Diogenes zum Vorbild nahmen, bezeichneten sich als Kyniker. Wie er selbst kritisierten sie mit bissigen Worten das Verhalten anderer Menschen, vor allem aber ein luxuriöses Leben. Die spöttische Ausdrucksweise der Kyniker lebt in unserem Wort „zynisch" weiter.
Weil Diogenes ein so unkonventioneller Mensch war, sind viele Anekdoten über ihn überliefert; ein paar davon könnt ihr hier lesen.

Quodam die Alexander Magnus[1] Diogenem[2] convenit. „Scis", inquit, „mihi magnas opes esse. Tibi dabo, quaecumque[3] cupis. Quid tibi optas?" Diogenes respondit: „Hoc tantum cupio: Abi a sole[4]!" Alexander autem vitam et audaciam huius viri laudavit.

[1] Alexander Magnus *Alexander der Große (Makedonenkönig)*
[2] Diogenēs, Diogenis *Diogenes*
[3] quaecumque *was auch immer*
[4] sōl, sōlis *Sonne*

Diogenes. Karikatur von Honoré Daumier

Quodam die Diogenes forum transiens lumen[5] tenebat. Nonnulli e turba, quae ibi fuit, Diogenem ridebant. Denique unus rogavit: „Cur nunc lumen portas? Quid quaeris?" Diogenes respondit: „Hominem quaero."

[5] lūmen, lūminis *n Lampe*

Quodam die Alexander Magnus Diogeni ossa[6] misit. Nuntius regis haec dixit: „Hoc donum tibi rex mittit, quia tu canis[7] appellaris." Diogenes nuntio respondit: „Dic regi tuo haec ossa profecto cibum cani idoneum[8] esse – neque tamen donum regi idoneum."

[6] os, ossis *n Knochen*
[7] canis, canis *m Hund*
[8] idōneus, a, um *geeignet, passend*

Dass Diogenes die Menschen zu allen Zeiten fasziniert hat, kann man auch daran ablesen, dass sich berühmte Schriftsteller mit ihm auseinander gesetzt haben. Hier seht ihr ihn in „Die bösen Buben von Korinth" von Wilhelm Busch:

DIOGENES UND DIE BÖSEN BUBEN VON KORINTH

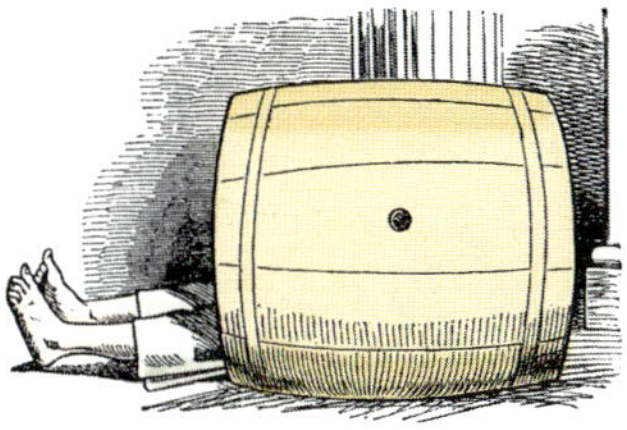

Nachdenklich liegt in seiner Tonne
Diogenes hier an der Sonne.

Ein Bube, der ihn liegen sah,
Ruft seinen Freund; gleich ist er da.

Nun fangen die zwei Tropfen
Am Fasse an zu klopfen.

Diogenes schaut aus dem Faß
Und spricht: »Ei, ei, was soll denn das?«

Der Bube mit der Mütze
Holt seine Wasserspritze.

Er spritzt durchs Spundloch in das Faß.
Diogenes wird pudelnaß.

Kaum legt Diogenes sich nieder,
So kommen die bösen Buben wieder.

Sie gehn ans Faß und schieben es;
»Halt, halt!« schreit da Diogenes.

Ganz schwindlich wird der Brave. –
Paßt auf! Jetzt kommt die Strafe.

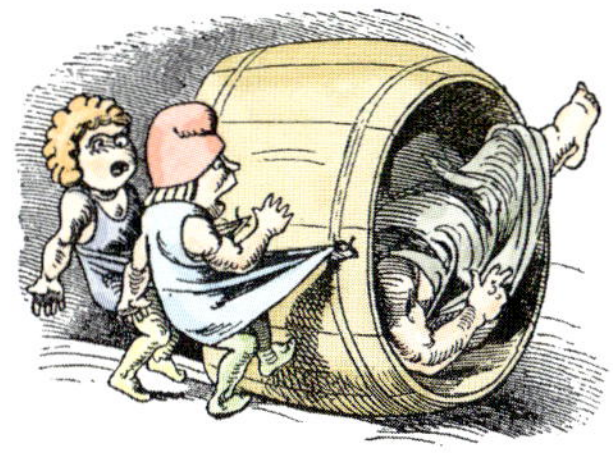

Zwei Nägel, die am Fasse stecken,
Fassen die Buben bei den Röcken.

Die bösen Buben weinen
Und zappeln mit den Beinen.

Da hilft kein Weinen und kein Schrein,
Sie müssen unter's Faß hinein.

Die bösen Buben von Korinth
Sind platt gewalzt, wie Kuchen sind.

Diogenes der Weise aber kroch ins Faß
Und sprach: »Ja, ja, das kommt von das!!«

Das haben wir gelernt.

a Wenn du die folgenden Fragen richtig beantwortest, erhältst du den lateinischen Namen der römischen Provinz, die im **imperium Romanum** eine besondere Stellung einnahm.

	richtig	falsch
1. Äneas konnte aus Troja mit seiner gesamten Familie entkommen.	G	A
2. **Honori esse** ist ein Dativ des Zwecks.	S	R
3. Ephesus hatte zur Zeit von Kaiser Hadrian 20000 Einwohner.	A	I
4. Das griechische Chaire bedeutet 'Sei gegrüßt!'	A	E
5. Lucullus war in Kleinasien Quästor.	M	C
6. Die Römer aßen zu feierlichen Anlässen ausgefallene Delikatessen.	U	I
7. Demetrius hat seine Krankheit überwunden.	L	N
8. Artemisias Reich wird von Rhodos aus erobert.	U	O
9. Alle Endungen der e-Deklination beginnen mit einem -e-.	R	S

b In der Antike war Kleinasien die Provinz des römischen Reiches, die Maßstäbe setzte, Modetrends bestimmte, den Lebensstil vorgab. Auch bei uns gibt es bestimmte Länder, die zu den Vorreitern neuer Entwicklungen gehören.
Übersetze folgenden Text. (Die unterstrichenen Ausdrücke findest du als Zeichnungen erklärt.)

bracae caeruleae

Audivistis eam provinciam novas, imprimis magnas urbes huius regionis ea constituisse, quae recentissimum *(der letzte)* clamorem appellamus. Hodie quoque paucae gentes novas propensiones definiunt *(Trends setzen)*. Iam diu bracas caeruleas gerimus, novis generibus musicae gaudemus, isicia Hamburgensia edimus *(essen)*, multas series televisionis Americanas spectamus ...
Quis non amat cafaeum ilico expressum aut vestes novas aut autocineta exquisita Italica?
Multi homines ad praesentia accomodant *(mit der Mode gehen)* et multa verba Britannica in suam linguam accipiunt; nam id elegans *(chic)* esse existimant. Sed etiam Romani sui temporis verba Graeca accipiebant, quod id urbanum *(modern)* putaverunt.

series televisionis

isicium Hamburgense

autocinetum exquisitum

cafeum ilico expressum

Zivilisation in Mitteleuropa

Die Stadt Trier – hier zur Zeit der römischen Kaiser in einer rekonstruierten Luftansicht – liegt heute in Deutschland. Sie gehörte aber nicht zum römischen Germanien, sondern zu Gallien. Am Beispiel dieser Stadt verfolgen wir in verschiedenen Epochen, was es bedeutete, dass Gallien römisch wurde.

Die Römer haben nicht nur Südeuropa und die Länder um das Mittelmeer beherrscht. Du weißt sicher, dass Gajus Julius Cäsar Gallien erobert hat. 500 Jahre lang blieben die Römer in diesem Gebiet (des heutigen Frankreich, Belgien und Luxemburg) an der Macht. In den folgenden Lektionen kannst du verfolgen, welche Spuren diese Zeit hinterlassen hat und wie ganz Mitteleuropa von der römischen Kultur geprägt wurde.

● Was bedeuten Begriffe wie „Zivilisation" oder „Kultur" genau? Vielleicht könnt ihr nach den nächsten fünf Lektionen genauere Vorstellungen mit diesen Begriffen verbinden.

38 Luxus an der Mosel

Die Überreste der Thermenanlage in Trier aus dem 3. Jh. n. Chr. lassen die Pracht der Römerzeit noch erahnen.

Viele der römischen Zuwanderer nach Gallien machten durch Handelsbeziehungen über das gesamte Imperium hinweg gute Geschäfte und wurden auch sehr reich. Etliche von ihnen legten es dann durchaus darauf an, diesen Reichtum als Zeichen des römischen Sieges den Provinzbewohnern vorzuführen. So konnte man in den gallischen Städten sehr kostbar gekleidete Personen sehen, die ihren Reichtum auf dem Forum oder in den Thermen ganz ungeniert vorzeigten.
Das rief bei den Betrachtern nicht selten Kopfschütteln hervor.

G

Cornelia numquam contenta est.
Ante cenam dicit:
Si Flavus hodie veniret, bonos cibos ei pararem!
Si dona mihi daret, verba pulchra ei dicerem!
Si Flavus verba mea audiret, certe hic maneret!
Post cenam dicit:
Si Flavus hodie non venisset, bonos cibos mihi tantum paravissem!
Si dona mihi non dedisset, verba pulchra ei non dixissem!
Si Flavus verba mea non audivisset, certe hic non mansisset ...

T Luxus an der Mosel

In Trier, einer der wichtigsten Städte Galliens, hat man im 3. Jh. n. Chr. sehr luxuriöse Badeanlagen gebaut, die einem Vergleich mit den Thermen in Rom oder Pompeji ohne weiteres standhalten konnten. – Zwei Freunde treffen sich vor dem Ausgang der Kaiserthermen in Trier:

DRAPPES: Quid tu hic agis, amice? Unde venis?

DUMNACUS: E balneo[1] venio. Quare tu hodie non aderas? Si adfuisses, vehementer risisses.

DRAPPES: Hercules! Si hoc scivissem, ego quoque in balneum venissem! Sed dic mihi: Quid actum est?

DUMNACUS: Conspeximus senem calvum[2], tunica russea[3] ornatum, ludentem[4] pila[5] prasina[6]!

DRAPPES: Quis erat is senex?

DUMNACUS: Flavus, libertinus quidam, homo dives et rarus!

DRAPPES: Si homines tali natura non essent, vitam tristem ageremus. Narra modo!

DUMNACUS: Res singulas narrare nolo, sed hoc tantum audi: Post balneum tres servi Flavum unguento[7] perfundebant[8] et eum tergebant[9] lana[10] molli.

DRAPPES: Lana? Sed lana idonea non est ad ...

DUMNACUS: Verum dicis. Sed lana carior linteo[11] est.

DRAPPES: Nunc intellego: Si Flavus hominibus spectantibus res communes tantum ostenderet, nemo oculos in eum converteret.

DUMNACUS: Bene intellexisti! In ore omnium esse Flavo magnae curae est. Id tantum spectat. Itaque paulo post a duobus servis in lecticam[12] impositus est.

DRAPPES: Si ego lectica ferrer, non iam pedibus irem!

DUMNACUS: Exspecta – nondum omnia audivisti: Flavus auferebatur, cum subito servus quidam ad lecticam vocatus toto itinere cantavit.

DRAPPES: Tace, nimium diligenter narras! – Si Flavus intellegeret bona animi laudi esse, tantum sumptum non faceret.

[1] balneum *Bad(eanlage)*
[2] calvus *kahlköpfig*
[3] russeus *rot*
[4] lūdere *spielen*
[5] pila *Ball*
[6] prasinus *grün*
[7] unguentum *Salböl*
[8] perfundere *(PPP* perfūsum*) übergießen*
[9] tergere *abtrocknen*
[10] lāna *Wolle*
[11] cārior linteō *teurer als Leinen*
[12] lectīca *Sänfte*

❶ Zeichne die in **T** beschriebenen Situationen und beschrifte die einzelnen Details mit lateinischen Begriffen.

❷ Überlege, was unter **bona animi** (Z. 29) zu verstehen ist, und nimm Stellung zur Aussage des Drappes.

❸ Überlegt, wie sich die Szene aus **T** im heutigen Trier abspielen würde, – wie wäre dann jedes Detail zu übertragen? Welches heutige Statussymbol entspricht wohl einer **lectica**? Schreibt dann auf dieser Basis einen neuen Dialog (auf Deutsch).

Ü

a Schreibe aus **T** sämtliche **si**-Sätze heraus und übersetze sie noch einmal ins Deutsche. Ersetze nun alle Formen des Konjunktiv Imperfekt durch die entsprechenden Formen des Konjunktiv Plusquamperfekt – und umgekehrt. Übersetze die neu entstandenen Sätze ebenfalls ins Deutsche. Wie haben sich die Aussagen inhaltlich verändert?

b Setze die folgenden Formen zunächst in den Konjunktiv Imperfekt, dann in den Konjunktiv Plusquamperfekt:

facit – it – videt - vult – intellegit – ridet – laudat – parcit – est

c Ein Sänftenträger des Flavus döst vor den Thermen im Schatten und führt dabei Selbstgespräche. Da er das Lateinische erst vor kurzem erlernt hat, kennt er die Verbformen noch nicht so genau und redet daher stets in Infinitiven. Hilf ihm, indem du die in den Satz passenden Endungen der Verben ergänzt!

1. Si mater mea dea esse ..., ego quoque deus esse ...!
2. Si pater meus dives fuisse ..., ego servus non esse ...!
3. Si ego dominus esse ..., in tecto meo bene cenare ...!
4. Si domina quid dicere ..., numquam respondere ...!
5. Si nocte laborare ..., totum diem in lecto iacere ...!

d Beachte bei der Übersetzung die angegebene(n) Sinnrichtung(en) der Partizipien:

1. Homines theatrum aedificantes a civibus laudati sunt. (temporal, kausal) 2. Pater liberis magna voce clamantibus non adfuit. (konzessiv, temporal) 3. Hospites ad cenam vocati non venerunt. (konzessiv) 4. Cives e periculo servati militibus gratias egerunt. (kausal, temporal)

LATEIN LEBT

In welcher Situation könnte dein Lehrer/deine Lehrerin zu dir den folgenden berühmten lateinischen Satz sagen?

Si tacuisses, philosophus mansisses.

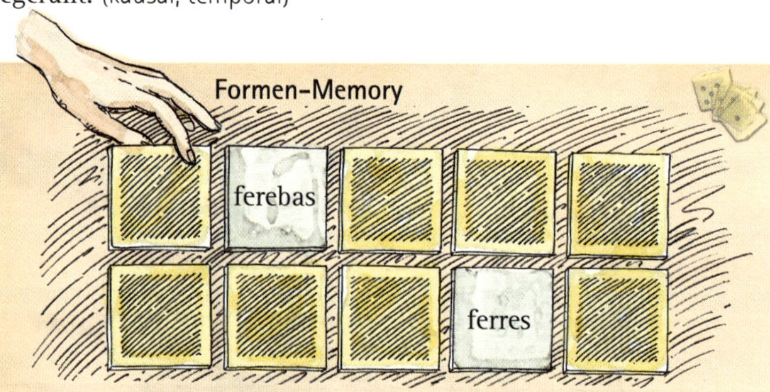

Bildet zu den folgenden Indikativformen jeweils die entsprechende Konjunktivform. Übertragt dann alle Formen auf gleichfarbige Kärtchen; die Rückseite bleibt jeweils frei. Fertig ist das Memory, mit dem ihr jederzeit – einzeln oder in der Gruppe – die Konjunktivformen üben könnt.

ferebas – ferebamus – ferebant – tuleram – tulerat – tuleratis – volebam – volebat – volebatis – volueras – volueramus – voluerant

Das Memory lässt sich mit beliebigen Formenpaaren erstellen.

Fußbodenmosaik aus einem römischen Bad in Thamugadi (Timgad, Algerien)

WORTSCHATZ

Schreibe aus dem folgenden Text die Fremdwörter heraus, die du auf Vokabeln dieser Lektion zurückführen kannst:
„Auf dem Weg zu seiner Doktorprüfung trat Wolfgang kräftig in die Pedale. Heute wollte er mit einem riesigen Spektakel seinen Zuhörern gewaltig imponieren. Das Prädikat **'magna cum laude'** war sein Ziel."

Z Hadrian in den Thermen

Dass es in den Thermen häufig Interessantes zu betrachten gab, zeigt die folgende Anekdote über Kaiser Hadrian:

P. Aelius Hadrianus, quamquam imperator erat, frequenter[1] publice et una cum omnibus lavabatur[2]. Quodam tempore senem sibi notum aspexit et vidit eum tergum[3] defricare[4] muro. Imperator perturbatus interrogavit: „Cur tergum muro defricas, amice?" Senex respondit: „Si servum haberem, is me defricaret!" Hadrianus ubi id audivit, et servos et argentum ei donavit. Postero[5] die ille senex servos suos amicis ostendit et de fortuna sua narravit. Tum omnes dixerunt: „Si imperator nos vidisset, nobis quoque dona dedisset!"
Ita Hadrianus alio die balneum[6] intrans vidit multos senes, qui ad murum cucurrerunt ibique se defricare coeperunt ...
Statim imperator eos vocari iussit et alium ab alio defricari.

[1] frequēns *häufig*
[2] lavārī *sich waschen, baden*
[3] tergum *Rücken*
[4] dēfricāre *abreiben, abtrocknen*
[5] posterus *folgend*
[6] balneum *Bad(eanlage)*

39 Bevor Cäsar kam

Wohnraum einer keltischen Bauernfamilie, nachgestellt im Archäologischen Forschungszentrum in Dänemark

Wie sah die Welt in Gallien aus, bevor die Römer ihre Kultur – denke zum Beispiel an die Thermen in Trier – dorthin brachten?
Wenn wir darüber etwas erfahren wollen, sind wir auf die Informationen angewiesen, die die Römer selbst über die damaligen Einwohner, die Kelten, überliefern. Hätten sie nicht über die Kultur der Kelten berichtet, wüssten wir nur wenig über sie.
Die Einwohner Galliens, die Kelten, wohnten in Dörfern und kleinen befestigten Städten.
Das Volk lebte abhängig unter dem Schutz der Vornehmen.
Die Familienoberhäupter der Großfamilien lebten wie Adlige; sie übernahmen als Reiter Führungsaufgaben im Krieg oder waren Druiden – so hießen die gallischen Priester.

G

Vergleiche A und B:

Lucius laborat. Lucius diligens est.	Lucius diligenter laborat. (A)
Marcus laborat. Marcus laetus est.	Marcus laetus laborat. (B)
3 Quintus et Lucius ad domum currunt.	Quintus primus ad domum venit.
	Quintus victor ad domum venit.

Bevor Cäsar kam

Welche Bedeutung die „Priester" der Kelten hatten, erfahren wir in einem Bericht, den der römische Feldherr Cäsar über die Gallier und ihre Druiden verfasst hat.

In omni Gallia duo sunt genera hominum nobilium, equites et druides. Nobiles familiis praesunt. Maximo honori eis est plurimos homines de plebe habere clientes[1]. Qui nobilibus in omnibus rebus adesse debent et iis ut servi parere consueverunt. Nobiles autem paene omnia possunt; qui plurimum valent non ingenio, sed nobilitate.

Equitum est bellum gerere. Optimi eorum manibus militum praesunt duces.

Druides autem magna cum dignitate viventes in summo honore apud homines omnium ordinum sunt; iis res sacrae et iudicia curae sunt. In omnibus controversiis[2] rem decernunt et poenas constituunt, nemo iudicio eorum resistere potest. Qui enim druidum iudiciis non paret, eum omnes fugiunt, cum eo nemo sermonem init, is etiam a sacrificiis[3] abesse debet; is solus et miser vitam agit. Si quis ei adesset aut eum adiret, etiam ipse a druidibus damnari posset.

Iuvenes disciplinae[4] causa frequentes ad druides conveniunt. Magnum ibi numerum versuum discunt. Ita iuventuti multa tradi potuerunt, quae druides antiquitus[5] docebant de terrae magnitudine, de siderum motibus, de deorum vi et potestate.

Nihil autem, quod sciunt, litteris mandant, tametsi litteras Graecas noverunt. Cuius rei duas causas afferunt: „Si disciplina litteris mandata esset, etiam vulgus eam sciret. Neque memoriae studerent homines, si omnia litteris mandarentur."

[1] cliēns, clientis *m Klient, Schutzbefohlener*

[2] contrōversia *Streitfall*

[3] sacrificium *Opferzeremonie*

[4] disciplīna *Ausbildung*

[5] antīquitus *seit alter Zeit*

❶ Die Druiden kümmern sich um vieles, was wir nicht zu den Aufgaben heutiger Priester zählen. Liste ihre Aufgaben auf und ordne sie modernen Berufen zu.

❷ Überlege, welche Vorteile und welche Nachteile es hat, dass diejenigen, die sich um Religion kümmern, so viele Aufgaben in der Gesellschaft übernehmen.

❸ Erkläre und begründe, weshalb das Wissen der Druiden nicht aufgeschrieben wurde.

Ü

a Alles von esse abgeleitet!
Ergänze die lateinischen Sätze sinngerecht mit den richtigen Komposita von „esse" und übersetze (Tipp: Manchmal hilft auch das Tempus, das passende Wort zu finden):

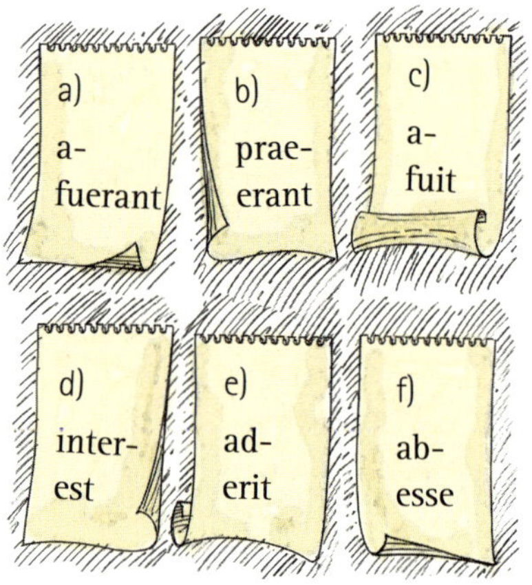

1. Ein Kelte warnt den anderen: „Den Druiden nicht zu gehorchen ist gefährlich; wer es nicht tut, wird von niemandem Hilfe erwarten können; denn: Nemo ei ? , qui druidum iudiciis non paret."
2. In der Vergangenheit hatten einige der gallischen Adligen im Krieg eine herausgehobene Stellung: Optimi equitum plebi in bello ? .
3. Miraculix kehrt sehr zufrieden von dem Treffen aller gallischen Druiden zurück, das jährlich stattfindet. In diesem Jahr waren alle da: Nemo ? .
4. Im Jahr davor war es ganz anders gewesen: Multi ? .
5. Jeder Druide weiß, dass er bei diesem Treffen dabei sein muss, und sagt sich immer wieder: „A consilio ? non licet."
6. Die beiden Gruppen der gallischen Adligen unterscheiden sich erheblich: Multum ? inter druides et equites.

LATEIN LEBT

Das hängt alles vom „Können" ab!
In all diesen Fremdwörtern taucht die lateinische Silbe „pot-" auf, die auch in posse (<pot-esse) steckt.
Informiere dich in einem Fremdwörterlexikon über die Bedeutung von:

Potenzial · potenziell · potenzieren · Potenz · Potentat · impotent

Welche dieser Wörter kannst du auch im Englischen (oder anderen Fremdsprachen) bilden?

b System durchschaut – Form erkannt!
Bestimme und bilde die entsprechende Form des eingeklammerten Verbs. Beispiel: praefuisse (posse): Inf. Perf. Akt. (potuisse)

ades (abesse), possent (interesse), potuissent (praeesse), adestis (posse), deeras (posse), fueras (abesse), adero (posse), fuissetis (posse), deessent (posse), praefuissem (posse), posses (interesse)

c Hannibal, Rom und das Prädikativum

1. Hannibal puer promisit: Numquam amicus Romanorum ero.
2. Hannibal imperator multas gentes vicit; victor e proeliis abiit.
3. In urbe Roma homines supplices opem deorum orabant.
4. Mulieres tristes ad caelum manus tollebant; frequentes templa adibant.
5. Hannibal senex dixit: Captivus Romanorum perire nolo.

Die Verzierungen der keltischen Schwertscheide (aus Hallstatt, Österreich, um 480 v. Chr.) zeigen einen Kriegerzug.

Wilde Jagd von Geistern. Filmszene aus „Der Herr der Ringe" (USA 2001)

Z

Von Zwergen, Zauberern und Feen

In den Märchen, die noch heute in der Bretagne, in Wales, Irland und Schottland erzählt werden, tauchen Zwerge, Zauberer, verwandelte Bäume und Feen auf; solche Figuren, die auch in der folgenden Geschichte mitspielen, stammen aus der Vorstellungswelt der Kelten, bevor die Römer nach Gallien kamen:

Eques fortis nocte per silvam iter fecit. Subito terra aperta est, homunculus[1] e terra surrexit, ante equum constitit, equiti dixit: „Cave periculum mortis. Magus[2] in his regionibus vivit, qui homines rapta pecunia in arbores mutat. Nemo, qui silvam intravit, hunc magum superavit. Sed ibi nympha[3] in flumine[4] vivit, quae tibi aderit. Usque ad[5] hunc diem nemo illud flumen[4] invenire potuit. Tu autem a me ductus flumen primus invenies: Auxilio nymphae magum superare poteris." His verbis dictis ad illud flumen eum duxit. Nympha a homunculo vocata e fluctibus surrexit et equiti gladium[6] micantem[7] dedit. Gladio accepto eques neque nympham neque homunculum videre potest, sed subito magus ingens ante oculos stat. Eques autem gladio eum petit et interficit. Tum omnes arbores in homines mutantur.

Homines equiti laeti gratias egerunt eumque regem suum fecerunt.

[1] homunculus *Männlein, Zwerg*
[2] magus *Zauberer*

[3] nympha *Nymphe, Fee*
[4] flūmen, flūminis *n Fluss*
[5] ūsque ad *bis auf*

[6] gladius *Schwert*
[7] micāre *funkeln*

40 Teile und herrsche!

Szene aus einem Asterix-Comic

Die Eroberung Galliens in den Jahren 58–51 v. Chr. war nicht nur eine militärische Leistung der römischen Soldaten und ihres Feldherrn Cäsar. Die Römer haben überall, wo sie herrschten, unter ihren Gegnern auch Freunde gefunden – wie es in der Asterixszene dargestellt ist. Und sie haben Unstimmigkeiten unter ihren Gegnern systematisch ausgenutzt, um ihre eigene Herrschaft abzusichern. So war es auch im Gebiet des heutigen Trier, wo der gallische Stamm der Treverer lebte.

G

Iuvenes ad druides conveniunt.
Iuvenes discere volunt.
Iuvenes ad druides conveniunt, ut discant.

Druides vulgus disciplinam scire nolunt.
Itaque disciplinam litteris non mandant.
Druides disciplinam litteris non mandant, ne vulgus eam sciat.

Druides disciplinam litteris non mandant.
Itaque vulgus eam non scit.
Vulgus disciplinam non scit,
cum druides eam litteris non mandent.
Druides disciplinam litteris non mandant,
ut vulgus eam non sciat.

Sitzender Soldat (Rekonstruktion)

Teile und herrsche!

Cäsar hatte das Heer der Treverer in der Schlacht besiegt. Nun sollten die Fürsten diese Niederlage anerkennen, indem sie zu Verhandlungen erschienen, die Cäsar einberufen hatte. Aber das taten sie nicht. Daraufhin zog Cäsar mit vier Legionen (etwa 20000 Fußsoldaten und 800 Reiter) in das Gebiet der Treverer.
Er berichtet selbst darüber, wie die beiden wichtigsten Anführer des Stammes auf diese militärische Einschüchterung reagierten: Der eine akzeptierte die Niederlage und wurde zum Freund der Römer, der andere blieb ihr Feind.

In civitate Treverorum Indutiomarus et Cingetorix de primo loco inter se contendebant.
Cingetorix, cum de adventu legionum et auxiliorum cognovisset, ad Caesarem venit, ut egregiam fidem ostenderet.
At Indutiomarus milites conscripsit, ut bellum iterum pararet libertatemque gentis suae defenderet.
Alii principes civitatis adventu exercitus Romani territi ex vicis et oppidis ad Caesarem venerunt, ut de suis rebus cum eo agerent: „Venimus, ut amicitiam petamus fidemque demonstremus. Nam tanta est fides nostra, ut libenter te adeamus."

Qua re adductus etiam Indutiomarus legatos ad Caesarem mittit, ne ab omnibus deseratur. Haec verba a legatis Caesari referuntur: „Plebs facile ab amicitia Romanorum deficit, sed mea auctoritate regitur. Nam tanta est apud plebem auctoritas mea, ut facile eos in officio retinere possim. Equidem efficio, ut a licentia revocentur. Itaque adhuc ad te non veni. Nam timeo, ne plebs Romanis inimica sit et – cum libertatem gentis defendere velit – novis rebus studeat. Mox in castra Romana veniam, ut fidem meam cognoscas."
Caesar, cum perfidiam[1] Indutiomari perspiciat, tamen bellum non parat; sed poscit, ut Indutiomarus cum centum obsidibus ad se veniat.

[1]perfidia *heimtückisches Wesen*

❶ Beschreibe das Verhalten des Römerfeindes Indutiomarus. Erkläre seine Strategie.
❷ Wie kommt Cäsar zu der Sichtweise, dass Indutiomarus treulos und hinterlistig sei?
❸ Obwohl das Pronomen „ich" nicht auftaucht, stammt der Bericht von Cäsar selbst. An welchen Stellen muss man misstrauisch sein, ob seine Darstellung korrekt ist?
❹ Erkläre am Beispiel der Ereignisse im Gebiet der Treverer den Herrschaftsgrundsatz der Römer: „Teile und herrsche!" (Divide et impera!)

Ü

a Suche aus **T** alle Konjunktive im Imperfekt, verwandle sie in den Konjunktiv Präsens und umgekehrt.

b Teile (ein) und herrsche!
Wer Konjunktivformen erkennen kann, findet in einem Satzgefüge oft schnell die untergeordneten Gliedsätze. Sortiere alle Formen, die Konjunktiv sein können, in die Kiste:
moneam, laudem, regem, regam, regerem, tangerem, spectabam, umbram, undam, moveam, teneam, dem, amorem, amarem, amem, vocem, des, ades, res, faceres, pares

c Der Konjunktiv ist abhängig!
Verwandle die direkten Aufforderungen in indirekte. Bilde dazu Gliedsätze mit **ut** nach dem angegebenen Beispiel.
Pater filium orat: Accede! Pater filium orat, ut accedat.

1. Dumnacus Drappem orat: „Narra de sene Flavo!“
2. Flavus servos orat: „Cantate!“
3. Crassus Croesum orat: „Vinum eme!“
4. Croesus Crassum orat: „Fac bonum pretium bono amico!“
5. Creusa Aeneam orat: „Relinque patriam!“

d In welchem logischen Verhältnis steht der **cum**-Satz zum Hauptsatz? Stelle jeweils den passenden **cum**-Satz zu seinem Hauptsatz und übersetze das lateinische Satzgefüge mit treffender Wiedergabe des **cum**:

1. Die Menschen verehren die Götter: Homines deos colunt, ...	a) ... cum periculum magnum esset.
2. Bei seiner Ankunft in Ephesos fand Crassus seinen Freund in einer Taverne: Crassus amicum in taberna invenit, ...	b) ... cum soror desperaret.
3. Äneas suchte trotz großer Gefahren seine Gattin. Aeneas uxorem quaesivit, ...	c) ... cum iram eorum timeant.
4. Antigone verlor im Gegensatz zu Ismene die Hoffnung nicht: Antigona spem non amisit, ...	d) ... cum in urbem veniret.

Lionel Royer (1852–1926): Vercingetorix wirft seine Waffen Cäsar zu Füßen. (Le Puy-en-Velay, Musée Crozatier).

Z Cäsars größter Gegner muss kapitulieren: Ein Ereignis – zwei Berichte

Der Gallier Vercingetorix (Vercingetorīx, Vercingetorīgis) hatte einen Aufstand gegen Cäsar organisiert; die Aufständischen hatten große Erfolge, wurden aber schließlich in Alesia belagert und mussten aufgeben. Vorher hatte Vercingetorix eine Versammlung seiner Verbündeten einberufen, über die Cäsar Folgendes berichtet:

Vercingetorix consilium convocavit et sociis dixit: „Hoc bellum non meā causā[1] suscepi, sed ut libertatem communem defenderem. Itaque nunc vobis concedo, ut me Romanis tradatis.“ Tum amici Vercingetorigis nuntios de hac re ad Caesarem miserunt. Caesar imperat, ut arma tradantur et principes producantur[2]. Ipse pro castris considit. Principes producuntur[2], Vercingetorix traditur, arma deponuntur.

[1] meā causā *aus persönlichen Motiven*

[2] prōdūcere *vorführen*

Über 100 Jahre später berichtet der griechische Schriftsteller Plutarch – anders als Cäsar – nicht zuerst über die Rede des Vercingetorix; sondern er beschreibt gleich die Kapitulation:

Vercingetorix armis pulchris ornatus equum conscendit[3] et per portas oppidi equitavit[4]. Caesar pro castris consedit. Vercingetorix autem in equo sedens Caesarem circumibat[5]. Tum de equo desiluit[6], arma deposuit, ad pedes Caesaris tacens consedit.

[3] cōnscendere *besteigen*

[4] equitāre *reiten*

[5] circumīre *umkreisen*

[6] dēsilīre *(Perf.* dēsiluī*) herabspringen*

❶ Vergleiche den Bericht Plutarchs und den aus Cäsars eigener Feder miteinander. Welchen Eindruck von Vercingetorix und Cäsar soll der Leser jeweils bekommen?

❷ Auch die beiden Gemälde zeigen die Kapitulation des Vercingetorix. Beschreibe die Bilder und erkläre, welchen Eindruck von Vercingetorix und von Cäsar die beiden Maler vermitteln wollten.

Henri-Paul Motte (1846–1922): Vercingetorix ergibt sich Cäsar. (Le Puy-en-Velay, Musée Crozatier).

41 Welch ein großartiger Kaiser

Die Palastaula in Trier von Innen – Rekonstruktion ...

... und heute

Nach der Eroberung Galliens entstand im Gebiet der Treverer eine römische Stadt: **Colonia Augusta Treverorum** – Trier, das heute zu Deutschland gehört. Aufgrund seiner Lage an der Mosel wurde Trier besonders wichtig als Handelsplatz für die Versorgung der Grenztruppen, die über 200 Jahre lang die nahe gelegene Grenze am Rhein gegen die Germanen sicherten. Später, im 4. Jahrhundert, wurde die Stadt noch wichtiger: Sie war zwar vorher von Germanen verwüstet worden, die jenseits des Rheines lebten. Aber nun machten verschiedene römische Kaiser Trier zur wichtigsten Stadt in Gallien; sie residierten hier, um Gallien besser gegen die Germanen schützen zu können. Zu den neuen Bauten gehörte auch die so genannte Palastaula, ein prächtiges Gebäude für kaiserliche Empfänge.
Es war üblich geworden, dass die Leistungen des Kaisers bei öffentlichen Empfängen von Festrednern gepriesen wurden. Für diese Redner gab es in Trier auch eine berühmte Schule, in der junge Männer Rhetorik lernten, die Kunst überzeugend und eindrucksvoll zu reden.

Erfindet als Vorbereitung für **T** selbst eine Festrede für den Kaiser. Überlegt, was man alles rühmend erwähnen könnte.

G

Caesar nonnullas legiones in Treveros duxit.
Cingetorix videt, quantam multitudinem militum Caesar in Treveros duxerit.
3 Tamen alios principes interrogat, velintne libertatem defendere an non.
Qui Cingetorigem interrogant, num exercitui Romano resistere audeat.

Konjunktiv Perfekt – indirekte Fragesätze

T

Welch ein großartiger Kaiser

Ein Festredner spricht bei einem öffentlichen Empfang in der Palastaula:

Huc convenimus, cives Coloniae Augustae Treverorum, ut gratias agamus imperatori nostro pro beneficiis eius. Quaero e vobis, num quis reprehendere possit res gestas imperatoris nostri. Conspicite hanc ipsam palatii aulam[1] ingenti sumptu perfectam, ut videatis, quantas divitias[2] imperator nobis praebuerit! Spectate illam regionem, in qua vivimus, ut cognoscatis, quanta laetitia ab eo ipso nobis parata sit! Te regente nemo inopia laborat; immo urbs omnibus divitiis[2] toto orbe terrarum paratis abundat[3]. Cives artibus litterisque student, quia tu, imperator, provides, ut curis liberi vitam agere possint. Tu, imperator, tuo claro exemplo homines doces, quanta sit cura imperatoris Romani, quanta sit fides Romana. Nunc apertum est: Pace facta tota regione homines cum otio vitam agunt. Omnis belli clamor abest, cum tu flammas belli exstinxeris. Testes sunt copia frumenti omniumque fructuum, quam mercatores flumine Mosella vehunt, et villae pulchrae, quas homines tota regione aedificant. Dubito, utrum copia fructuum an aedificia pulchra maiori usui[4] nobis sint. Quam praeclaram speciem haec regio praebet! Neque enim barbari – nuntio adventus imperatoris perterriti - Rhenum transire audebunt. Tua igitur aetate, imperator, tuti vivimus! Tua cura urbs nostra magis magisque elata est, tua laude gloria totius rei publicae perpetua erit.

[1] palātiī aula *Palastaula*
[2] dīvitiae *Pl. Reichtum*
[3] abundāre *m. Abl. voll sein mit*
[4] māior ūsus *größerer Nutzen*

Die Moselbrücke in Trier (Rekonstruktion)

❶ Die Festrede steckt voller sprachlicher Besonderheiten, die die Wirkung steigern sollen: Beschreibe mit eigenen Worten, was dir aufgefallen ist.

❷ Sieh dir die Fachbegriffe und deutschen Beispiele für rhetorische Stilmittel an und suche nach lateinischen Beispielen für solche Stilmittel in der Festrede.

Anapher (Wiederaufnahme): „Seine Kraft ist es, die uns beschützt, seine Klugheit, die uns behütet, sein Ruhm, der uns Glanz gibt."

Apostrophe (Anrede): „In all diesen Gefahren hast du, unser Kaiser, uns beschützt."

Asyndeton (unverbundene Reihung): „Er kam, überblickte die Situation, handelte sofort."

Metapher (bildlicher Ausdruck): „Der Sieg entfachte ein Feuer der Begeisterung."

Paralleler Satzbau „Seht seine Kraft, die uns beschützt, damit ihr erkennt, wie sicher wir leben. Hört von seiner Stärke, die uns behütet, damit ihr wisst, wie gefestigt der Frieden ist."

Trikolon (dreigliedrige Aufzählung): „Ich kam, sah, siegte."

Ü

ⓐ Suche aus **T** alle Konjunktivformen und bilde die entsprechende Form im Indikativ.

ⓑ Ein Formenpuzzle – Lösung mit System!
Bilde aus den Zettelchen sinnvolle Konjunktivformen und bestimme sie mit Angabe der Grundform und der Bedeutung:

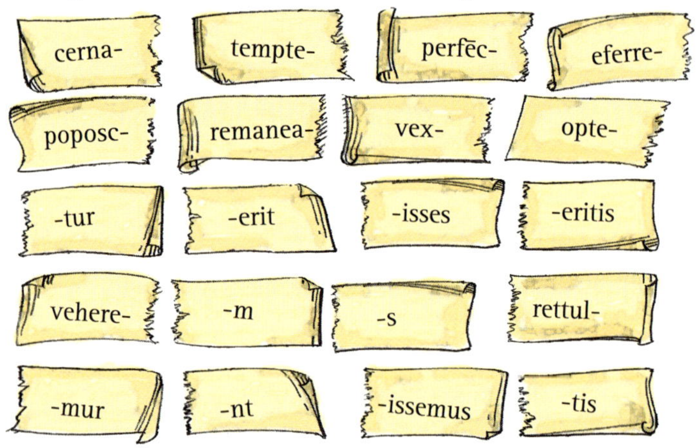

ⓒ Suche die indirekten Fragen aus **T** und formuliere sie als direkte Fragen.

ⓓ Gliedsätze können die Satzgliedfunktion eines Objekts übernehmen:
Die Bürger erkennen, wie großartig der Kaiser ist.
Die Bürger erkennen die Größe des Kaisers.
Suche aus **T** alle Gliedsätze, die ein Objekt vertreten.

LATEIN LEBT

Alles aus einem Text!
Suche in **T** nach den lateinischen Wörtern, die hinter folgenden Fremd- und Lehnwörtern stecken:

Konvent · Zivilisation · Kolonie · Gratifikation · Akt · Datum · Potenzial · Palast · Aula · Perfektion · Video · Quantität · Spektakel · Region · parat · laborieren · Orbit · Abundanz · Artist · Literatur · studieren · kurieren · vital · Exempel · human · Republik · Dozent · total · Fakten

Detektive unterwegs – wer knackt den Konjunktiv-Code?

	Tempus (T)	Person (P)	Genus verbi (GV)
1 perficere	1 Präsens	1 ich	1 Aktiv
2 aedificare	2 Imperfekt	2 du	2 Passiv
3 tradere	3 Futur	3 er (sie, es)	
4 conscribere	4 Perfekt	4 wir	
5 efferre	5 Plusquamperfekt	5 ihr	
6 adducere		6 sie	

Je vier Detektive, die alle mit Papier und Stift ausgerüstet sind, bilden eine Einsatzgruppe. Jeder Detektiv nennt einen vierstelligen Zahlencode (z. B. 1562), den alle Gruppenmitglieder auf ihre Blätter notieren. Alle versuchen nun, die vier Zahlenkombinationen zu knacken, indem sie die lateinischen Konjunktivformen neben den jeweiligen Code schreiben (z. B. **perfecti (ae, a) essent**). Anschließend werden die Lösungen auf Richtigkeit überprüft und ggf. die Art des Fehlers (z. B. T) notiert. Wer die meisten Codes richtig knackt, ist der beste Detektiv.

Bronzestatue eines römischen Redners, um 80 v. Chr. (Florenz, Archäologisches Museum)

Z

Welch ein fürchterlicher Kaiser

Zwei Studenten haben die Rede des Festredners gehört. Bei ihrem Rhetoriklehrer, dem Rhetor, verfassen sie zur Übung ebenfalls Lobreden. Aber Schmähreden, in denen jemand kritisiert wird, gehören auch zum Unterrichtsprogramm; und außerdem hat der Rhetor ihnen beigebracht, jede Sache von zwei Seiten zu betrachten. Stellen wir uns vor, sie hätten zum Spaß die Lobrede auf den Kaiser ein wenig umformuliert!

Convenimus, cives coloniae Augustae Treverorum, ut reprehendamus imperatorem nostrum. Conspicite hanc ipsam palatii aulam[1] ingenti sumptu ornatam, ut cognoscatis, quantas opes a civibus paratas pro honore suo imperator consumat. Pauci cives tuti in oppidis viventes artibus litterisque student. Plurimi agros colunt. Spectate illam regionem, in qua vivimus: Castra militum toto orbe terrarum conscriptorum plena sunt. Tu, imperator, exemplo tuo homines doces, quae sit virtus Romana: bellum gerere. Barbaris exercitus Romanos timentibus pax tamen deest. Tua gloria militari tuti vivimus, sed hostes amicos facere non potuisti. Vae[2] civibus, si quando[3] exercitus Romani vi hostium victi erunt.

[1] palātiī aula *Palastaula*

[2] Vae! *Wehe!*

[3] quandō *einmal*

42 500 Jahre hinterlassen Spuren

Ein Bücherschrank in der Antike ...und heute

Die Römer haben fast 500 Jahre lang in Gallien geherrscht und ihre Lebensweise verbreitet. Auch nach dem Ende ihrer Herrschaft haben sie das Leben dort noch bestimmt, weil die Menschen durch die Literatur der Römer und ihre ausdrucksreiche Sprache Bildung erlangen konnten.

In den Schulen las man die Werke Vergils, Theaterstücke des Dichters Terenz und Reden des Politikers und Anwalts Cicero.
Auch heute ist unsere Sprache, wenn wir über Kultur und Literatur reden, noch von den Römern geprägt.

● Informiere dich in einem Herkunftswörterbuch über die Bedeutung und den Ursprung folgender deutscher Wörter, die auch für **T** wichtig sind: Kultur, Literatur, Komödie, Diktum, Eloquenz, Poet, Sentenz, Studium, Stil.

G Vergleiche und bilde analog die Deklinationsreihen zu **iste** – dieser (da):

ille – ipse – iste
illíus – ipsíus – istíus
illi – ipsi – isti

500 Jahre hinterlassen Spuren

Um 470 nach Christus war das Rhein- und Moselgebiet als Ganzes militärisch nicht mehr in der Hand der Römer, sondern wurde von germanischen Stämmen, vor allem von den Franken, kontrolliert.
Das römische Reich löste sich im Westen auf. Auch die Verhältnisse in Trier waren ganz unsicher: Wir wissen nicht genau, wie der fränkische Soldatenführer Arbogast, der in Trier residierte, politisch zum römischen Reich stand.
Aber ein Brief, den der in Südgallien lebende Bischof Sidonius Apollinaris an ihn geschrieben hat, zeigt, dass Arbogast schon lange ein Freund der Römer gewesen sein muss, allerdings auf eine ganz besondere Weise.

Sidonius Arbogasto suo salutem dicit.
Amicus attulit epistulam tuam, quae mihi, cum legissem, maximo gaudio erat. Pulchra est, cum veterum poetarum dictis et grandium oratorum[1] sententiis ornata sit. Repperi enim sententias Vergilii, Terentii, Ciceronis. Tanta enim est eloquentia[2] tua, tantus est cultus, ut facile videam te iam multos annos litteris studere. Sapis, ut cerno. Et cognosco te parem esse illis ducibus antiquis, quorum dextera et gladium et stilum[3] capere solebat, ut virtutem suam et in bello et in artibus ostenderent.
Barbari feri Rhenum et Mosellam oppugnantes villas, vicos, oppida Romana circumveniunt. Isti sermonem Romanorum neglegunt, cum tu gloriam linguae Latinae conserves et vivam retineas. Furor iste barbarorum litteras nescit, cum tu – barbara gente ipse natus[4] – artes colas. Cum potentia Romana vi et impetu istorum occiderit, tamen per te omnes cognoscunt, quantopere[5] homo superet istas bestias, si litteris studet.

[1] ōrātor, ōris *Redner*

[2] ēloquentia *Beredsamkeit*

[3] stilus *Griffel (zum Schreiben auf Wachstafeln)*

[4] nātus *abstammend*

[5] quantopere *wie sehr*

Der Dom von Trier. Seine römischen Grundmauern gehen auf das 4. Jh. n. Chr. zurück.

❶ Zeige an den Sätzen, in denen Sidonius **iste** verwendet, dass dieses Pronomen oft eine abwertende Bedeutung hat.

❷ Stelle die Komplimente zusammen, die Sidonius dem germanischen Heerführer Arbogast in seinem Brief macht. Welche Absicht verfolgt Sidonius damit? Beachte dazu auch die Ergebnisse aus Aufgabe 1.

❸ Erkläre, wie Sidonius seine Absicht stilistisch deutlich macht. Welche stilistischen Mittel kannst du richtig bezeichnen (vgl. S. 96 oben)?

Ü

a Bestimme die Form und bilde die entsprechende Form des eingeklammerten Pronomens. Beispiel: istam (hic) - Akk. Sg. *f* (hanc)
istis (hic), eius (ille), cui (is), horum (iste), cui (idem), qua (ille), eis (qui), huic (ipse), ista (ea), illum (idem), huius (quae)

b Was fällt in a) bei den Formen des Genitiv und Dativ Singular auf? Dazu passt ein hilfreicher „Lateinpaukerspruch". Ergänze ihn:
unus, solus, totus, ullus *(irgendeiner)*, alius und dazu nullus,
diese Wörter haben alle „- ? " in dem zweiten Falle
und im dritten enden sie stets auf einem langen „- ? ".

c Stelle aus **T** die Gliedsätze zusammen, die die Satzgliedfunktion eines Adverbiales übernehmen, und ordne sie nach Sinnrichtungen: Temporal-, Kausal-, Kondizional-, Konsekutiv-, Final-, Konzessiv- und Adversativsätze.

d iste hat nicht immer, aber oft pejorative (abwertende) Bedeutung. Versuche das bei der Übersetzung der folgenden Sätze zum Ausdruck zu bringen:

1. Antigone lässt sich durch Kreons Anweisung nicht zurückhalten:
   „Ista impia lege ab officio non revocor."
2. Kreon ist über Antigones Ungehorsam empört:
   „Istud facinus sine poena non erit."
3. Du erinnerst dich an Flavus, den neureichen Angeber aus 38 **T**:
   Isti libertino omnes scilicet homines invidebant.
4. Lehrer glauben, dass Hausaufgaben für Schüler gut sind:
   „Isto errore *(Irrtum)* complures magistri *(Lehrer)* laborant."

invidere invideo, invidi invisum
und beneiden
Dat. Sg.

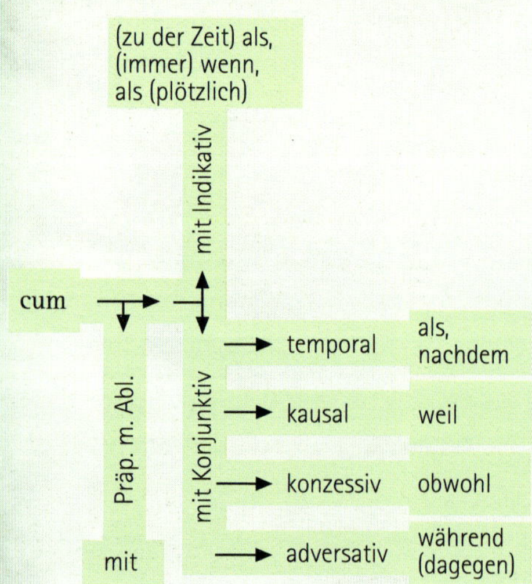

ÜBERSETZUNG

a) Ermittle in den folgenden Sätzen die Bedeutung von cum. Orientiere dich dabei an der „Straßenkarte".

1. <u>Cum</u> Romani in Colonia Augusta Treverorum erant, imperator saepe ab oratoribus laudabatur.
2. <u>Cum</u> imperator in coloniam veniebat, ab oratoribus laudabatur.
3. Orator: „<u>Cum</u> imperatore laetitia in coloniam venit."
4. <u>Cum</u> orator finem orationis fecisset, cives imperatorem celebraverunt *(feierten)*.
5. <u>Cum</u> imperator civibus provideret, ab oratore laudatus est.
6. <u>Cum</u> imperator civibus provideret, tamen a iuvenibus reprehendebatur.
7. <u>Cum</u> alii imperatorem laudarent, alii eum reprehendebant.

b) Überprüfe mit der „Straßenkarte" deine Übersetzung der cum-Sätze in **T**.

Z Strenge oder lockere Erziehung

In **T** ist der Name des römischen Dichters Terenz gefallen; viele Menschen kannten offenbar seine Komödien.
Diese wurden wegen der eleganten Sprache und ihrer großen Weisheit und Menschlichkeit jahrhundertelang in den Schulen Roms und später ganz Europas von den Schülern gelesen.
Eine der Komödien – „Die Brüder" – behandelt das Problem strenger und großzügiger Erziehung:

[1]sevērus, a, um *streng*
[2]Ctēsiphōn, ontis *Ktesiphon*
[3]ēducāre *erziehen*
[4]alter *der andere*
[5]Aeschinēs, is *Äschines*

Demea mercator, pater severus[1], duos filios adulescentes habuit. Unum, Ctesiphontem[2] nomine, ipse severe educabat[3]. Alterum[4], Aeschinem[5] nomine, fratri suo tradidit, ut eum educaret[3]. Frater eum vitam cum omni licentia agere sivit, numquam reprehendit.

Und was kommt dabei heraus? Beide Söhne, nicht nur der locker erzogene Äschines, verwickeln sich in Liebesgeschichten. Ktesiphon hat sich auch noch in eine Musikerin verliebt – nicht gerade eine standesgemäße Verbindung! Äschines hilft dem streng erzogenen Bruder, sein Liebesglück zu finden. Wie reagiert der strenge Vater Demea?

[6]in mātrimōnium dūcere *heiraten*
[7]sevēritās, ātis *Strenge*

Demea primo non intellegit Ctesiphontem, quem ipse severe educaverat, puellam amare. Itaque maxima ira commotus Aeschinem istum accusat. Sed cum Ctesiphontem quoque amore incensum esse intellexerit, animus mutatur. Neque Aeschinem neque Ctesiphontem reprehendit. Et Aeschinem et Ctesiphontem amicas suas in matrimonium ducere[6] sinit. Sed et filiorum animus mutatur; denique severitatem[7] patris laudant.

Schauspieler bereiten sich auf eine Theateraufführung vor. Mosaik aus Pompeji 1. Jh. n. Chr. Männer spielten die Frauenrollen.

Auf den Spuren der Römer in Bayern

Endlich Sommerferien: jede Menge Zeit zum Erholen ... und Entdecken – vielleicht auch von Denkmälern aus der Römerzeit. Und dazu musst du keineswegs nach Italien, Frankreich oder Spanien fahren. Auch in deiner unmittelbaren Umgebung finden sich interessante Sehenswürdigkeiten. Über zwei kannst du dich hier genauer informieren. Vielleicht berichtet der eine oder die andere von euch zu Beginn des neuen Schuljahrs über eine weitere auf der Karte abgebildete antike Stätte.

Regensburg – Castra Regina

Cum Romani imperatore Marco Aurelio fines imperii ad Danuvium[1] flumen propagabant[2], ibi castra fecerunt, ubi nunc *Regensburg* est. Illo loco id flumen in Danubium flumen influit[3], quod urbi nomen dedit. Etiam hodie vestigia castrorum antiquorum videri possunt. In vico parvo, qui est ad Danuvium flumen, monumentum praeclarum est: Porta Praetoria[4], per quam milites temporibus antiquis in castra inierunt.
Monumentum demonstrat, quam magnos arcus[5] Romani fecerint.

[1] Dānuvius *Donau*
[2] prōpāgāre *ausdehnen*
[3] īnfluere *münden*

[4] Porta Praetōria *Porta Prätoria (Nordtor des Römerkastells Castra Regina)*
[5] arcus, arcūs *Bogen*

Die Altstadt von Regensburg lässt noch erahnen, dass ihre Keimzelle einst ein Römerlager war. Beim Rundgang kann man an einigen Stellen Reste davon entdecken.

Porta Praetoria

Weißenburg – Castra Biriciana

Extra urbem, quae *Weißenburg* appellatur, castra Romanorum reperta[6] sunt. Una e portis castrorum restituta est[7]. Nuper homines viam novam aedificantes etiam thermas invenerunt, quae nunc spectari possunt ut magnae thermae Romae. Hominibus autem, qui nostris diebus Castra Biriciana petunt, imprimis thesaurus[8] placet, qui in museo[9] urbis ostenditur. Thesaurus egregias statuas[10] deorum dearumque continet[11].

[6] repertus, a, um: *PPP zu* reperīre
[7] restituēre *wiederherstellen*
[8] thēsaurus *Schatz*
[9] mūsēum: *vgl. Fw.*
[10] statua: *vgl. Fw.*
[11] continēre *hier: enthalten*

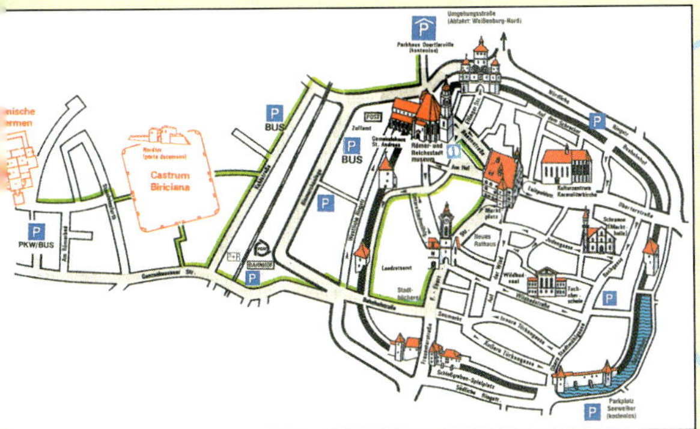

Römisches Weißenburg

Götterstatuetten aus dem Schatzfund von Weißenburg

Thermen (Rekonstruktion)

Das haben wir gelernt

Ein berühmter Kelte

Setze den Namen des berühmten keltischen Anführers, der links abgebildet ist, in die Lücken ein und übersetze dann die Sätze.

1. ? et multi principes Gallorum bellum susceperunt, ut libertatem communem defenderent.
2. Militibus Gallorum fortiter pugnantibus tamen ? vincere non potuit.
3. Proelio confecto Caesar imperavit, ut ? et principes Gallorum arma deponerent.
4. Si ? vicisset, ...

Kannst du diesen Gedanken weiter entwickeln?

Spurensuche Römerzeit

In den vorausgegangenen Lektionen hast du die römische **Colonia Augusta Treverorum** kennen gelernt. Hier findest du Abbildungen von Gebäuden in Trier. Kannst du sie den antiken Gebäuden zuordnen bzw. in dem antiken Stadtplan (S. 81) wiederfinden? Welchem „Zweck" dienen diese Gebäude heute?

Wortschatz und Grammatik

Liebe Schülerinnen und Schüler, liebe Kolleginnen und Kollegen!

In diesem **Grammatikteil** zu **prima B** haben wir für euch, haben wir für Sie den Wortschatz und die Grammatikstoffe zu den einzelnen Lektionen des Textteiles aufbereitet.
Wir wünschen euch, liebe Schülerinnen und Schüler, dass ihr mit diesem übersichtlich und lernfreundlich angelegten Grammatikteil weiterhin die lateinische Sprache möglichst leicht und gut erlernt. Und wir wünschen Ihnen, liebe Kolleginnen und Kollegen, dass Sie durch die Gestaltung der folgenden Seiten wertvolle Hilfen für Ihre Unterrichtsarbeit erhalten und so für die wichtige Arbeit an den Texten Entlastung finden.

Hinweise zur Konzeption und zur Arbeit mit dem Grammatikteil

a) Wortschatz

Die lateinischen Wörter und Wendungen sind in der Reihenfolge angeordnet, wie sie in den Texten vorkommen. In der Regel sind die folgenden „**grammatischen Eigenschaften**" beigefügt:

- *Genusendungen* bei Adjektiven (z. B. magnus, a, um);
- *Genusangaben* bei Substantiven der 3., der e- und der u-Deklination (z. B. urbs, urbis *f*);
- *Genitive* bei Substantiven der 3., der e- und der u-Deklination (z. B. mons, montis) sowie bei einendigen Adjektiven (z. B. felix, felicis);
- *Stammformen* bei Verben mit „unregelmäßiger" Perfektbildung (als „regelmäßig" gelten das v-Perfekt der ā- und ī-Konjugation sowie das u-Perfekt der ē-Konjugation);
- *Kasusrektionen* und *Verbvalenzen*, die vom Deutschen abweichen (z. B. iubere *m. Akk.*), wichtige *Kollokationen* (z. B. animo deficere) und relevante *Kasusfragen*.

Im Kleindruck erscheinen:

- Vokabeln, die für die Bearbeitung einer Lektion wiederholt werden sollten (vor den Wortschätzen);
- Wendungen mit bereits bekannten Vokabeln (z. B. gratias agere);
- Präsensformen und deutsche Bedeutungen bereits bekannter Verben, deren Stammformen nachgetragen werden (z. B. dare, do, dedi geben);
- lateinische Formen und deutsche Bedeutungen, wenn weitere Bedeutungen nachgetragen werden (z. B. contendere, contendo, contendi behaupten; eilen; sich anstrengen);
- Namen am Ende der Wortschätze (vgl. Eigennamenverzeichnis).

Zur Wortschatzarbeit gibt es immer wieder ergänzende **Lernhilfen**, die auch der Motivation, der Vertiefung und Veranschaulichung dienen, deren Kenntnis jedoch in den Lektionstexten nicht vorausgesetzt wird:

- „Latein lebt": Hinweise zur kulturellen Bedeutung und zum Weiterleben der lateinischen Sprache;
- „Kontext": kurze, einprägsame lateinische Sätze zu Vokabeln, die unterschiedlich konstruiert werden können oder stark voneinander abweichende Bedeutungen haben;
- „Wortfamilien": Verdeutlichung von Wortbildungselementen und etymologischen Zusammenhängen;
- Sach- und Wortfelder sowie Abbildungen.

Diese Ergänzungen stehen in Zusammenhang mit den Aufgaben zu „Wortschatz", „Latein lebt" und „Übersetzung", die im Textteil eigens ausgewiesen und hervorgehoben sind. Sie finden sich beim Wortschatz- oder Grammatikteil einzelner Lektionen, greifen jedoch in aller Regel auch Vokabeln mehrerer vorausgehender Lektionen mit auf.

b) Grammatik

Die Grammatik wird Lektionen begleitend, entsprechend der Progression der Stoffkapitel im Textteil, dargeboten.
Die grammatischen Erläuterungen sind einheitlich gegliedert nach
- F: Formenlehre,
- S: Syntax und / oder Semantik,
- T: Textgrammatik.

Die Darbietung ist konsequent auf das für die Schülerinnen und Schüler Wichtige beschränkt, wobei Leseverstehen und Sprachreflexion als Hauptziele des Unterrichts Auswahl und Umfang bestimmten.
Die sprachlichen Phänomene werden zumeist in induktiver Weise an Beispielsätzen erläutert. Dabei sind die Beispielsätze – soweit es der jeweilige Stoff erlaubt – so konzipiert, dass die Grammatikteile auch vor der Behandlung des Lektionstextes besprochen werden können; sie enthalten, wie auch die G-Teile im Textteil, keine neuen Vokabeln.

TIPP!

Gelegentlich werden die grammatischen Erläuterungen und Tabellen durch **Tipps** ergänzt, die auf spezielle Schwierigkeiten aufmerksam machen und Lern- und Verstehenshilfen aus der Sicht des Praktikers geben. Diese reichen von Hinweisen zum Vokabellernen und zum Abfragen lateinischer Sätze bis zu Hilfen für die Auflösung mehrdeutiger Wortformen und einfachen Regeln zur Wortbildung.

Darüber hinaus sind an einigen Stellen (meist zweiseitige) **Übersichten** eingefügt, die zusammenfassend und systematisierend Tabellarien zu den Deklinations- und Konjugationsformen bieten und so den Benutzern die Ordnung in der Vielfalt lateinischer Formen erleichtern.
Die wichtigsten **Tabellen** befinden sich zusätzlich im Tabellarium, S. 196 ff.

W

āra	Altar	interrogāre	fragen
caput	Kopf, Hauptstadt	omnis	ganz, jeder; *Pl.* alle
dēpōnere	niederlegen, aufgeben	prohibēre	abhalten, hindern
dōnum	Geschenk	sacrum	Heiligtum, Opfer
immō vērō	ja sogar, im Gegenteil	tūtus	sicher

lēgātiō, lēgātiōnis *f*	Gesandtschaft	*De-legation, e. delegation*
intus *Adv.*	im Inneren, innen	
sacerdōs, sacerdōtis *m/f*	Priester(in)	
flectere, flectō, flexī	biegen, (hin)lenken, umstimmen	*flektieren, Flexion, re-flektieren, flexibel, flechten*
turpis, e	(sittlich) schlecht, hässlich, schändlich	
iūcundus, a, um	angenehm, erfreulich	
quandō?	wann?	*f. quand?*
tandem *im Aussagesatz*	endlich;	
im Fragesatz	denn eigentlich	
facere fīnem *m. Gen.*	beenden, aufhören (mit)	
sortem dare	einen Orakelspruch geben	
lēgātus	Gesandter, Bevollmächtigter	*Legat*
intellegere, intellegō, intellēxī	(be)merken, verstehen	*Intellekt, intelligent, Intelligenz*
redīre, redeō, rediī	zurückgehen, zurückkehren	
libēns, libentis	gern	
supplicium	flehentliches Bitten; Strafe, Hinrichtung	
ac (~ atque)	und, und auch	
multum valēre	viel gelten	
cīvitās, cīvitātis *f*	Bürgerrecht; Gemeinde, Staat	*e. city, f. cité*
superbia	Stolz, Überheblichkeit	
aliter *Adv.*	anders, sonst	
ut *Adv.*	wie	
cōnfirmāre, cōnfirmō	bekräftigen, ermutigen, stärken	*Konfimation, e. to confirm*
adicere, adiciō, adiēcī	hinzufügen	*Adjektiv*
ōrāculum	Orakel, Götterspruch, Orakelstätte	
exīre, exeō, exiī	herausgehen	*„Exit"*
anteā *Adv.*	vorher, früher	
cingere, cingō, cinxī	umgeben, umzingeln	
statuere, statuō, statuī	aufstellen, beschließen, festsetzen	*statuieren, Statut*
cūra	Sorge, Pflege	*Kur*

Apollō, Apollinis	Apollo
Q. Fabius Pictor	Quintus Fabius Pictor (röm. Feldherr)

Delphī, Delphōrum *Pl.*	Delphi (berühmte Orakelstätte des Gottes Apollo in Griechenland)
Delphōs	nach Delphi
Pȳthia	Pythia (Priesterin, durch die Apollo zu den Fragestellern sprach)
Pȳthius, a, um	pythisch (Beiname des Apollo von Delphi)

F Adverbbildung

Es gibt Wörter, die nur als Adverbien vorkommen (z. B. **nunc, hodie**), sowie Adverbien, die von Adjektiven gebildet werden.

improb-**ē**	unanständig
celer-**iter**	schnell
vehement-**er**	heftig

Adverbien werden gebildet, indem die folgenden Endungen an den Wortstamm angefügt werden:

- bei Adjektiven der a- und o-Deklination **-ē** ,
- bei Adjektiven der 3. Deklination **-iter** .
  Endet der Wortstamm auf -nt, wird nur **-er** angefügt.

Die Formen des Adverbs werden nicht gebeugt.

S Adverb als Adverbiale

equus celer	Equus celer est.	Equus celeriter currit.
das schnelle Pferd	Das Pferd ist schnell.	Das Pferd läuft schnell.

Während das Adjektiv als Attribut oder Prädikatsnomen ein Substantiv näher bestimmt, informiert das **Adverb** über die näheren Umstände des Verbalinhalts (Ad-verb).

Adverbien haben die Satzgliedfunktion des Adverbiales.
Sie sind keine notwendigen Bestandteile des Satzes.
Von Adjektiven abgeleitete Adverbien geben gewöhnlich an, wie etwas geschieht.
Wir fragen „auf welche Art und Weise?".

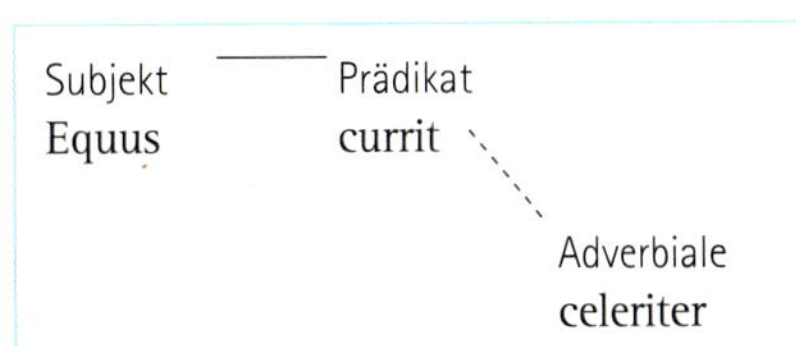

Andere Adverbien (z. B. **ibi, tum, itaque**) können – wie auch ein Gliedsatz oder ein Präpositionalausdruck – Aufschluss über Ort, Zeit oder Grund eines Geschehens geben.

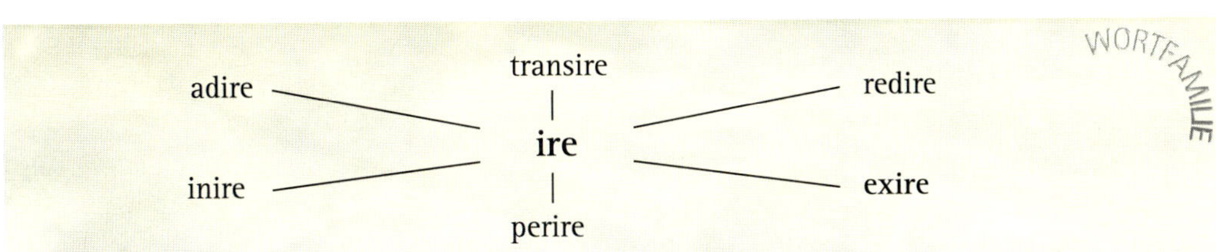

W

deinde	dann, darauf	iubēre	anordnen, befehlen
equidem	(ich) allerdings, freilich	līberāre	befreien, freilassen
excitāre	erregen, ermuntern, wecken	senex	Greis, alter Mann
gerere	ausführen, führen, tragen	sīgnum	Merkmal, Zeichen
iterum	wiederum	summus	der höchste, der letzte, der oberste

salūtem dīcere *m. Dat.*	jmd. grüßen	
mōnstrum	Wunderzeichen; Ungeheuer, Gespenst	*monströs, e. monster f. monstre*
fābula	Geschichte, Erzählung, Theaterstück	*Fabel, fabelhaft*
mīrus, a, um	wunderbar, erstaunlich	*Mirakel, „Mirácoli"*
commovēre, commoveō, commōvī	bewegen, veranlassen	
tālis, e	derartig, ein solcher, so (beschaffen)	
permovēre, permoveō, permōvī	beunruhigen, veranlassen	
incrēdibilis, e	unglaublich	*e. incredible*
antīquus, a, um	alt, altertümlich	*antik, Antiquität, e./f. antique*
tempus, temporis *n*	(günstige) Zeit; *Pl.* Umstände, Zeiten	*Tempo, Extemporale, e. tense, e./f. temps*
amplus, a, um	weit, groß, bedeutend	*Amplitude, e. ample*
nocturnus, a, um	nächtlich	*Nokturne*
ferrum	Eisen, Waffe	
vinculum	Band, Fessel; *Pl.* Gefängnis	
gravis, e	schwer	*gravierend, Gravitation, e. grave*
mox *Adv.*	bald, dann	
īgnōtus, a, um	unbekannt	*e. unknown*
quondam *Adv.*	einst, einmal; manchmal	
philosophus	Philosoph	
perturbāre, perturbō	in Verwirrung bringen	*e. to trouble*
perterrēre, perterreō, perterruī	sehr erschrecken, einschüchtern	
condūcere, condūcō, condūxī	zusammenführen; anwerben, mieten	*e. to conduct*
sinere, sinō, sīvī	lassen, erlauben	
silentium	Schweigen, Stille	*e./f. silence*
movēre, moveō, mōvī	bewegen	*Motiv, Motor, e. to move*
tenebrae, tenebrārum *Pl.*	Dunkelheit, Finsternis	
prōcēdere, prōcēdō, prōcessī	(vorwärts) gehen, vorrücken	*Prozession, Prozess, e. to proceed*

continēre, contineō, continuī	festhalten	*Container, e. to contain*
modo *Adv.*	eben (noch)	
abesse, absum, āfuī	abwesend sein, fehlen	*absent, Absentenheft*
locus	Ort, Platz, Stelle	*Lokal, lokal, Lokalisation*
abīre, abeō, abiī	weggehen	*Abitur, Abiturient*
invenīre, inveniō, invēnī	finden, erfinden	*Inventur, Inventar, e. to invent*
līber, lībera, līberum	frei	*Liberalismus, liberal*
valē	leb' wohl!	

Athēnīs	in Athen
Athēnās	nach Athen

F

Verben: Passiv (Präsens, Imperfekt, Futur I)

Die Passivformen von **Präsens**, **Imperfekt** und **Futur I** werden aus den gleichen Bauelementen wie die Aktivformen gebildet, nämlich aus

- dem Präsensstamm,
- dem Tempuszeichen (im Imperfekt und Futur) und
- der Personalendung.

Die Aktiv- und Passivformen unterscheiden sich nur durch die Personalendung.

a) Infinitiv Präsens

vocā-rī	gerufen (zu) werden	Die Endungen der Infinitive lauten in der ā-, ē- und ī-Konjugation **-rī**,
ag-ī	getrieben (zu) werden	in der kons. Konjugation **-ī**.

b) Präsens

	Sg.		Pl.		
1. Pers.	voc-**or**	ich werde gerufen	vocā-**mur**	wir werden gerufen	ā-Konjugation
2. Pers.	vocā-**ris**		vocā-**minī**		
3. Pers.	vocā-**tur**		voca-**ntur**		
1. Pers.	mone-**or**	ich werde gemahnt	usw.		ē-Konjugation
1. Pers.	audi-**or**	ich werde gehört	audī-**mur**	wir werden gehört	ī-Konjugation
2. Pers.	audī-**ris**		audī-**minī**		
3. Pers.	audī-**tur**		audi-u-**ntur**		
1. Pers.	ag-**or**	ich werde getrieben	ág-i-**mur**	wir werden getrieben	kons. Konjugation
2. Pers.	ág-e-**ris**		ag-i-**minī**		
3. Pers.	ág-i-**tur**		ag-u-**ntur**		
1. Pers.	capi-**or**	ich werde ergriffen	cápi-**mur**	wir werden ergriffen	
2. Pers.	cápe-**ris**		capi-**minī**		
3. Pers.	cápi-**tur**		capi-u-**ntur**		

c) Imperfekt

1. Pers.	vocā-**ba-r**	ich wurde gerufen	usw.	ā-Konjugation
1. Pers.	monē-**ba-r**	ich wurde gemahnt	usw.	ē-Konjugation
1. Pers.	audi-**ēba-r**	ich wurde gehört	usw.	ī-Konjugation
1. Pers.	ag-**ēba-r**	ich wurde getrieben	usw.	kons.
1. Pers.	capi-**ēba-r**	ich wurde ergriffen	usw.	Konjugation

d) Futur I

	Sg.		Pl.		
1. Pers.	vocā-**b-or**	ich werde gerufen werden	vocā-**bi-mur**	wir werden gerufen werden	ā-Konjugation
2. Pers.	vocā-**be-ris**		vocā-**bi-minī**		
3. Pers.	vocā-**bi-tur**		vocā-**bu-ntur**		
1. Pers.	monē-**b-or**		usw.		ē-Konjugation
1. Pers.	audi-**a-r**	ich werde gehört werden	audi-**ē-mur**	wir werden gehört werden	ī-Konjugation
2. Pers.	audi-**ē-ris**		audi-**ē-minī**		
3. Pers.	audi-**ē-tur**		audi-**e-ntur**		
1. Pers.	ag-**a-r**		usw.		kons. Konjugation
2. Pers.	capi-**a-r**		usw.		

Vollständige Tabellen befinden sich im Tabellarium, S. 199.

S

Verwendung des Passivs

Nuntius dominum terret.
Die Nachricht erschreckt den Herrn.

Dominus nuntio terretur.
Der Herr wird durch die Nachricht erschreckt.

Neben den aktiven Verbformen, die angeben, was ein Subjekt tut, gibt es zu den transitiven Verben passive Formen, die angeben, dass jemand/etwas eine Handlung „erleidet" (Passiv – „Leideform").
Das Passiv wird dann verwendet, wenn nicht der Urheber einer Handlung, sondern ein Vorgang oder Geschehen betont werden soll.
Als Oberbegriff für Aktiv und Passiv verwendet man die Bezeichnung **Genus verbi** (oder: Diathese).

TIPP!

audi-e-t er *wird* hören — **audi-tur** er *wird* gehört

Bei der deutschen Wiedergabe des Futur I und des Passivs musst du gut aufpassen. Im Deutschen brauchst du in beiden Fällen das Hilfsverb 'werden'; im Passiv kommt immer ein deutsches Partizip II (entspricht etwa dem lateinischen PPP) dazu, z.B. 'gehört'.

W

agmen	(Heeres-)Zug	prīmā lūce	bei Tagesanbruch
dēnique	schließlich, zuletzt	probāre	beweisen, für gut befinden
exspectāre	warten, erwarten	propter	wegen
multitūdō	große Zahl, Menge	salūs	Gesundheit, Glück, Rettung; Gruß
ōrāre	bitten	summus	der höchste, der letzte, der oberste

mittere, mittō, mīsī, missum	(los)lassen, schicken, werfen	
paulātim *Adv.*	allmählich	
campus	Feld, freier Platz, Ebene	*Camping, e. camp*
cīvis, cīvis *m (Gen. Pl.* -ium*)*	Bürger	*zivil, e. citizen*
cēnsēre, cēnseō, cēnsuī, cēnsum *(m. Akk.)*	meinen, einschätzen, seine Stimme abgeben (für)	
longus, a, um	lang, weit	*e./f. long*
īnstruere, īnstruō, īnstrūxī, īnstrūctum	aufstellen, ausrüsten; unterrichten	*Instruktion, Instrument, e. to instruct*
pariter *Adv.*	ebenso, gleichzeitig	
palam *Adv.*	bekannt, in aller Öffentlichkeit	
agere, agō, ēgī, āctum	handeln, treiben, verhandeln	
complūrēs, complūra *(Gen.* complūrium*)*	mehrere	
nōmen, nōminis *n*	Name	*Nomen, Pronomen, e. name, f. nom*
dēligere, dēligō, dēlēgī, dēlēctum	(aus)wählen	*Delegierter*
legere, legō, lēgī, lēctum	lesen, auswählen	
circum *m. Akk.*	um ... herum, rings um	*ca. (circa)*
dūcere, dūcō, dūxī, ductum	führen, ziehen	
pōnere, pōnō, posuī, positum	(auf)stellen, (hin)legen, setzen	*Posten, Post, Position, Dis-position, Exponent, opponieren, Opposition*
illīc *Adv.*	dort	
sanguis, sanguinis *m*	Blut	*Sanguiniker, f. sang*
interficere, interficiō, interfēcī, interfectum	töten, vernichten	
excipere, excipiō, excēpī, exceptum	aufnehmen, eine Ausnahme machen	*exzeptionell, e. except*
supplex, supplicis	demütig bittend	
pūblicus, a, um	öffentlich, staatlich	*publik, Publikum, publizieren, e. public*
mandāre, mandō	einen Auftrag geben, übergeben	*Mandant, Mandat, kommandieren*
movēre, moveō, mōvī, mōtum	bewegen	*Motiv, Motor*

Fortsetzung →

officium	Dienst, Pflicht(gefühl)	*offiziell, Offizier, e. office*
dēbēre, dēbeō, dēbuī, dēbitum	müssen, sollen; schulden	
★ religiō, religiōnis *f*	Glauben, (Gottes-)Verehrung, Frömmigkeit, Gewissenhaftigkeit; Aberglaube	*Religion, e. religion*
respicere, respiciō, respexī, respectum	zurückblicken; berücksichtigen	*Respekt, e./f. respect*
prex, precis *f*	Bitte; *Pl.* Gebet	*e. prayer*

augēre, augeō, auxī, auctum	vermehren, vergrößern	*Auktion*
habēre, habeō, habuī, habitum	haben, halten	
vidēre, videō, vīdī, vīsum	sehen, darauf achten	
dare, dō, dedī, datum	geben	
colere, colō, coluī, cultum	bewirtschaften, pflegen; verehren	
commovēre, commoveō, commōvī, commōtum	bewegen, veranlassen	

Mārs, Mārtis	Mars (Gott des Krieges)
Campus Mārtius	Marsfeld
cēnsor, cēnsōris	Zensor (römischer Beamter)
līctor, līctōris	Liktor (Begleiter höherer Beamter und einiger Priester)

F

1 Partizip Perfekt Passiv (PPP)

a) **laudā-tus** (gelobt) ā-Konjugation
audī-tus (gehört) ī-Konjugation

Bei einer Vielzahl von Verben (vor allem mit v-Perfekt) wird das PPP gebildet, indem **-tus, -ta, -tum** an den Präsensstamm angefügt wird.

b) Manchmal werden allerdings der Stamm oder die Fugenstelle lautlich verändert:

Infinitiv	Präsensstamm	Perfektstamm	PPP
monēre	monē-	monu-	monitus
colere	col-	colu-	cultus
mittere	mitt-	mīs-	missus

Bei solchen Verben muss man sich neben dem Infinitiv Präsens, der 1. Pers. Sg. Präs. Akt. und Perf. Akt. das PPP als vierte Form merken.
Diese vier Formen, die sogenannten **Stammformen**, sind die Grundlage für alle Formen, die von einem Verb gebildet werden können.

Beispiel: agere ‌ ‌ agō ‌ ‌ ēgī ‌ ‌ āctum

c) bestia servata — bestiae servatae
das gerettete Tier — die geretteten Tiere

Das PPP wird dekliniert wie die Adjektive der a- und o-Deklination. Es ist mit seinem Bezugswort nach der KNG-Regel kongruent.

2 Verben: Passiv (Perfekt, Plusquamperfekt)

a) Perfekt Passiv

vocātus sum — ich bin gerufen worden

	Sg.		Pl.	
1. Pers.	vocātus, a, um	sum	vocātī, ae, a	sumus
2. Pers.	vocātus, a, um	es	vocātī, ae, a	estis
3. Pers.	vocātus, a, um	est	vocātī, ae, a	sunt

b) Plusquamperfekt Passiv

vocātus eram — ich war gerufen worden

1. Pers.	vocātus, a, um	eram	usw.

Die Passivformen von Perfekt und Plusquamperfekt bestehen aus dem PPP und Formen des Hilfsverbs esse. Das Perfekt wird mit den Präsensformen von esse, das Plusquamperfekt mit den Imperfektformen von esse gebildet.

c) Infinitiv Perfekt Passiv

vocātum, am, um esse
vocātōs, ās, a esse — gerufen worden (zu) sein

S

1 Verwendung des Partizip Perfekt Passiv

a) Erscheinungsform

Nuntius Delphos missus templum intravit.
Der nach Delphi geschickte Bote betrat den Tempel.

Das PPP (hier: missus) steht in KNG-Kongruenz zu einem Nomen des Satzes (hier: nuntius); meistens bezieht es sich auf das Subjekt oder das Objekt. Wegen dieser „Einbettung" in das Satzganze wird es als **Participium coniunctum** (verbundenes Partizip) bezeichnet.

b) Das Participium coniunctum als satzwertige Konstruktion

Nuntius templum intravit: *Delphos missus erat.* Der Bote betrat den Tempel: *Er war nach Delphi geschickt worden.*	Nuntius *Delphos missus* templum intravit. Der *nach Delphi geschickte* Bote betrat den Tempel.

Wie den AcI (vgl. 17 **S** c) kann man auch das Participium coniunctum als einen eigenständigen Aussagesatz verstehen, der in einen anderen Satz „eingebettet" wurde. Deshalb bezeichnet man das Participium coniunctum als **satzwertige Konstruktion**.

Diese Partizipialkonstruktion ist im Lateinischen sehr beliebt, da sie mit wenigen Worten viele Informationen liefern kann. Da das PPP eine Verbform ist, wird es oft auch durch Adverbialien ergänzt.

c) Satzgliedfunktion

Die Partizipialkonstruktion Delphos missus kann als Attribut (zu nuntius)
oder Adverbiale (zu intravit) aufgefasst werden.
Die Satzgliedfunktion und die Sinnrichtung der Partizipialkonstruktion sind also nicht festgelegt und müssen vom Leser aus dem Kontext erfasst werden.
Daher gibt es manchmal mehrere richtige Möglichkeiten der Wiedergabe.

d) Übersetzungsmöglichkeiten

	Nuntius Delphos missus templum intravit.
Als Attribut	
➢ wörtlich:	Der nach Delphi geschickte Bote betrat den Tempel. (Der Bote, nach Delphi geschickt, betrat den Tempel.)
➢ mit Relativsatz:	Der Bote, der nach Delphi geschickt worden war, betrat den Tempel.
Als Adverbiale	
➢ mit Adverbialsatz:	Der Bote betrat den Tempel, nachdem (weil) er nach Delphi geschickt worden war.

Bei der Übersetzung ist immer zu prüfen, ob das Participium coniunctum als Adverbiale aufzufassen ist und wie ggf. die Sinnrichtung des Partizips durch eine treffende Subjunktion deutlich gemacht werden kann.

e) Zeitverhältnis

Die Formen des **PPP** zeigen an, dass das im Participium coniunctum ausgedrückte Geschehen vor dem des Prädikats stattgefunden hat; sie bezeichnen also die **Vorzeitigkeit** (**Partizip der Vorzeitigkeit**). Wenn das PPP als Adverbiale aufzufassen ist, ist daher häufig eine Übersetzung mit 'nachdem' möglich.

2 Verwendung des Passivs (Perfekt, Plusquamperfekt)

Im Passiv haben Perfekt und Plusqamperfekt als Tempora die gleiche Bedeutung wie im Aktiv (vgl. 11 **S** und 21 **S** 1).

Homines convocati sunt.
Die Menschen wurden versammelt.
Die Menschen sind versammelt (worden).

Homines convocati erant.
Die Menschen waren versammelt (worden).

Das Perfekt Passiv wird im Deutschen meistens mit dem Präteritum / Imperfekt wiedergegeben.
Gelegentlich können Perfekt und Plusquamperfekt Passiv auch einen Zustand oder ein Ergebnis bezeichnen; in diesem Fall wird im Deutschen 'worden' weggelassen.

W

dēlectāre	erfreuen, unterhalten	praeda	Beute
hostis	Feind (Landesfeind)	rēx	König
imprīmīs	besonders, vor allem	trānsīre	durchqueren, hinübergehen, überschreiten
intellegere	(be)merken, verstehen	turba	Menschenmenge, Lärm, Verwirrung
māiōrēs	Vorfahren	vestis	Kleidung, Kleid

hic, haec, hoc	dieser, diese, dieses (hier); folgender	
ille, illa, illud	jener, jene, jenes	
illūc *Adv.*	dahin, dorthin	
praeclārus, a, um	großartig	
spectāculum	Schauspiel	*Spektakel*
victor, victōris *Adj.*	siegreich	
dux, ducis *m*	Anführer	*e. duke, f. duc*
capere, capiō, cēpī, captum	fassen, nehmen; erobern	
nimius, a, um	übermäßig, zu groß	
permovēre, permoveō, permōvī, permōtum	beunruhigen, veranlassen	
triumphus	Triumph(zug)	
mortālis, e	sterblich; *Subst.* Mensch	*Salto mortale, e. mortal*
prīstinus, a, um	früher	
cōnficere, cōnficiō, cōnfēcī, cōnfectum	beenden, fertig machen	*Konfektion, Konfitüre, Konfetti*
incēdere, incēdō, incessī, incessum *(m. Akk.)*	heranrücken, eintreten; (jmd.) befallen	
sīgnum	Merkmal, Zeichen; Statue	
aureus, a, um	golden	
aes, aeris *n*	Erz, Geld	
facere, faciō, fēcī, factum	machen, tun, handeln	*f. faire*
tabula	Tafel, Gemälde; Aufzeichnung	*Tabelle, Tablette, e. table*
rēgius, a, um	königlich	*e./f. royal*
tantus, a, um	so groß, so viel	
argentum	Silber, Geld	*Argentinien*
vincere, vincō, vīcī, victum	(be)siegen, übertreffen	
dīgnitās, dīgnitātis *f*	Würde, Ansehen; (gesellschaftliche) Stellung	*e. dignity, f. dignité*
ambō, ambae, ambō	beide (zusammen)	
miseria	Not, Elend, Unglück	*Misere, e. misery*
simul *Adv.*	zugleich, gleichzeitig	*simultan*
eques, equitis *m*	Reiter, Ritter	

Gallī, Gallōrum — die Gallier

F Demonstrativpronomina: hic, ille

a) hic dieser (hier)

	Sg.			Pl.		
	m	*f*	*n*	*m*	*f*	*n*
Nom.	hic	haec	hoc	hī	hae	haec
Gen.		huius		hōrum	hārum	hōrum
Dat.		huic			hīs	
Akk.	hunc	hanc	hoc	hōs	hās	haec
Abl.	hōc	hāc	hōc		hīs	

b) ille jener (dort)

	Sg.			Pl.		
	m	*f*	*n*	*m*	*f*	*n*
Nom.	ille	illa	illud	illī	illae	illa
Gen.		illīus		illōrum	illārum	illōrum
Dat.		illī			illīs	
Akk.	illum	illam	illud	illōs	illās	illa
Abl.	illō	illā	illō		illīs	

S Demonstrativpronomina hic und ille: Verwendung

Das Demonstrativpronomen **hic** bezeichnet etwas, das sich in unmittelbarer Nähe des Sprechers befindet. Das Demonstrativpronomen **ille** dagegen bezeichnet etwas, das sich in größerer Entfernung vom Sprecher befindet.

a) Caesar et Maiestix potentes erant; hic Gallis imperabat, ille imperium Romanum regebat.
Cäsar und Majestix waren mächtig; dieser herrschte über die Gallier, jener regierte das Römische Reich.

Beziehen sich **hic** und **ille** auf einen vorhergehenden Satz, so bezieht sich **hic** auf das näher stehende, **ille** auf das weiter entfernte Wort.

b) Caesar *haec* dixit: „…“.
Cäsar sagte Folgendes: „…“.

Mit Formen von **hic, haec, hoc** wird häufig auf einen unmittelbar folgenden Text verwiesen.

LATEIN LEBT

Was wird aus **ille im Französischen?**

ille, illa → *il, elle* (er, sie): Personalpronomen
ille, illa → *le, la* (der, die): bestimmter Artikel

ā-Konjugation / ē-Konjugation

Infinitiv

ā-Konjugation	ē-Konjugation
vocā-rī	monē-rī

Präsens

Sg.	Pl.	Sg.	Pl.
voc-or	vocā-mur	mone-or	monē-mur
vocā-ris	vocā-minī	monē-ris	monē-minī
vocā-tur	vocā-ntur	monē-tur	mone-ntur

Imperfekt

Sg.	Pl.	Sg.	Pl.
vocā-ba-r	vocā-bā-mur	monē-ba-r	monē-bā-mur
vocā-bā-ris	vocā-bā-minī	monē-bā-ris	monē-bā-minī
vocā-bā-tur	vocā-ba-ntur	monē-bā-tur	monē-ba-ntur

Futur I

Sg.	Pl.	Sg.	Pl.
vocā-b-or	vocā-bi-mur	monē-b-or	monē-bi-mur
vocā-be-ris	vocā-bi-minī	monē-be-ris	monē-bi-minī
vocā-bi-tur	vocā-bu-ntur	monē-bi-tur	monē-bu-ntur

Partizip Perfekt Passiv (PPP)

ā-Konjugation	ē-Konjugation
vocā-tus, a, um	moni-tus, a, um

ī-Konjugation / Konsonantische Konjugation

Infinitiv

ī-Konjugation	Konsonantische Konjugation	
audī-rī	ag-ī	cap-ī

Präsens

Sg.	Pl.	Sg.	Pl.	Sg.	Pl.
audi-or	audī-mur	ag-or	ág-i-mur	capi-or	cápi-mur
audī-ris	audī-minī	ág-e-ris	ag-i-minī	cápe-ris	capi-minī
audī-tur	audi-u-ntur	ág-i-tur	ag-u-ntur	cápi-tur	capi-u-ntur

Imperfekt

Sg.	Pl.	Sg.	Pl.	Sg.	Pl.
audi-ēba-r	audi-ēbā-mur	ag-ēba-r	ag-ēbā-mur	capi-ēba-r	capi-ēbā-mur
audi-ēbā-ris	audi-ēbā-minī	ag-ēbā-ris	ag-ēbā-minī	capi-ēbā-ris	capi-ēbā-minī
audi-ēbā-tur	audi-ēba-ntur	ag-ēbā-tur	ag-ēba-ntur	capi-ēbā-tur	capi-ēba-ntur

Futur I

Sg.	Pl.	Sg.	Pl.	Sg.	Pl.
audi-a-r	audi-ē-mur	ag-a-r	ag-ē-mur	capi-a-r	capi-ē-mur
audi-ē-ris	audi-ē-minī	ag-ē-ris	ag-ē-minī	capi-ē-ris	capi-ē-minī
audi-ē-tur	audi-e-ntur	ag-ē-tur	ag-e-ntur	capi-ē-tur	capi-e-ntur

Partizip Perfekt Passiv (PPP)

ī-Konjugation	Konsonantische Konjugation	
audī-tus, a, um	āc-tus, a, um	cap-tus, a, um

W

etsī	auch wenn, obwohl	inīre	hineingehen; beginnen
perīre	zugrunde gehen, umkommen	reperīre	(wieder)finden
gerere	ausführen, führen, tragen	dēbēre	müssen, sollen; schulden
animō dēficere	den Mut sinken lassen	multitūdō	große Zahl, Menge
proelium	Kampf, Schlacht		

accipere, accipiō, accēpī, acceptum	aufnehmen, erhalten, erfahren	*akzeptieren, e. to accept f. accepter*
nisī *Subj.*	wenn nicht	
igitur *Adv.*	also, folglich	
dīvīnus/dīvus, a, um	göttlich	*e. divine, f. divin*
pōns, pontis *m*	Brücke	
intereā *Adv.*	inzwischen, unterdessen	
pūgna	Kampf	
īnfēstus, a, um	feindlich, feindselig	
optāre, optō	wünschen	*Option, adoptieren*
adversus, a, um	entgegengesetzt, feindlich	
sententia	Antrag (im Senat), Meinung; Satz, Sinn	
indicāre, indicō	anzeigen, melden	*Indikativ, Index, Indikator, e. index*
timor, timōris *m*	Angst, Furcht	
temptāre, temptō	angreifen; prüfen, versuchen	*e. temptation*
recēns, recentis	frisch, neu	
redūcere, redūcō, redūxī, reductum	zurückführen, zurückziehen	*reduzieren, f. réduire*
fuga	Flucht	*Fuge, Refugium*
fugā salūtem petere	die Rettung in der Flucht suchen, die Flucht ergreifen	
frangere, frangō, frēgī, frāctum	zerbrechen	*Fraktur, Fraktion, Fragment, fragil*

Maxentius	Maxentius (Kaiser in Rom 306–312 n. Chr.)
Cōnstantīnus	Konstantin (röm. Kaiser 306–337 n. Chr.)
librī Sibyllīnī	die Sibyllinischen Bücher (Bücher, die Weissagungen enthielten und in Notzeiten von einem Priesterkollegium eingesehen wurden)

F

Verben mit unregelmäßiger Perfektbildung: Zusammenfassung (Stammformen)

In der folgenden Liste erhältst du eine Zusammenstellung derjenigen Verben mit unregelmäßiger Perfektbildung, zu denen du bereits alle vier **Stammformen** kennst:

u-Perfekt				
cēnsēre	cēnseō	cēnsuī	cēnsum	meinen, einschätzen, seine Stimme abgeben (für)
dēbēre	dēbeō	dēbuī	dēbitum	müssen, sollen; schulden
habēre	habeō	habuī	habitum	haben, halten
colere	colō	coluī	cultum	bewirtschaften, pflegen, verehren
pōnere	pōnō	posuī	positum	(auf)stellen, (hin)legen, setzen

s-Perfekt				
dūcere	dūcō	dūxī	ductum	führen, ziehen
redūcere	redūcō	redūxī	reductum	zurückführen, zurückziehen
mittere	mittō	mīsī	missum	(los)lassen, schicken, werfen
incēdere	incēdō	incessī	incessum	heranrücken, eintreten; (jmd.) befallen
īnstruere	īnstruō	īnstrūxī	īnstrūctum	aufstellen, ausrüsten; unterrichten
respicere	respiciō	respexī	respectum	zurückblicken, berücksichtigen

Dehnungsperfekt				
movēre	moveō	mōvī	mōtum	bewegen
commovēre	commoveō	commōvī	commōtum	bewegen, veranlassen
permovēre	permoveō	permōvī	permōtum	beunruhigen, veranlassen
vidēre	videō	vīdī	vīsum	sehen, darauf achten
agere	agō	ēgī	āctum	handeln, treiben, verhandeln
frangere	frangō	frēgī	frāctum	zerbrechen
legere	legō	lēgī	lēctum	lesen, auswählen
dēligere	dēligō	dēlēgī	dēlēctum	(aus)wählen
vincere	vincō	vīcī	victum	(be)siegen, übertreffen
capere	capiō	cēpī	captum	fassen, nehmen; erobern
accipere	accipiō	accēpī	acceptum	aufnehmen, erhalten, erfahren
excipere	excipiō	excēpī	exeptum	aufnehmen, eine Ausnahme machen
facere	faciō	fēcī	factum	machen, tun, handeln
cōnficere	cōnficiō	cōnfēcī	cōnfectum	beenden, fertig machen
interficere	interficiō	interfēcī	interfectum	töten, vernichten

Reduplikationsperfekt				
dare	dō	dedī	datum	geben

Wenn du künftig ein Verb mit unregelmäßiger Perfektbildung neu lernst, findest du im Wortschatz alle vier Stammformen.
PPP-Formen zu bereits bekannten Verben werden dort im Wortschatz nachgetragen, wo du sie benötigst; die bekannten Formen stehen dann im Kleindruck.

W

quondam	einmal, einst; manchmal	quaerere	erwerben wollen, suchen, fragen
aspicere	erblicken	fugere	fliehen, meiden
petere	(auf)suchen, (er)streben, bitten, verlangen	terrēre	erschrecken
		tamen	dennoch, jedoch
appellāre	anrufen, nennen	tandem	endlich

silva	Wald	*Silvester*
inter *m. Akk.*	unter, während; zwischen	*inter-kontinental, intern*
arbor, arboris *f*	Baum	*f. arbre*
iuvenis, iuvenis *m*	junger Mann; *Adj.* jung	*e. young*
amor, amōris *m*	Liebe	*f. amour*
accendere, accendō, accendī, accēnsum	anfeuern, anzünden	
amōre accēnsus	in Liebe entflammt, verliebt	
ager, agrī *m*	Acker, Feld, Gebiet	*Agrar-*
vestīgium	Fußsohle, Spur, Stelle	*e. to investigate, FBI (Federal Bureau of Investigation)*
amans, amantis	liebend, der liebende	
magis *Adv.*	mehr, eher	
nātūra	Beschaffenheit, Natur, Wesen	*Naturell, Naturalien, natürlich, e./f. nature*
amantes, amantium	die Liebenden	
vetāre, vetō, vetuī	verhindern, verbieten	*Veto*
dēmum *Adv.*	endlich	
auris, auris *f (Gen. Pl.* -ium*)*	Ohr	*e. ear*
repetere, repetō, repetīvī, repetītum	(zurück)verlangen, wiederholen	*Repetent, repetieren, e. to repeat*
nihil / nīl	nichts	*Nihilismus, Nihilist*
hūc *Adv.*	hierher	
ārdēre, ārdeō, ārsī	brennen	*e./f. ardent*
rūrsus *Adv.*	wieder	
occurrere, occurrō, occurrī	begegnen, entgegentreten	*e. to occur*
tangere, tangō, tetigī, tāctum	berühren	*Tango, Takt, Tangente*
repellere, repello, reppulī, repulsum	zurückstoßen, abweisen, vertreiben	*e. to repel*
recipere, recipiō, recēpī, receptum	aufnehmen, wieder bekommen, zurücknehmen	*Rezept, Rezeption, e. to receive*
sē recipere	sich zurückziehen	
hinc *Adv.*	von hier, hierauf	
dolor, dolōris *m*	Schmerz	
membrum	Glied, Körperteil	*e. member*
solvere, solvō, solvī, solūtum	auflösen, bezahlen, lösen	*solvent, in-solvent, ab-solvieren, ab-solut, e. to solve*
dīcere, dīcō, dīxī, dictum	sagen, sprechen	

Ēchō — Echo (eine Waldnymphe)
Narcissus — Narzissus (ein sehr schöner junger Mann)

F Partizip Präsens Aktiv (PPA)

Beispiel:
vocāns rufend

	Sg. m/f		Sg. n	Pl. m/f		Pl. n
Nom.		voc**ā-ns**		voca**-nt-ēs**		voca**-nt-ia**
Gen.		voca**-nt-is**			voca**-nt-ium**	
Dat.		voca**-nt-ī**			voca**-nt-ibus**	
Akk.	voca**-nt-em**		voc**ā-ns**	voca**-nt-ēs**		voca**-nt-ia**
Abl.		voca**-nt-e**			voca**-nt-ibus**	

(voca-ns aus voca-nt-s)

Das Partizip Präsens Aktiv zu Verben der ā- und ē-Konjugation wird gebildet, indem zwischen den Präsensstamm und die Endung der 3. Deklination **-nt-** eingefügt wird:
vocāns, -ntis; monēns, -ntis

Bei der ī- und der konsonantischen Konjugation wird der Stamm durch ein **-e-** erweitert:
audi-ē-ns, -ntis; ag-ē-ns, -ntis; capi-ē-ns, -ntis

Partizip Präsens Aktiv zu ire: iēns, euntis
Partizip Präsens Aktiv zu velle: volēns, volentis

S Verwendung des Partizip Präsens Aktiv

a) Das Partizip Präsens Aktiv als Participium coniunctum

Homines triumphum spectantes clamabant.
(Die Menschen – den Triumphzug ansehend – riefen laut.)

Das Partizip Präsens Aktiv (hier: spectantes) steht – wie das PPP – als Participium coniunctum in Kongruenz zu einem Nomen (hier: homines).
Auch die Partizipialkonstruktion mit einem Partizip Präsens Aktiv ist eine satzwertige Konstruktion.

Da das Partizip Präsens eine aktive Verbform ist, können nicht nur Adverbialien, sondern auch Objekte (hier: triumphum) von ihm abhängen.

b) Satzgliedfunktion

Die Partizipialkonstruktion mit einem Partizip Präsens (hier: spectantes) kann als Attribut (hier: zu homines) oder als Adverbiale (hier: zu clamabant) aufgefasst werden (vgl. 25 S 1 c).
Daher sind mehrere Möglichkeiten der Wiedergabe im Deutschen zu bedenken:

c) Übersetzungsmöglichkeiten

	Homines triumphum spectantes clamabant.
Als Attribut	
➢ wörtlich (selten):	(Den Triumphzug ansehend, riefen die Menschen laut.)
➢ mit Relativsatz:	Die Menschen, die den Triumphzug ansahen, riefen laut.
Als Adverbiale	
➢ mit Adverbialsatz:	Die Menschen riefen laut, als (während / weil) sie den Triumphzug ansahen.

Bisweilen kann das Partizip Präsens – wie auch das Adjektiv – **substantiviert** werden;
z. B. amans der / die Liebende,
amantes die Liebenden.

TIPP!

Achte beim Übersetzen zunächst immer darauf, welche Wörter zu der Partizipialkonstruktion gehören und den Partizipialblock bilden. Ähnlich wie beim AcI werden auch beim Participium coniunctum Adverbialien und Objekte vom Bezugswort und vom Partizip „eingerahmt",
z. B. *Homines* triumphum *spectantes* clamabant.

Man nennt dies auch „geschlossene Wortstellung".

d) Zeitverhältnis

Die Formen des **Partizip Präsens Aktiv** zeigen an, dass das im Participium coniunctum ausgedrückte Geschehen gleichzeitig mit dem des Prädikats abläuft; sie bezeichnen also die **Gleichzeitigkeit** (**Partizip der Gleichzeitigkeit**). Wenn das PPA als Adverbiale aufzufassen ist, ist daher eine Übersetzung mit 'während' möglich.

WORTFAMILIEN

Hier findest du einige **Komposita** zu wichtigen lateinischen Verben. Die Listen solltest du durch die folgenden Wortschätze erweitern:

mittere	pellere	facere	petere
ad-mittere	ex-pellere	con-ficere	re-petere
a-mittere	re-pellere	de-ficere	
com-mittere		inter-ficere	scire
di-mittere	capere		ne-scire
pro-mittere	ac-cipere	tangere	
	re-cipere	at-tingere	tenere
			con-tinere

W

salūtem dīcere	grüßen	sine	ohne
redīre	zurückgehen, zurückkehren	perīculum	Gefahr
comes	Begleiter, Gefährte	ostendere	zeigen, erklären
uxor	Ehefrau	nōn īgnōrāre	genau kennen, genau wissen
contentus	zufrieden	turba	Menschenmenge, Lärm, Verwirrung

ipse, ipsa, ipsum (*Gen.* ipsīus, *Dat.* ipsī)	(er, sie, es) selbst	
epistula	Brief	*Epistel*
nūllus, a, um (*Gen.* nūllīus, *Dat.* nūllī)	kein	*Null, annullieren*
sōlācium	Trost(mittel)	*e. solace*
opus est *m. Abl.*	es ist nötig, man braucht	
dēserere, dēserō, dēseruī, dēsertum	im Stich lassen, verlassen	
lectus	Bett, Liegesofa	
iacēre, iaceō, iacuī	liegen	
perpetuus, a, um	dauerhaft, ewig	*Perpetuum mobile, e. perpetual*
vigilia	Nachtwache, (Wach-)Posten	
vix *Adv.*	kaum, (nur) mit Mühe	
sustinēre, sustineō, sustinuī	ertragen, standhalten	*e. to sustain*
agitāre, agitō	betreiben, überlegen	*Agitation, e. to agitate*
timōre agitārī	von Furcht gequält werden	
perdere, perdō, perdidī, perditum	verlieren, verschwenden, zugrunde richten	*f. perdre*
tēctum	Dach, Haus	
metuere, metuō, metuī	(sich) fürchten	
contingere, contingō, contigī, contāctum	berühren; gelingen	*Kontingent, Kontakt, e./f. contact*
suscipere, suscipiō, suscēpī, susceptum *m. Akk.*	auf sich nehmen, sich (einer Sache) annehmen, unternehmen	
coniūnx, coniugis *m/f*	Gatte, Gattin	
nūbere, nūbō, nūpsī, nūptum *m. Dat.*	heiraten	
premere, premō, pressī, pressum	(unter)drücken, bedrängen	*Presse, Pression, Expressionismus, Depression, e. to press*
ops, opis *f*	Hilfe, Kraft; *Pl.* Macht, Mittel, Reichtum	
audācia	Frechheit, Kühnheit	*e. audacity*
bonum	das Gut(e)	*f. bon*

Fortsetzung →

cōnsūmere, cōnsūmō, cōnsūmpsī, cōnsūmptum	verbrauchen, verwenden	*konsumieren, Konsum, e. to consume*
cōnsulere in *m. Akk.*	Maßnahmen ergreifen gegen	
ēicere, ēiciō, ēiēcī, ēiectum	hinauswerfen, vertreiben	*„EJECT"*
arx, arcis *f (Gen. Pl.* -ium*)*	Burg	

Pēnelopa	Penelope (Frau des Odysseus)
Ulixēs, Ulixis	Ulixes (Odysseus, König von Ithaka)

F

Pronomen ipse

ipse, ipsa, ipsum selbst

	Sg. *m*	*f*	*n*	Pl. *m*	*f*	*n*
Nom.	ipse	ipsa	ipsum	ipsī	ipsae	ipsa
Gen.		ipsīus		ipsōrum	ipsārum	ipsōrum
Dat.		ipsī			ipsīs	
Akk.	ipsum	ipsam	ipsum	ipsōs	ipsās	ipsa
Abl.	ipsō	ipsā	ipsō		ipsīs	

Außer im Neutrum Sg. wird ipse wie ille dekliniert (vgl. 26 **F** b).

S

1 Pronomen ipse: Verwendung

Cicero ipse Cicero persönlich hāc ipsā nocte gerade in dieser Nacht

Das Pronomen ipse dient zur nachdrücklichen Hervorhebung oder Abgrenzung einer Person oder Sache. Deshalb kann es auch die Bedeutungen 'gerade, genau, persönlich, unmittelbar' u.Ä. haben.

2 Partizip als Adverbiale (Überblick)

a) Übersetzungsmöglichkeiten

Homines triumphum spectantes clamabant.

Das Participium coniunctum (PPA oder PPP) tritt häufig als Adverbiale auf. Dann stehen die folgenden drei Möglichkeiten der Wiedergabe zur Verfügung:

1. *Adverbialsatz:*
   Als (während, weil) sie den Triumphzug ansahen, riefen die Menschen laut.
2. *Präpositionalausdruck:*
   Beim Betrachten des Triumphzuges riefen die Menschen laut.
3. *Beiordnung (mit einem Adverb, das die Sinnrichtung angibt):*
   Die Menschen sahen (sich) den Triumphzug an und riefen dabei laut.

b) Sinnrichtungen

Die Sinnrichtung wird bei einem adverbial gebrauchten Partizip im Lateinischen meist sprachlich nicht ausgedrückt. Daher ist für eine treffende deutsche Wiedergabe der logische Zusammenhang das Satzes bzw. Textes zu beachten.
Die folgende Tabelle bietet eine **Übersicht** über die verschiedenen **Sinnrichtungen** und gibt an, mit welchen Subjunktionen (im Adverbialsatz), Präpositionen (im Präpositionalausdruck) oder Adverbien (in der Beiordnung) sie ausgedrückt werden können:

Sinnrichtung	Adverbialsatz	Präpositionalausdruck	Beiordnung
temporal vorz.	nachdem, als	nach	(und) dann
temporal gleichz.	während, als	während, bei	(und) dabei
kausal	weil, da	wegen	(und) deshalb
konditional	wenn, falls	im Falle	———
konzessiv	obwohl, wenn auch	trotz	(aber) trotzdem (aber) dennoch
modal	indem	bei, durch	(und) so

Die kausale und temporale Sinnrichtung sind bereits bekannt (vgl. 25 **S** d und 28 **S** c).
Beispiele für die anderen Sinnrichtungen:

a) *konzessiv:* Ulixes a nympha pulchra amatus (tamen) Penelopam uxorem desiderabat.
Obwohl Odysseus von einer schönen Nymphe geliebt wurde, sehnte er sich (dennoch) nach seiner Frau Penelope.

b) *konditional:* Penelopa: Ulixi redeunti semper amorem ostendam.
Penelope: Ich werde Odysseus, wenn (falls) er zurückkehrt, immer meine Liebe zeigen.

c) *modal:* Ulixes: Domum rediens uxorem a curis liberare cupio.
Odysseus: Indem ich nach Hause zurückkehre (durch meine Rückkehr ...), will ich meine Frau von ihren Sorgen befreien.

Mengenangaben

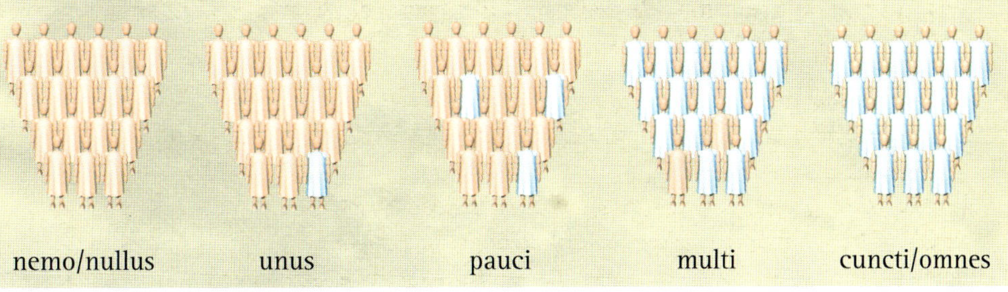

W

movēre	bewegen	timor	Angst, Furcht
commovēre	bewegen, veranlassen	timēre	Angst haben, fürchten
perīre	umkommen, zugrunde gehen	colere	verehren, pflegen, bewirtschaften
metuere	(sich) fürchten	carmen	Gedicht, Lied
terrēre	(jmd.) erschrecken		

magistrātus, magistrātūs *m*	Amt; Beamter	*Magistrat*
senātus, senātūs *m*	Senat, Senatsversammlung, Rat	*e. senate*
sacer, sacra, sacrum *(m. Gen.)*	geweiht, heilig	*sakral, e. sacred*
īdem, eadem, idem	derselbe, der gleiche	*identisch, Identität*
nōmināre, nōminō	nennen	*Nominativ*
mōtus, mōtūs *m*	Bewegung	
terra	Erde, Land	*Terrarium, Terrasse, Territorium, f. terre*
mōtus terrae	Erdbeben	
flūctus, flūctūs *m*	Flut, Strömung	*Fluktuation*
quārē	*rel. Satzanschluss:* deshalb	
memor, memoris *m. Gen.*	in Erinnerung an	
metus, metūs *m*	Angst	
persuādēre, persuādeō, persuāsī, persuāsum *m. Dat.*	überzeugen *(mit AcI/Inf.)*	*persuasiv, e. to persuade*
neglegere, neglegō, neglēxī, neglēctum	nicht (be)achten, vernachlässigen	*Negligé, e. to neglect*
intrā *m. Akk.*	innerhalb (von)	*intra-venös*
domus, domūs *f*	Haus	*Dom, Domizil*
vertere, vertō, vertī, versum	drehen, wenden	*Version, versiert*
cadere, cadō, cecidī	fallen	*Kadenz*
dēmittere, dēmittō, dēmīsī, dēmissum	hinabschicken, sinken lassen	*Demission*
manus, manūs *f*	Hand	*manuell, Manier, f. main*
caelum	Himmel	*f. ciel*
tendere, tendō, tetendī, tentum	sich anstrengen, spannen; (aus)strecken	*Tendenz, tendieren*
lūctus, lūctūs *m*	Trauer	
plēnus, a, um *(m. Gen.)*	voll (von/mit)	*Plenum, Plenarsaal*
gemitus, gemitūs *m*	Seufzen, Stöhnen; Traurigkeit	
vīvere, vīvō, vīxī	leben	

F

1 Substantive: u-Deklination (4. Deklination)

Beispiel:
magistrātus, -ūs Beamter; Amt

	Sg.	Pl.
Nom.	magistrāt-**us**	magistrāt-**ūs**
Gen.	magistrāt-**ūs**	magistrāt-**uum**
Dat.	magistrāt-**uī**	magistrāt-**ibus**
Akk.	magistrāt-**um**	magistrāt-**ūs**
Abl.	magistrāt-**ū**	magistrāt-**ibus**

Die meisten Substantive dieser Deklination sind maskulin.
Zu domus, -ūs *(f)* werden auch Formen der o-Deklination gebildet:
domō *(Abl. Sg.)*, domōrum *(Gen. Pl.)* und dom-ōs (neben dom-ūs, *Akk. Pl.)*.

2 Pronomen idem

īdem derselbe, der nämliche

	Sg. *m*	*f*	*n*	Pl. *m*	*f*	*n*
Nom.	īdem	éadem	idem	iīdem	eaedem	éadem
Gen.		eiusdem		eōrundem	eārundem	eōrundem
Dat.		eīdem			(e)īsdem	
Akk.	eundem	eandem	idem	eōsdem	eāsdem	éadem
Abl.	eōdem	eādem	eōdem		(e)īsdem	

Die Formen von idem bestehen aus den Formen von is, ea, id und dem Suffix -dem.
An der Fugenstelle kommen Lautveränderungen vor.

S

Genitivus subiectivus/obiectivus

amor patris
die Liebe *des* Vaters
die Liebe *zum* Vater

Nach bestimmten Substantiven, vor allem solchen, die ein Gefühl ausdrücken (z.B. amor, metus), kann der Genitiv bezeichnen:

- die Person, die als „Subjekt" diese Empfindung hat,
- die Person oder Sache, die „Objekt" dieses Gefühles ist.

Genitivus subiectivus und obiectivus sind als Attribut aufzufassen.
Welcher Genitiv vorliegt, ergibt sich aus der Bedeutung der Substantive oder aus dem Kontext.

W

pellere	schlagen, vertreiben
cīvitās	Gemeinde, Staat, Bürgerrecht
studēre	sich (wissenschaftlich) beschäftigen; sich bemühen (um), streben (nach)
perīre	umkommen, zugrunde gehen
sententia	Antrag (im Senat), Meinung, Satz, Sinn
sustinēre	ertragen, standhalten
āmittere	aufgeben, verlieren
dēnique	schließlich, zuletzt
causa	Sache, Prozess, Ursache
sinere	lassen, erlauben
cēnsēre	meinen, einschätzen; seine Stimme abgeben

patrēs (cōnscrīptī), patrum (cōnscrīptōrum) *Pl.*	Senatoren	
mūtāre, mūtō	(ver)ändern, verwandeln	*sich mausern*
adulēscēns, adulēscentis	jung; *Subst.* junger Mann	*e. adolescent*
exstinguere, exstinguō, exstīnxī, exstīnctum	auslöschen, vernichten	*Extinktion, e. to extinguish*
interest *(m. Gen.)*	es ist wichtig (für jmd.)	
aurēs praebēre	Gehör schenken, zuhören	
philosophia	Philosophie	
aestimāre, aestimō	einschätzen, beurteilen	*e. to estimate*
magnī aestimāre	hoch schätzen	
incipere, incipiō, incēpī (coepī), inceptum	anfangen, beginnen	
pars, partis *f (Gen. Pl. -ium)*	Richtung, Seite, Teil	*Partei, partiell, partikulär, e. part*
disciplīna	Disziplin, Lehre	
cognōscere, cognōscō, cognōvī, cognitum	erkennen, kennen lernen	
exercēre, exerceō, exercuī	üben, trainieren; quälen	*exerzieren, Exerzitien, e. to exercise*
inopia	Mangel, Not	
male *Adv.*	schlecht, schlimm	*f. mal*
necessārius, a, um	notwendig	*Necessaire, e. necessary*
vindicāre in *m. Akk.*	vorgehen gegen	*e. to vindicate*
docēre, doceō, docuī, doctum	lehren, unterrichten	*dozieren, Dozent, Doktor, Dokument*
damnāre, damnō *(m. Gen.)*	verurteilen (wegen)	*e. to damn*
fūnus, fūneris *n*	Begräbnis, Untergang	*e. funeral*
modus	Art, Weise; Maß	*Modell, Modalität, Mode, e./f. mode*
corrumpere, corrumpō, corrūpī, corruptum	bestechen, verderben	*korrupt, Korruption, e. to corrupt*
pellere, pellō, pepulī, pulsum	schlagen, vertreiben	
acerbus, a, um	bitter, grausam, rücksichtslos	
resistere, resistō, restitī	stehen bleiben; Widerstand leisten	*resistent, e. to resist*

reprehendere, reprehendō, reprehendī, reprehēnsum	kritisieren, wieder aufgreifen	*e. to reprehend*
tollere, tollō, sustulī, sublātum	aufheben, in die Höhe heben, wegnehmen	
Graecus, a, um	griechisch	
Graecī, Graecōrum	die Griechen	

S

Ablativus absolutus (1)

a) Erscheinungsform und Übersetzung

Hostibus accedentibus cives portas clauserunt.
Als (weil) die Feinde heranrückten, schlossen die Bürger die Tore.

Hostibus victis omnes gaudebant.
Nachdem (weil) die Feinde besiegt waren, freuten sich alle.

Ablativus absolutus (Abl. abs.) ist die Bezeichnung für eine häufige Konstruktion, bei der ein Nomen im Ablativ mit einem PPP oder einem Partizip Präsens eine sprachliche Einheit bildet. Die beiden Teile stehen in KNG-Kongruenz.

Der Abl. abs. kann durch einen Adverbialsatz (z.B. mit 'als, nachdem, weil') wiedergegeben werden; das Nomen im Ablativ wird dann zum Subjekt und das Partizip zum Prädikat des Adverbialsatzes. Die jeweilige Sinnrichtung muss aus dem Kontext erschlossen werden (vgl. 29 **S** 2 b).

b) Zeitverhältnis

Wie beim Participium coniunctum bezeichnen die Formen des **PPP** die **Vorzeitigkeit**, die Formen des **Partizip Präsens** die **Gleichzeitigkeit**.

c) Der Ablativus absolutus als satzwertige Konstruktion

Hostes celeriter *accedebant.* Cives portas clauserunt.	*Hostibus* celeriter *accedentibus* cives portas clauserunt.
Die Feinde rückten schnell *heran.* Die Bürger schlossen die Tore.	*Als die Feinde* schnell *heranrückten,* schlossen die Bürger die Tore.

Man kann den Abl. abs. als eigenständigen Aussagesatz verstehen, der als satzwertige Konstruktion in einen anderen Satz hineingenommen wurde. Von dem Partizip (hier: accedentibus) können Adverbialien (hier: celeriter) und/oder Objekte abhängen.

d) Satzgliedfunktion

Der Abl. abs. hat immer die Satzgliedfunktion des Adverbiales. Im Gegensatz zum Participium coniunctum ist das Nomen im Ablativ, auf das sich das Partizip bezieht, meist nicht in den Satz eingebettet; man spricht daher von einer „losgelösten" (absoluten) Konstruktion.

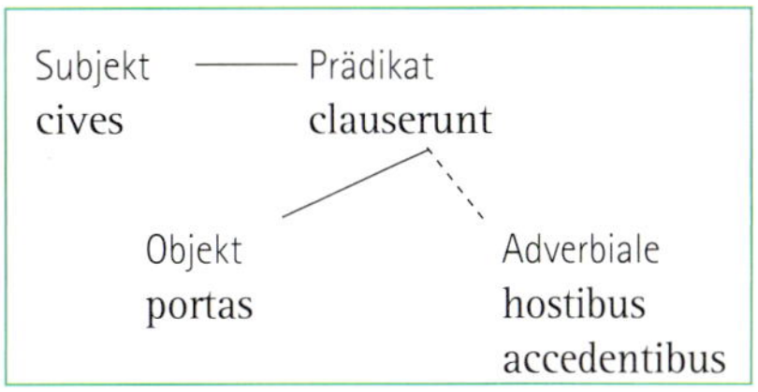

W

dux	Anführer	ostendere	zeigen, erklären
proelium	Kampf, Schlacht	facere	machen, tun, handeln
tenēre	besitzen, festhalten, halten	prohibēre	abhalten, hindern
agere	handeln, treiben, verhandeln	pārēre	gehorchen, sich richten nach
auctor	Anführer, Gründer, Ratgeber; Verfasser		

socius	Gefährte, Verbündeter	*sozial, Sozialismus, Re-sozialisierung*
colligere, colligō, collēgī, collēctum	sammeln	*Kollekte, Kollektion, Kollektiv, e. to collect*
exercitus, exercitūs *m*	Heer	
Polynīce duce	unter der Führung des Polyneikes	
proelium committere	eine Schlacht schlagen	
occīdere, occīdō, occīdī, occīsum	niederschlagen, töten	
obtinēre, obtineō, obtinuī	(in Besitz) haben, (besetzt) halten	*e. to obtain, f. obtenir*
mēns, mentis *f (Gen. Pl.* -ium*)*	Geist, Sinn, Verstand; Meinung	*Mentalität, mental, Kommentar, e. mind*
Creonte auctōre	auf Veranlasssung Kreons	
honor/honōs, honōris *m*	Ehre, Ehrenamt	*honorieren, Honorar*
condere, condō, condidī, conditum	erbauen, gründen; verwahren, verbergen, bestatten	
flāgitium	Gemeinheit, Schandtat	
honestus, a, um	angesehen, ehrenhaft	*e. honest, f. honnête*
ūnā *Adv.*	zugleich, zusammen	
facinus, facinoris *n*	Handlung, Untat	
audēre, audeō	wagen	
cavēre, caveō, cāvī, cautum *(m. Akk.)*	sich hüten (vor), Vorsorge treffen	*Kaution*
aditus, aditūs *m*	Zugang	
difficilis, e	schwierig	*f. difficile*
cūstōs, cūstōdis *m/f*	Wächter(in)	
armātus, a, um	bewaffnet	
lēx, lēgis *f*	Gesetz, Bedingung	*legal, legitim, Legislative*
cōnstituere, cōnstituō, cōnstituī, cōnstitūtum	festsetzen, beschließen	*Konstitution, e. constitution*
obsecrāre, obsecrō	anflehen, bitten	*e. to obsecrate*
venia	Gefallen, Nachsicht, Verzeihung	
impetrāre, impetrō	erreichen, durchsetzen	
invītus, a, um	ungern, gegen den Willen	
Creonte invītō	gegen den Willen Kreons	

committere, committō, commīsī, commissum	anvertrauen, veranstalten, zustande bringen
Oedipūs, Oedipodis	Ödipus (sagenhafter Herrscher der griechischen Stadt Theben)
Thēbae, Thebārum *Pl.*	Theben (Hauptstadt der Landschaft Böotien in Griechenland)
Antigona	Antigone (Tochter des Ödipus)
Ismēna	Ismene (Tochter des Ödipus)
Creōn, Creontis	Kreon (Schwager des Ödipus)

S

1 Ablativus absolutus (2)

a) Sinnrichtungen

Hostibus victis omnes cives gaudebant.

temporal: Als (nachdem) die Feinde besiegt waren, freuten sich alle Bürger.

kausal: Weil die Feinde besiegt waren, freuten sich alle Bürger.

Hostibus victis oppidum tamen tutum non erat.

konzessiv: Obwohl die Feinde besiegt waren, war die Stadt dennoch nicht sicher.

Neben der temporalen und kausalen hat der Abl. abs. manchmal eine konzessive Sinnrichtung. Sie wird oft durch ein entsprechendes „Signalwort" (tamen) deutlich gemacht.
Modale (z. B. 'wobei ...') und kondizionale (z. B. 'falls ...') Sinnrichtung sind selten.

b) Übersetzungsmöglichkeiten

Hostibus victis oppidum (tamen) tutum non erat.

Adverbialsatz: Obwohl die Feinde besiegt waren, war die Stadt (dennoch) nicht sicher.

Präpositionalausdruck: Trotz des Sieges über die Feinde war die Stadt nicht sicher.

Beiordnung: Die Feinde waren besiegt worden; trotzdem (dennoch) war die Stadt nicht sicher.

Eine wörtliche Übersetzung des Abl. abs. ist nicht möglich.

2 Ablativus absolutus (3)

Hannibale duce	unter der Führung Hannibals
Cicerone consule	unter dem Konsulat Ciceros
Caesare auctore	auf Veranlassung Cäsars
imperatore invito	gegen den Willen des Feldherrn

In einigen Wendungen tritt beim Abl. abs. zu einem Nomen (das eine Person bezeichnet, z. B. Cicerone) ein weiteres Substantiv (das auf eine Funktion verweist, z. B. consule) oder ein Adjektiv (z. B. invito). Das eigentlich notwendige Partizip von esse fehlt, da das Hilfsverb im Lateinischen kein Partizip bildet. Bei der Wiedergabe im Deutschen verwendet man meistens Präpositionalausdrücke. In diesen Fällen bezeichnet der Abl. abs. die Gleichzeitigkeit.

W

lacrima	Träne	num	etwa
dōnum	Geschenk	virtūs	Tapferkeit, Tüchtigkeit, Vortrefflichkeit, Leistung
colere	bewirtschaften, pflegen; verehren	aliter	anders; sonst
animus	Geist, Gesinnung, Mut	cōnsilium	Beratung, Beschluss, Plan, Rat
-ne	*(Fragepartikel)*		
exstinguere	auslöschen, vernichten		

rēs, reī *f*	Angelegenheit, Ding, Sache	*Realismus, Realien, reell, real*
fidēs, fideī *f*	Glaube, Treue, Vertrauen, Zuverlässigkeit	*perfide, e. faith, f. foi*
vāstus, a, um	riesig; öde, verwüstet	*e. vaste/vast, f. vaste*
vītam agere	(sein) Leben führen	
malum	Leid, Übel, Unglück	*Malheur*
cōgere, cōgō, coēgī, coāctum	(ver)sammeln, zwingen	
praestāre, praestō, praestitī	*m. Dat.* übertreffen *m. Akk.* gewähren, leisten, zeigen	
fidem praestāre	die Treue halten	
adventus, adventūs *m*	Ankunft	*Advent, Abenteuer*
diēs, diēī *m*	Tag	*„diary", s. dia*
diēs noctēsque	Tage und Nächte (lang) *(wie lange?)*	
sollicitāre, sollicitō	aufhetzen, beunruhigen, erregen	*e. to solicit*
torquēre, torqueō, torsī, tortum	drehen, quälen, schleudern	*Torsion, Torte, Tortur*
subīre, subeō, subiī, subitum	auf sich nehmen, herangehen	
labōrēs subīre	Arbeiten verrichten	
libet, libuit	es gefällt	
quō	wie, wo, wohin	
quisnam, quidnam	wer denn, was denn?	
incendere, incendō, incendī, incēnsum	entflammen, in Brand stecken	
satis *Adv.*	genug	*satt*
pudet, puduit	es beschämt	
quasi *Adv.*	gleichsam, geradezu, fast	*„quasi"*
spēs, speī *f*	Erwartung, Hoffnung	
dēdere, dēdō, dēdidī, dēditum	ausliefern, übergeben	
flamma	Feuer, Flamme	*e. flame*
dubitāre, dubitō	zögern; zweifeln	
cēdere, cēdō, cessī, cessum	gehen, nachgeben, weichen	
amōre captus	von Liebe ergriffen, verliebt	
levis, e	leicht, leichtsinnig	
rēs adversae	unglückliche Umstände, Unglück	
accidere, accidō, accidī	geschehen, sich ereignen	*e./f. accident*
ratiō, ratiōnis *f*	Grund, Vernunft, Überlegung; Berechnung; Art und Weise	*Ration, rational, rationell, e. reason, f. raison*

dēesse, dēsum, dēfuī	abwesend sein, fehlen	
furor, furōris *m*	Wahnsinn, Wut	*Furie, furios, e. fury*

Phaedra	Phädra (Tochter des Minos auf Kreta, zweite Frau des Theseus)
Crēta	Kreta (griechische Insel)
Thēseus	Theseus (König in Athen)
Hippolytus	Hippolytos (Sohn des Theseus aus erster Ehe)

F

1 Substantive: e-Deklination (5. Deklination)

Beispiel:
rēs, rĕī die Angelegenheit

	Sg.	Pl.
Nom.	r-ēs	r-ēs
Gen.	r-ĕī	r-ērum
Dat.	r-ĕī	r-ēbus
Akk.	r-em	r-ēs
Abl.	r-ē	r-ēbus

Fast alle Substantive dieser Deklinationsklasse sind Feminina.

2 Interrogativpronomen (Fragepronomen)

a) substantivisch

quis? wer?
quid? was?

	m/f	*n*
Nom.	quis	quid
Gen.	cuius	
Dat.	cui	
Akk.	quem	quid
Abl.	ā quō / quōcum	

Quis templum spectat?
Wer betrachtet den Tempel?

b) adjektivisch

qui ...? quae ...? quod ...? welcher ...? welche ...? welches ...?

Qui vir (quae mulier) templum spectat?
Welcher Mann (welche Frau) betrachtet den Tempel?

Wird das Interrogativpronomen (Fragepronomen) adjektivisch verwendet, so stimmen die Deklinationsformen mit denen des Relativpronomens (qui, quae, quod) überein (vgl. 14 **F** und Tabellarium S. 197).

Fragewörter

cur	warum	quotiens	wie oft	quis	wer
ubi	wo			quisnam	wer denn
quo	wie, wo, wohin	quando	wann	quid	was
quin	warum nicht			quidnam	was denn

S

Wort- und Satzfragen

a) Wortfragen

Sie werden mit einem Fragewort eingeleitet: ***Quis*** **venit?** *Wer* kommt?

b) Satzfragen

Sie können mit drei verschiedenen Fragepartikeln beginnen:

Venit-**ne**?	Kommt er?	**-ne** lässt die Antwort offen; es bleibt unübersetzt.
Nonne venit?	Kommt er (etwa) nicht?	**Nonne** zeigt, dass der Fragende die Antwort „ja (doch)" erwartet.
Num venit?	Kommt er etwa?	**Num** zeigt, dass der Fragende die Antwort „nein" erwartet.

LATEIN LEBT

Fragen im **Lateinischen** und **Französischen**:

Ubi est ...? *f. où est ...?*
Quis est ...? *f. qui est ...?*
Quando ...? *f. quand ...?*

SACHFELD

Natur

Substantive nach Kasus

Nominativ

Sg.		Pl.		
domin-a	die/eine Herrin	**domin-ae**	(die) Herrinnen	a-Deklination
domin-us	der/ein Herr	**domin-ī**	(die) Herren	o-Deklination *m*
templ-um	den/ein Tempel	**templ-a**	(die) Tempel	o-Deklination *n*
senātor	der/ein Senator	**senātōr-ēs**	(die) Senatoren	3. Deklination *m*
corpus	den/ein Körper	**corpor-a**	(die) Körper	3. Deklination *n*
mōt-us	die/eine Bewegung	**mōt-ūs**	(die) Bewegungen	u-Deklination
rēs	die/eine Sache	**rēs**	(die) Sachen	e-Deklination

Genitiv

Sg.		Pl.		
domin-ae	der/einer Herrin	**domin-ārum**	der Herrinnen	a-Deklination
domin-ī	des/eines Herren	**domin-ōrum**	der Herren	o-Deklination *m*
templ-ī	des/eines Tempel	**templ-ōrum**	der Tempel	o-Deklination *n*
senātōr-is	des/eines Senators	**senātōr-um**	der Senatoren	3. Deklination *m*
corpor-is	des/eines Körper	**corpor-um**	der Körper	3. Deklination *n*
mōt-ūs	der/einer Bewegung	**mōt-uum**	der Bewegungen	u-Deklination
rĕī	der/einer Sache	**rērum**	der Sachen	e-Deklination

Dativ

Sg.		Pl.		
domin-ae	der/einer Herrin	**domin-īs**	(den) Herrinnen	a-Deklination
domin-ō	dem/einem Herren	**domin-īs**	(den) Herren	o-Deklination *m*
templ-ō	dem/einem Tempel	**templ-īs**	(den) Tempeln	o-Deklination *n*
senātōr-ī	dem/einem Senator	**senātōr-ibus**	(den) Senatoren	3. Deklination *m*
corpor-ī	dem/einem Körper	**corpor-ibus**	(den) Körpern	3. Deklination *n*
mōt-uī	der/einer Bewegung	**mōt-ibus**	(den) Bewegungen	u-Deklination
rĕī	der/einer Sache	**rēbus**	(den) Sachen	e-Deklination

Akkusativ

Sg.		Pl.		
domin-am	die/eine Herrin	**domin-ās**	(die) Herrinnen	a-Deklination
domin-um	den/einen Herren	**domin-ōs**	(die) Herren	o-Deklination *m*
templ-um	den/einen Tempel	**templ-a**	(die) Tempel	o-Deklination *n*
senātōr-em	den/einen Senator	**senātōr-ēs**	(die) Senatoren	3. Deklination *m*
corpus	den/einen Körper	**corpor-a**	(die) Körper	3. Deklination *n*
mōt-um	die/eine Bewegung	**mōt-ūs**	(die) Bewegungen	u-Deklination
rem	die/eine Sache	**rēs**	(die) Sachen	e-Deklination

Ablativ

Sg.		Pl.	
(cum)	**domin-ā**	**domin-īs**	a-Deklination
(cum)	**domin-ō**	**domin-īs**	o-Deklination *m*
(in)	**templ-ō**	**templ-īs**	o-Deklination *n*
(cum)	**senātōr-e**	**senātōr-ibus**	3. Deklination *m*
	corpor-e	**corpor-ibus**	3. Deklination *n*
	mōt-ū	**mōt-ibus**	u-Deklination
	rē	**rēbus**	e-Deklination

Substantive nach Deklinationsklassen

a-Deklination

	Sg.	Pl.
Nom.	domin-a	domin-ae
Gen.	domin-ae	domin-ārum
Dat.	domin-ae	domin-īs
Akk.	domin-am	domin-ās
Abl.	domin-ā	domin-īs

o-Deklination

	Sg.	Pl.
Nom.	domin-us	domin-ī
Gen.	domin-ī	domin-ōrum
Dat.	domin-ō	domin-īs
Akk.	domin-um	domin-ōs
Abl.	domin-ō	domin-īs

	Sg.	Pl.
Nom.	templ-um	templ-a
Gen.	templ-ī	templ-ōrum
Dat.	templ-ō	templ-īs
Akk.	templ-um	templ-a
Abl.	templ-ō	templ-īs

3. Deklination

	Sg.	Pl.
Nom.	senātor	senātōr-ēs
Gen.	senātōr-is	senātōr-um
Dat.	senātōr-ī	senātōr-ibus
Akk.	senātōr-em	senātōr-ēs
Abl.	senātōr-e	senātōr-ibus

	Sg.	Pl.
Nom.	corpus	corpor-a
Gen.	corpor-is	corpor-um
Dat.	corpor-ī	corpor-ibus
Akk.	corpus	corpor-a
Abl.	corpor-e	corpor-ibus

u-Deklination

	Sg.	Pl.
Nom.	mōt-us	mōt-ūs
Gen.	mōt-ūs	mōt-uum
Dat.	mōt-uī	mōt-ibus
Akk.	mōt-um	mōt-ūs
Abl.	mōt-ū	mōt-ibus

e-Deklination

	Sg.	Pl.
Nom.	rēs	rēs
Gen.	rĕī	rērum
Dat.	rĕī	rēbus
Akk.	rem	rēs
Abl.	rē	rēbus

W

fortis	kräftig, tapfer	dūcere	führen, ziehen
patria	Heimat	spectāre	betrachten, hinsehen
pater	Vater	respicere	zurückblicken, berücksichtigen
clārus	berühmt, hell, klar	praebēre	geben, hinhalten

dēfendere ā / ab *m. Abl.*	verteidigen gegen, schützen vor	
carēre, careō, caruī *m. Abl.*	frei sein von, nicht haben	
ācer, ācris, ācre	energisch, heftig, scharf	*e. eager, f. âcre*
saevus, a, um	schrecklich, wild, wütend	
īgnis, īgnis *m (Gen. Pl.* -ium*)*	Feuer	
reddere, reddō, reddidī, redditum *m. dopp. Akk.*	jmd. zu etwas machen	*e. render*
familiāris, e	freundschaftlich, vertraut; *Subst.* Freund	*familiär, e. familiar*
parvus, a, um	klein, gering	
ēdūcere, ēdūcō, ēdūxī, ēductum	herausführen	
cārus, a, um	lieb, teuer, wertvoll	*„Caritas", f. cher*
effugere, effugiō, effūgī *(m. Akk.)*	entfliehen, entkommen	
extrā *m. Akk.*	außerhalb (von)	
cōnspicere, cōnspiciō, cōnspexī, cōnspectum	erblicken	*e. conspicuous*
sē praebēre *m. Akk.*	sich zeigen (als), sich erweisen (als)	
saepe *Adv.*	oft	
umbra	Schatten	
dulcis, e	angenehm, süß	*„Dolce Vita", f. doux*
nūmen, nūminis *n*	Gottheit, göttlicher Wille	*numinos*
ēvenīre, ēveniō, ēvēnī, ēventum	sich ereignen	*eventuell, „Event"*
sēdēs, sēdis *f*	Platz, Sitz, Wohnsitz	*e. seat*
līberāre (ā / ab) *m. Abl.*	befreien von	
facere *m. dopp. Akk.*	jmd. zu etwas machen	
retinēre, retineō, retinuī	behalten, festhalten, zurückhalten	*e. to retain*
commūnis, e	gemeinsam, allgemein	*Kommunion, Kommune, Kommunismus*

Trōiānī, Trōiānōrum	die Trojaner
Creūsa	Krëusa (Gattin des Äneas)

S

1 Ablativ der Trennung

a) Erscheinungsform

Nonnulli viri patriam *a Caesare* defendere volebant.
Einige Männer wollten die Heimat *gegen Cäsar* verteidigen.

Caesar autem *omni metu* carebat.
Cäsar aber war *ohne jede Furcht.*

Der Ablativ der Trennung (Ablativus separativus) steht nach Verben (und Adjektiven), die eine 'Trennung' ausdrücken, z. B. 'nicht haben, wegnehmen, abhalten, schützen (vor); frei (von)'.

Er steht manchmal mit einer Präposition. Wenn der Ablativ der Trennung ohne Präposition steht, wird er immer im Wortschatz mitgelernt.
Im Deutschen wird der Ablativ mit einem Präpositionalausdruck oder einem Akkusativobjekt wiedergegeben, z. B.:

pecunia carere	kein Geld haben
(e) patria expellere	aus der Heimat vertreiben
(a) finibus prohibere	von einem Gebiet abhalten
(a) periculis liberare	von Gefahren befreien
ab hostibus defendere	vor den Feinden (gegen die Feinde) verteidigen
liber (a) metu	frei von Furcht

b) Satzgliedfunktion

Nach intransitiven Verben, wie z. B. **carēre**, steht der Ablativ der Trennung als Objekt und ist als Satzglied notwendig. Bei transitiven Verben, wie z. B. **defendere (ab)**, hat er die Funktion eines Adverbiales.

2 Doppelter Akkusativ

Comites *Aeneam virum fortem* vocabant.
Die Gefährten nannten *Äneas einen sehr tapferen Mann.*

Aeneas *se virum fortem* praebuit.
Äneas zeigte *sich als sehr tapferer Mann.*

Ein doppelter Akkusativ entsteht meist dadurch, dass nach bestimmten Verben zu einem Akkusativobjekt ein Prädikatsnomen tritt, das mit dem Akkusativobjekt in Kongruenz steht, z. B. nach

vocare, appellare, nominare	nennen, bezeichnen (als)
putare	halten für
facere, reddere	machen (zu)
habere	halten für, haben als
se praebere	sich zeigen (als), sich erweisen (als)

W

mercātor	Kaufmann	stāre	stehen
multus	viel	honor/honōs	Ehre, Ehrenamt
bonus	gut	cūra	Pflege, Sorge
magnus	groß, bedeutend	vendere	verkaufen
parvus	gering, klein	iter	Reise, Marsch, Weg

cōnsulere, cōnsulō, cōnsuluī, consultum	*m. Akk.* befragen, beraten	*e. to consult*
	dē *m. Abl.* beraten über	
	in *m. Akk.* Maßnahmen ergreifen gegen	
	m. Dat. sorgen für	
cūrae esse *m. Dat.*	jmd. Sorge bereiten, jmd. wichtig sein	
plūrimī, ae, a	sehr viele	
portus, portūs *m*	Hafen	*e./f. port*
dīversus, a, um	entgegengesetzt, feindlich, verschieden	*divers, e. diverse*
lingua	Rede, Sprache	*Linguistik, e. language*
optimus, a, um	der beste, sehr gut	*optimal, Optimist*
cōnstāre, cōnstō, cōnstitī	feststehen; kosten	*konstant, Konstanze*
magnō cōnstāre	viel kosten, teuer sein	
ūsus, ūsūs *m*	Benutzung, Nutzen	*„Usus", e. use*
ūsuī esse	von Nutzen sein	
sūmere, sūmō, sūmpsī, sūmptum	nehmen	
pretium	Preis, Wert, Geld	*Preziosen, e. price, f. prix*
magnō pretiō emere/vendere	(für einen hohen Preis) teuer kaufen/verkaufen	
maximus, a, um	der größte, sehr groß	*maximal, Maximum*
honōrī esse *m. Dat.*	jmd. Ehre verschaffen	
scīlicet *Adv.*	freilich, natürlich, selbstverständlich	
emere, emō, ēmī, ēmptum	kaufen	
lavāre, lavō, lāvī, lautum	waschen, reinigen	*f. laver*
manus manum lavat	eine Hand wäscht die andere	
quippe	freilich	
minimus, a, um	der kleinste, der geringste	*Minimum, minimal, Minimalist*
vehere, vehō, vēxī, vectum	fahren, tragen, ziehen	*Vehikel, Vektor*
maximē *Adv.*	am meisten, besonders	
gaudio esse m. Dat.	Freude bereiten	
Latīnus, a, um	lateinisch, („latinisch", nach der Landschaft Latium)	
Italicus, a, um	aus Italien stammend („italisch", nach den Italern)	
(Pūblius Aelius) Hadriānus	Hadrian (römischer Kaiser, 117–138 n. Chr.)	
Ephesus *f*	Ephesos (in der Antike wichtige Hafenstadt in Kleinasien)	
Alexandrīa	Alexandria (in der Antike wichtige Hafenstadt in Ägypten)	
Antiochīa	Antiochia (in der Antike wichtige Hafenstadt in Syrien)	

S

1 Dativ als Prädikatsnomen: Dativ des Zwecks

Hoc magno usui est.
Das ist von großem Nutzen.

Der Dativ eines abstrakten Substantivs (z. B. **usus, honos, cura**) gibt in Verbindung mit einer Form von esse an, welche Auswirkung oder welchen Zweck etwas hat (Dativus finalis).
Der Dativ des Zwecks ist als Prädikatsnomen aufzufassen.

2 Dativ als Adverbiale: Dativ des Vorteils

Hadrianus provinciis bene consuluit.
Hadrian sorgte gut für die Provinzen.

Der Dativ des Vorteils (Dativus commodi) bezeichnet eine Person oder Sache, für die eine Handlung geschieht bzw. zu deren Vorteil (oder Nachteil) etwas ist. Wir fragen „für wen?" oder „wofür?".

TIPP!

Wir haben mittlerweile zu Genitiv, Dativ, Akkusativ und Ablativ schon mehrere Möglichkeiten kennen gelernt, was diese Kasus ausdrücken können.
Im Folgenden erhältst du eine Übersicht mit kurzen Beispielen, die du dir als Merksätze einprägen solltest:

Genitiv	Zugehörigkeit subiectivus obiectivus	Domus **patris** magna est. Spes **consulis** magna est. Spes **salutis** apud omnes magna est.
Dativ	Objekt Besitzer Zweck Vorteil	Amicus **matri** adest. **Patri** domus magna est. Salus mea tibi **curae** est. Consul **saluti** civium consulit.
Akkusativ	Objekt dopp. Akk. Ausdehnung	Marcus **senatorem** videt. Comites Aeneam **virum fortem** putabant. Milites **multos annos** bellum gerebant.
Ablativ	Mittel Grund Zeit	Parentes liberos **donis** delectant. Liberi **donis** gaudent. **Multa nocte** domum veni.

Diese Liste kannst du anhand der folgenden Kapitel selbst erweitern.

Die folgende Übersicht enthält die Verben mit unregelmäßiger Perfektbildung, zu denen du schon alle vier Stammformen gelernt hast. Eine vollständige Übersicht über alle in Band 1 und 2 gelernten Verben mit unregelmäßiger Perfektbildung findest du auf S. 204 ff.

v-Perfekt				
cognōscere	cognōscō	cognōvī	cognitum	erkennen, kennen lernen
repetere	repetō	repetīvī	repetītum	(zurück)verlangen, wiederholen

u-Perfekt				
cēnsēre	cēnseō	cēnsuī	cēnsum	meinen, einschätzen, seine Stimme abgeben (für)
dēbēre	dēbeō	dēbuī	dēbitum	müssen, sollen; schulden
docēre	doceō	docuī	doctum	lehren, unterrichten
habēre	habeō	habuī	habitum	haben, halten
colere	colō	coluī	cultum	bewirtschaften, pflegen, verehren
cōnsulere	cōnsulō	cōnsuluī	consultum	befragen, beraten, Maßnahmen ergreifen gegen, sorgen für
dēserere	dēserō	dēseruī	dēsertum	im Stich lassen, verlassen
pōnere	pōnō	posuī	positum	(auf)stellen, (hin)legen, setzen

s-Perfekt				
persuādēre	persuādeō	persuāsī	persuāsum	überzeugen
torquēre	torqueō	torsī	tortum	drehen, quälen, schleudern
cēdere	cēdō	cessī	cessum	gehen, nachgeben, weichen
incēdere	incēdō	incessī	incessum	heranrücken, eintreten; (jmd.) befallen
dūcere	dūcō	dūxī	ductum	führen, ziehen
ēdūcere	ēdūcō	ēdūxī	ēductum	herausführen
exstinguere	exstinguō	exstīnxī	exstīnctum	auslöschen, vernichten
īnstruere	īnstruō	īnstrūxī	īnstrūctum	aufstellen, ausrüsten; unterrichten
mittere	mittō	mīsī	missum	(los)lassen, schicken, werfen
committere	committō	commīsī	commissum	anvertrauen, veranstalten, zustande bringen
dēmittere	dēmittō	dēmīsī	dēmissum	hinabschicken, sinken lassen
nūbere	nūbō	nūpsī	nūptum	heiraten
premere	premō	pressī	pressum	(unter)drücken, bedrängen
sūmere	sūmō	sūmpsī	sūmptum	nehmen
cōnsūmere	cōnsūmō	cōnsūmpsī	cōnsūmptum	verbrauchen, verwenden
vehere	vehō	vēxī	vectum	fahren, tragen, ziehen
cōnspicere	cōnspiciō	cōnspexī	cōnspectum	erblicken
respicere	respiciō	respexī	respectum	zurückblicken, berücksichtigen

Dehnungsperfekt				
lavāre	lavō	lāvī	lautum	waschen, reinigen
cavēre	caveō	cāvī	cautum	sich hüten (vor), Vorsorge treffen

movēre	moveō	mōvī	mōtum	bewegen
commovēre	commoveō	commōvī	commōtum	bewegen, veranlassen
permovēre	permoveō	permōvī	permōtum	beunruhigen, veranlassen
vidēre	videō	vīdī	vīsum	sehen, darauf achten
venīre	veniō	vēnī	ventum	kommen
ēvenīre	ēveniō	ēvēnī	ēventum	sich ereignen
agere	agō	ēgī	āctum	handeln, treiben, verhandeln
cōgere	cōgō	coēgī	coāctum	(ver)sammeln, zwingen
corrumpere	corrumpō	corrūpī	corruptum	bestechen, verderben
emere	emō	ēmī	ēmptum	kaufen
legere	legō	lēgī	lēctum	lesen, auswählen
colligere	colligō	collēgī	collēctum	sammeln
dēligere	dēligō	dēlēgī	dēlēctum	(aus)wählen
neglegere	neglegō	neglēxī	neglēctum	nicht (be)achten, vernachlässigen
vincere	vincō	vīcī	victum	(be)siegen, übertreffen
capere	capiō	cēpī	captum	fassen, nehmen; erobern
exipere	excipiō	excēpī	exceptum	aufnehmen, eine Ausnahme machen
incipere	incipiō	incēpī (coepī)	inceptum	anfangen, beginnen
recipere	recipiō	recēpī	receptum	aufnehmen, wieder bekommen, zurücknehmen
suscipere	suscipiō	suscēpī	susceptum	auf sich nehmen, sich (einer Sache) annehmen, unternehmen
ēicere	ēiciō	ēiēcī	ēiectum	hinauswerfen, vertreiben
facere	faciō	fēcī	factum	machen, tun, handeln
cōnficere	cōnficiō	cōnfēcī	cōnfectum	beenden, fertig machen
interficere	interficiō	interfēcī	interfectum	töten, vernichten

Reduplikationsperfekt

dare	dō	dedī	datum	geben
condere	condō	condidī	conditum	erbauen, gründen; verwahren, verbergen, bestatten
dēdere	dēdō	dēdidī	dēditum	ausliefern, übergeben
reddere	reddō	reddidī	redditum	jmd. zu etwas machen
occīdere	occīdō	occīdī	occīsum	niederschlagen, töten
perdere	perdō	perdidī	perditum	verlieren, verschwenden, zugrunde richten
pellere	pellō	pepulī	pulsum	schlagen, vertreiben
repellere	repellō	reppulī	repulsum	zurückstoßen, abweisen, vertreiben
tangere	tangō	tetigī	tāctum	berühren
contingere	contingō	contigī	contāctum	berühren; gelingen
tendere	tendō	tetendī	tentum	sich anstrengen, spannen; (aus)strecken

Perfekt ohne Stammveränderung

accendere	accendō	accendī	accēnsum	anfeuern, anzünden
incendere	incendō	incendī	incēnsum	entflammen, in Brand stecken
cōnstituere	cōnstituō	cōnstituī	constitūtum	festsetzen, beschließen
reprehendere	reprehendō	reprehendī	reprehēnsum	kritisieren, wieder aufgreifen
solvere	solvō	solvī	solūtum	auflösen, bezahlen, lösen
vertere	vertō	vertī	versum	drehen, wenden

W

cōpia	Menge, Möglichkeit, Vorrat	mūnus	Aufgabe; Geschenk
accipere	aufnehmen, erhalten, erfahren	īnstruere	aufstellen, ausrüsten, unterrichten
num	etwa	convīvium	Gastmahl, Gelage
ultimus	der äußerste, der entfernteste, der letzte	amplus	bedeutend, groß, weit

aliquis, aliquid *(Gen.* alicuius *usw.)*	(irgend)jemand	
ubī terrārum?	wo in aller Welt?	
quid novī?	was an Neuigkeiten?	
ob *m. Akk.*	wegen; für	
quis vestrum?	wer von euch?	
nōscere, nōscō, nōvī, nōtum	erkennen, kennen lernen	
nō(vi)sse, nōvī *Perf.*	kennen, wissen	*e. to know*
nōmine	namens, mit Namen	
cēnāre, cēnō	essen	
rēctē *Adv.*	geradeaus, richtig, zu Recht	*e. right*
rē vērā	in Wirklichkeit, tatsächlich	
praeesse, praesum, praefuī *m. Dat.*	an der Spitze stehen, leiten	
inde *Adv.*	von dort; darauf; deshalb	
genus, generis *n*	Abstammung, Art, Geschlecht	*Genus, Genre, generell*
ingenium	Begabung, Talent	*Ingenieur*
ēgregius, a, um	ausgezeichnet, hervorragend	
pertinēre, pertineō *(ad m. Akk.)*	betreffen, gehören (zu), sich erstrecken (bis)	*e. to pertain*
quid ad rem pertinet?	was tut das zur Sache?	
nōn modo ... sed etiam	nicht nur ... sondern auch	
mīlitāris, e	Kriegs-, militärisch	*Militär, e. military*
ōtium	freie Zeit, Ruhe (von berufl. Tätigkeit)	
postrēmō *Adv.*	schließlich	
sūmptus, sūmptūs *m*	der Aufwand, die Kosten	
sūmptūs facere	Ausgaben tätigen	
varius, a, um	bunt, verschieden, vielfältig	*variabel, Variante, e. various, f. varié*
voluptās, voluptātis *f*	Lust, Vergnügen	
multum *Adv.*	sehr, viel	

Asia	Asien (röm. Provinz)
Lūcullus	Lukull (röm. Feldherr)
quaestor, ōris *m*	Quästor (röm. Beamter, verantwortlich für die Staatskasse)
aedīlis, is *m*	Ädil (hoher röm. Polizeibeamter)
praetor, ōris *m*	Prätor (röm. Beamter, zuständig für das Rechtswesen)

F Indefinitpronomen: (ali)quis

a) substantivisch

aliquis irgendjemand
aliquid irgendetwas

	m/f	n
Nom.	aliquis	aliquid
Gen.	alicuius	alicuius reī
	usw.	usw.

Beim Indefinitpronomen (unbestimmten Fürwort) **aliquis** werden die Deklinationsformen des Interrogativpronomens **quis** (vgl. 33 **F** 2 a) um das Präfix **ali-** erweitert.

b) adjektivisch

aliquī vir irgendein Mann

Wird das Indefinitpronomen adjektivisch verwendet, so stimmen die dem Präfix **ali-** folgenden Deklinationsformen mit denen des Relativpronomens (**qui, quae, quod**) überein (vgl. 14 **F**).
Ausnahmen: Nom. und Akk. Pl. *n*, Nom. Sg. *f* (**quae – aliqua**)

	Sg. *m*	Sg. *f*	Sg. *n*	Pl. *m*	Pl. *f*	Pl. *n*
Nom.	aliquī	aliqua	aliquod	aliquī	aliquae	aliqua
Gen.		alicuius		aliquōrum	aliquārum	aliquōrum
		usw.			usw.	

c) **sī quis** wenn jemand

Nach **si, num, cum** und einigen anderen „kleinen Wörtern" fällt das Präfix **ali-** weg.

S 1 Genitiv als Prädikatsnomen: Genitiv der Zugehörigkeit

a) Haec domus *est patris.*
Dieses Haus *gehört dem Vater.*

Der Genitiv der Zugehörigkeit hebt den Eigentümer einer Sache hervor (Genitivus possessivus).

b) *Consulis est* civitatem regere.
Es ist die Aufgabe eines Konsuls, den Staat zu lenken.

Viri vere magni est nihil timere.
Es ist typisch für einen wirklich großen Mann, nichts zu fürchten.

Wendungen, die aus einem Genitiv der Zugehörigkeit und einem unpersönlichen **est** bestehen, drücken aus, dass etwas Aufgabe, Pflicht oder charakteristische Eigenschaft der Person ist, die im Genitiv steht.

c) Da der Genitiv der Zugehörigkeit eng zur Form von **esse** gehört und mit dieser das Prädikat bildet, wird er als Prädikatsnomen aufgefasst.

2 Genitiv als Attribut: Genitivus partitivus

Cur ibi multitudo *hominum* est?
Pars *eorum* ad tabernas contendit, pars stat et spectat.

Warum ist dort eine Menge *Menschen?*
Ein Teil von *ihnen* eilt zu den Läden, ein (anderer) Teil steht herum und schaut.

Der Genitivus partitivus (hier: hominum bzw. eorum) bezeichnet die Gesamtheit, von der ein bestimmter Teil (hier: multitudo bzw. pars) genannt wird.

Der Genitivus partitivus steht hauptsächlich bei Maß- und Mengenangaben (z. B. vis, copia, pars, multum) sowie bei einigen Pronomina (z. B. nemo, quis). Er ist als Attribut aufzufassen.

Beachte folgende Wendungen:

multum pecuniae	quid novi?	ubi terrarum?	quis vestrum?
viel Geld	Was (gibt es) Neues?	wo auf der Welt?	wer von euch?

LATEIN LEBT

Welche **lateinischen Adjektive** gehören zu den folgenden **französischen**?
militaire – varié – divers
Das Gleiche für die **Substantive**: *genre – volupté – port – usage*

KONTEXT

Romulus urbem Romam condidit.	Romulus gründete die Stadt Rom.
Antigona fratrem condidit.	Antigone bestattete ihren Bruder.
Imperator milites coegit.	Der Feldherr (ver)sammelte die Soldaten.
Milites pugnare coegit.	Er zwang die Soldaten zu kämpfen.
Manus ad caelum tollimus.	Wir (er)heben die Hände zum Himmel.
Amicis timorem tollimus.	Wir nehmen den Freunden die Furcht.
Amic*o* persuasi.	Ich habe *den* Freund überzeugt (überredet).
Serv*o* peperci.	Ich habe *den* Sklaven geschont.
Exercit*ui* praefui.	Ich habe *das* Heer befehligt (kommandiert).
Omni*bus* virtute praestitit.	Er übertraf alle an Tapferkeit.
Magn*am* virtut*em* praestitit.	Er zeigte (bewies) große Tapferkeit.
Oracul*um* consulimus.	Wir fragen das Orakel um Rat.
Liber*is* bene consulimus.	Wir sorgen gut für unsere Kinder.
In hostes vehementer consulimus.	Wir gehen energisch gegen die Feinde vor.
Dominus librum quaerit.	Der Herr will ein Buch kaufen (erwerben).
Servus dominum quaerit.	Der Sklave sucht den Herrn.
Amica pretium *e mercatore* quaerit.	Die Freundin fragt *den Kaufmann* nach dem Preis.

W

salūs	Gesundheit, Glück, Rettung; Gruß	iterum	wiederum
		cūnctī	alle (zusammen)
fortis	kräftig, tapfer	vīs	Gewalt, Kraft, Menge
nūntius	Bote, Nachricht	vīrēs	Streitkräfte

ferre, ferō, tulī, lātum	bringen, tragen; ertragen	
morbus	Krankheit	*morbid*
minus *Adv.*	weniger	*minus, f. moins*
quam	als, wie	
prius *Adv.*	früher, zuerst	
memoria	Erinnerung, Gedächtnis; Zeit	*Memoiren, Memory, e. memory, f. mémoire*
memoriā tenēre	im Gedächtnis behalten	
illud philosophōrum	jenes bekannte Wort der Philosophen	
atque / ac	und, und auch; *im Vergleich:* wie, als	
condiciō, condiciōnis *f*	Bedingung, Lage, Verabredung	*Kondizionalsatz, Kondition, e. condition*
scrībere, scrībō, scrīpsī, scrīptum	beschreiben, schreiben	*Schrift, Skript*
magnitūdō, magnitūdinis *f*	Größe	*e. magnitude*
cōnferre, cōnferō, contulī, collātum	vergleichen, zusammentragen	*Konferenz, cf. (confer!), e. to confer*
vīsere, vīsō, vīsī, vīsum	besichtigen, besuchen	*Re-vision, Visite, Visitenkarte*
afferre, afferō, attulī, allātum	bringen, herbeibringen, mitbringen; melden	
quīdam, quaedam, quoddam *(Akk. Sg.* quendam, quandam*)*	ein gewisser, ~~(irgend)ein(er)~~; *Pl.* einige	
aedis, aedis *f (Gen. Pl.* -ium*)*	Tempel; *Pl.* Haus, Gebäude	
theātrum	Theater	
cernere, cernō	sehen, bemerken	*Kon-zern*
statūra	Gestalt, Statur	
dēscendere, dēscendō, dēscendī, dēscēnsum	herabsteigen	*Deszendenz, e. to descend, f. descendre*
ēiusmodī *indekl.*	derartig, so beschaffen	
auferre, auferō, abstulī, ablātum	rauben, wegbringen	*Ablativ*
impius, a, um	gottlos, gewissenlos	*e. impious*
postrēmō *Adv.*	schließlich; kurz (gesagt)	
praesidium	(Wach-)Posten, Schutztruppe	*Präsidium, Präsident*
tunc *Adv.*	damals, dann	

āvertere, āvertō, āvertī, āversum	abwenden, vertreiben	*Aversion, e. to avert*
forās *Adv.*	heraus, hinaus *(wohin?)*	
laetus, a, um	froh; fruchtbar	
Diāna	Diana (Göttin der Jagd und der Natur; *griech.* Artemis)	
Ephesius, a, um	aus Ephesos	
Ephesiī, ōrum	die Ephesier (Einwohner von Ephesos)	

F

Verben: ferre

a) Infinitiv Präsens

fer-re	tragen
fer-rī	getragen werden

b) Präsensstamm

		Aktiv Sg.	Aktiv Pl.	Passiv Sg.	Passiv Pl.
Ind. Präs.	1. Pers.	fer-ō	fér-i-mus	fer-or	fér-i-mur
	2. Pers.	fer-s	fer-tis	fer-ris	fer-i-minī
	3. Pers.	fer-t	fer-u-nt	fer-tur	fer-u-ntur
Ind. Impf.	1. Pers.	fer-ēba-m	usw.	fer-ēba-r	usw.
Futur	1. Pers.	fer-a-m		fer-a-r	
	2. Pers.	fer-ē-s	usw.	fer-ē-ris	usw.

Die Formen des Präsensstammes von **ferre** werden regelmäßig gebildet; vor den Endungen, die mit **-m**, **-n** oder **-b** beginnen, wird ein Bindevokal eingefügt.

Imperativ fer trage! fer-te tragt!

c) Perfektstamm

Stammformen: ferre ferō tulī lātum

		Aktiv Sg.	Passiv Sg.
Ind. Perf.	1. Pers.	tul-ī	lātus, a, um sum
	2. Pers.	tul-istī usw.	lātus, a, um es usw.
Ind. Plusqpf.	1. Pers.	tul-era-m	lātus, a, um eram
	2. Pers.	tul-erā-s usw.	lātus, a, um erās usw.

d) Komposita

Die Bedeutungen der Komposita von **ferre** sind meist leicht zu erschließen.
Allerdings werden die Vorsilben häufig assimiliert (angeglichen),
z.B. **af-ferre** aus **ad-ferre**, **al-latum** aus **ad-latum**.

S

1 Ablativ als Prädikatsnomen/Attribut: Ablativ der Beschaffenheit

Milites magna audacia erant.
(Die Soldaten waren von großem Mut.)
~~Die Soldaten waren sehr mutig~~.
Die Soldaten hatten großen Mut.

Der Ablativ der Beschaffenheit (Ablativus qualitatis) bezeichnet eine Eigenschaft. Bei Formen von esse ist er als Prädikatsnomen aufzufassen.

Cicero, vir summo ingenio (= summi ingenii), multos libros legit.
Cicero, ein Mann von (mit) höchster Begabung, las viele Bücher.

Bisweilen wird der Ablativ der Beschaffenheit wie der Genitiv der Beschaffenheit als Attribut verwendet.

2 Genitiv als Attribut: Genitiv der Beschaffenheit

res	*eiusmodi*	iter	*paucorum dierum*	vir *summi ingenii*
eine Sache	*von dieser Art*	ein Marsch	*von wenigen Tagen*	ein Mann *von (mit) höchster Begabung*
eine *derartige* Sache				

Der Genitiv kann die Beschaffenheit oder Eigenart eines Substantivs bezeichnen (Genitivus qualitatis). Er gehört meist als Attribut zu diesem Substantiv.

denken

SACHFELD

aestimare einschätzen, beurteilen

agitare betreiben, überlegen

cernere sehen, bemerken

cogitare beabsichtigen, denken

conicere folgern, vermuten

cognoscere erkennen, kennen lernen

componere vergleichen

memoria tenere im Gedächtnis behalten

conferre vergleichen, zusammentragen

ignorare nicht kennen, nicht wissen

intellegere (be)merken, verstehen

non ignorare gut kennen, wohl wissen

scire kennen, verstehen, wissen

nescire nicht wissen

invenire finden, erfinden

W

hodiē	heute	tantum	nur
rīdēre	lachen, auslachen	commūnis	gemeinsam, allgemein
senex	Greis, alter Mann	convertere	verändern, (um)wenden
ōrnāre	ausstatten, schmücken	iter	Reise, Marsch, Weg
tālis	derartig, ein solcher, so (beschaffen)	bonum	das Gut(e)

unde	woher	
quārē	weshalb, wodurch; *rel. Satzanschluss:* deshalb	
hercule(s)!	beim Herkules!	
quid āctum est?	was ist passiert?	
lībertīnus	Freigelassener	
dīves, dīvitis	reich	
rārus, a, um	selten, vereinzelt	*rar, Rarität, e./f. rare*
modo *Adv.*	eben (noch); nur	
singulus, a, um	je ein, jeder einzelne	*Single, Singular, singulär*
trēs, trēs, tria	drei	*Trio, e. three*
mollis, e	weich, angenehm; freundlich	*Moll, mollig*
idōneus, a, um	geeignet, passend	
ōs, ōris *n*	Gesicht, Mund	*oral*
in ōre omnium esse	in aller Munde sein	
mihi magnae cūrae est	es ist mir sehr wichtig	
spectāre, spectō	betrachten, hinsehen; anstreben	
impōnere, impōnō, imposuī, impositum	auferlegen, (hin)einsetzen	*imponieren, e. to impose*
pēs, pedis *m*	Fuß	*Pedal, Expedition, Velozi-ped, e. foot*
nōndum	noch nicht	
cantāre	singen	*Kantate, f. chanter*
nimium *Adv.*	(all)zu, (all)zu sehr	
dīligēns, dīligentis	gewissenhaft, sorgfältig	*e./f. diligent*
bona animī	innere Werte	
laus, laudis *f*	Lob, Ruhm	
laudī esse	lobenswert sein	

Herculēs, Herculis — Herkules (griechischer Nationalheld, Sohn Jupiters)

Eins, zwei, drei!

LATEIN LEBT

unus	*i. uno*	*f. un*	*s. un*
duo	*i. due*	*f. deux*	*s. dos*
tres	*i. tre*	*f. trois*	*s. tres*

F

Verben: Konjunktiv Imperfekt und Plusquamperfekt

Die lateinischen Verbformen geben außer der Person, dem Numerus (Singular bzw. Plural), dem Tempus (z. B. Präsens, Imperfekt) und dem Genus verbi (Aktiv bzw. Passiv) auch den **Modus** (die Aussageweise) an; man unterscheidet drei Modi:

- **Indikativ** (sog. Wirklichkeitsform, z. B. er geht),
- **Imperativ** (Befehlsform, z. B. geh!),
- **Konjunktiv** (sog. Möglichkeitsform, z. B. er ginge, würde gehen).

a) Konjunktiv Imperfekt

vocā-re-m ich würde rufen   vocā-re-r ich würde gerufen (werden)

Aktiv	ā-Konjugation	ē-Konjugation	ī-Konjugation	kons. Konjugation	
1. Pers.	vocā-re-m	monē-re-m	audī-re-m	ag-e-re-m	cap-e-re-m
2. Pers.	vocā-rē-s	monē-rē-s	audī-rē-s	ag-e-rē-s	cap-e-rē-s
Sg.	usw.	usw.	usw.	usw.	usw.
Passiv					
1. Pers.	vocā-re-r	monē-re-r	audī-re-r	ag-e-re-r	cap-e-re-r
2. Pers.	vocā-rē-ris	monē-rē-ris	audī-rē-ris	ag-e-rē-ris	cap-e-rē-ris
Sg.	usw.	usw.	usw.	usw.	usw.

Der Konjunktiv Imperfekt wird ebenso wie der Indikativ Imperfekt in allen Konjugationen gleich gebildet. Zeichen des Konjunktiv Imperfekt ist **-re-** .

Besonders zu beachten sind:

Konj. Impf. Akt.			Infinitiv
īrem, īrēs	usw.	zu	īre
essem, essēs	usw.	zu	esse
vellem, vellēs	usw.	zu	velle
nōllem, nōllēs	usw.	zu	nōlle
ferrem, ferrēs	usw.	zu	ferre

Vollständige Tabellen befinden sich im Tabellarium, S. 198–202

b) Konjunktiv Plusquamperfekt

	Aktiv		Passiv	
1. Pers.	vocā-v-isse-m	ich hätte gerufen	vocā-tus, a, um essem	ich wäre gerufen worden
2. Pers.	vocā-v-issē-s	usw.	vocā-tus, a, um essēs	usw.

Die Formen des Konjunktiv Plusquamperfekt werden in allen Konjugationen gleich gebildet.

Zeichen des Konjunktiv Plusquamperfekt Aktiv ist **-isse-** , das an den Perfektstamm angefügt wird. Im Passiv steht nach der PPP-Form eine Form des Konjunktiv Imperfekt von esse (z. B. vocatus esset).

Die Formen von esse lauten: fuissem, fuissēs usw.
Die Formen von ire lauten: īssem, īssēs usw.

Vollständige Tabellen befinden sich im Tabellarium, S. 200 f.

S

Konjunktiv als Irrealis

Marcum vocarem, si adesset.
Ich würde Markus rufen, wenn er da wäre.

Marcum vocavissem, si adfuisset.
Ich hätte Markus gerufen, wenn er da gewesen wäre.

Der **Konjunktiv Imperfekt** sowie der **Konjunktiv Plusquamperfekt** drücken aus, dass etwas sein könnte, aber nicht ist, bzw. dass etwas hätte sein können, aber nicht war. Sie dienen also zum Ausdruck des **Irrealis** (der „Nichtwirklichkeit") in Bezug auf die Gegenwart bzw. die Vergangenheit.

promitte-re-nt
sie würden versprechen
they would promise

promis-isse-t
er hätte versprochen
he would have promised

Solche Konjunktive kommen in der gleichen Funktion auch im Deutschen und Englischen vor.

Die Zahlen unus, duo, tres

	m	f	n	m	f	n	m	f	n
Nom.	ūnus	ūna	ūnum	duo	duae	duo	trēs	trēs	tria
Gen.		ūnīus		duōrum	duārum	duōrum		trium	
Dat.		ūnī		duōbus	duābus	duōbus		tribus	
Akk.	ūnum	ūnam	ūnum	duo(s)	duās	duo	trēs	trēs	tria
Abl.	ūnō	ūnā	ūnō	duōbus	duābus	duōbus		tribus	

LATEIN LEBT

Aussagen – wie wir sie täglich in der Zeitung lesen oder in Nachrichten hören:

Die *Kollekte* für die Flutopfer erbrachte ein stolzes Ergebnis.
Die Politiker *appellierten* an die *soziale* Verantwortung der Bürger.
Die *Pazifisten* demonstrierten gegen die Teilnahme an dem *Militär*schlag.
Bei der *Moden*schau sah man attraktive *Modelle*.
Die Mannschaft beherrschte eine *varianten*reiche *Defensiv*taktik.
Das *Präsidium* des Konzerns berief eilig eine *Konferenz* ein.
Bei der *Auktion* kamen wieder erlesene *Raritäten* zur Versteigerung.
Die Sängerin *imponierte* mit einer anspruchsvollen *Kantate*.

W

genus	Abstammung, Art, Geschlecht	mandāre	einen Auftrag geben, übergeben
homō	Mensch	afferre	bringen, herbeibringen
nōbilis	adelig, berühmt, vornehm	memoria	Erinnerung, Gedächtnis; Zeit
cūrae esse	Sorge bereiten, wichtig sein	studēre	sich (wissenschaftlich) beschäftigen; sich bemühen (um), streben (nach)
causa	Ursache, Sache, Prozess		
magnus	groß, bedeutend		

plēbs, plēbis *f*	(nicht adeliges, einfaches) Volk	*Plebejer, Plebiszit, e. plebs*
consuēscere, consuēscō, consuēvī, consuētum	sich gewöhnen (an); *Perf.:* gewohnt sein	*Kostüm, e. custom*
multum / omnia posse	(viel / alles können) große / unumschränkte Macht haben	
plūrimum *Adv.*	am meisten, sehr viel	
nōbilitās, nōbilitātis *f*	Adel, vornehme Abstammung	*Nobilität, e. nobility*
manus, manūs *f*	Hand; Schar (von Bewaffneten)	
ōrdō, ōrdinis *m*	Ordnung, Reihe, Stand	*Orden, Ko-ordinate, (extra)ordinär, e. order*
iūdicium	Gericht, Urteil	*e. judgement*
poena	Strafe	*Pein, e. penalty*
sermō, sermōnis *m*	Äußerung, Gerede, Gespräch, Sprache	*„Sermon"*
aut	oder	
causā *(nachgestellt) m. Gen.*	wegen	*h.c. (honoris causa)*
frequēns, frequentis	häufig, zahlreich	*Frequenz, frequentieren, e. frequent*
numerus	Menge, Zahl	*Nummer, nummerieren, numerisch, e. number*
versus, versūs *m*	Zeile, Vers	*e. verse, f. vers*
discere, discō, didicī	lernen, erfahren	
iuventūs, iuventūtis *f*	Jugend	*e. youth*
trādere, trādō, trādidī, trāditum	übergeben, überliefern	*tradieren, Tradition, e./f. tradition*
sīdus, sīderis *n*	Stern, Sternbild	
potestās, potestātis *f*	(Amts-)Gewalt, Macht	
littera	Buchstabe; *Pl.* Brief; Literatur, Wissenschaft	*Letter, Alliteration, e. letter, f. lettre*
litterīs mandāre	schriftlich festhalten, aufschreiben	
tametsī	obwohl	
causam afferre	als Grund nennen	
vulgus, vulgī *n*	die Leute (aus dem Volk), der Pöbel, die große Masse	*vulgär*
memoriae studēre	das Gedächtnis üben	

aperīre, aperiō, aperuī, apertum — aufdecken, öffnen
rapere, rapiō, rapuī, raptum — wegführen, rauben, wegreißen

Druidēs, Druidum *m* — Druiden (Priester der Kelten)

F

1 Verben: esse (Zusammenfassung)

a) Infinitiv Präsens

es-se	sein

b) Präsensstamm

		Präsens Sg.	Pl.	Imperfekt Sg.	Futur I Sg.	Pl.
Indikativ	1. Pers.	s-u-m	s-u-mus	er-a-m	er-ō	er-i-mus
	2. Pers.	es	es-tis	er-ā-s	er-i-s	er-i-tis
	3. Pers.	es-t	s-u-nt	usw.	er-i-t	er-u-nt
Imperativ		es	es-te			

Konjunktiv Imperfekt: essem, essēs usw.

c) Perfektstamm

		Perfekt Sg.	Pl.	Plusqpf. Sg.	Futur II Sg.
Indikativ	1. Pers.	fu-ī	fu-imus	fu-eram	fu-erō
	2. Pers.	fu-istī	fu-istis	fu-erās	fu-eris
	3. Pers.	fu-it	fu-ērunt	usw.	usw.

Konjunktiv Plusquamperfekt: fuissem, fuissēs usw.
Infinitiv Perfekt: fuisse

d) Komposita

Die Grundbedeutungen der Komposita von esse sind leicht zu erschließen.
Allerdings werden die Vorsilben z. T. assimiliert (angeglichen), z. B.:

ab-esse, ā-fui
ad-esse, af-fui (adfui)

2 Verben: posse (Erweiterung)

posse können, vermögen

		Präsens		Imperfekt	Futur I	
		Sg.	Pl.	Sg.	Sg.	Pl.
Indikativ	1. Pers.	pos-sum	pos-sumus	pot-eram	pot-erō	pot-erimus
	2. Pers.	pot-es	pot-estis	usw.	pot-eris	pot-eritis
	3. Pers.	pot-est	pos-sunt		pot-erit	pot-erunt

Konjunktiv Imperfekt: possem, possēs usw.
Perfektstamm: potu- (potuī, potuistī usw.)

S

Prädikativum

a) Erscheinungsform

Cicero tristis Romam reliquit.
Cicero verließ traurig Rom.

Hannibal puer libenter inter milites erat.
Hannibal war als Junge gerne unter den Soldaten.

Im Lateinischen können bestimmte **Substantive** und **Adjektive** im Nominativ zur Ergänzung eines Vollverbs prädikativ gebraucht werden; ein so verwendetes Nomen heißt **Prädikativum**.

- Substantivische Prädikativa sind häufig Altersangaben oder Amtsbezeichnungen, z. B. senex, puer, consul.
- Adjektivische Prädikativa bezeichnen oft einen körperlichen oder seelischen Zustand, eine Reihenfolge oder Menge, z. B. laetus, tristis, unus, primus.

Bei den Adjektiven ist eine wörtliche Übersetzung möglich, bei den Substantiven muss im Deutschen 'als' eingefügt werden.

b) Satzgliedfunktion

Das Prädikativum lässt sich, da es ein Vollverb näher erläutert, als Adverbiale auffassen; im Gegensatz zu anderen Adverbialien ist es jedoch – wie das Partizip – mit einem Bezugswort (hier: Cicero bzw. Hannibal) kongruent.

WORTFAMILIEN

potestas
|
posse, potest
|
potens, potentis
|
potentia

rex rec-te
| |
regere, reg-o, rex-i, rec-tum
|
reg-num
reg-ius
reg-io

liber-i
|
liber
|
liber-tus
liber-tinus
liber-are

W

scrībere	beschreiben, schreiben	dēserere	im Stich lassen, verlassen
mīles	Soldat	ferre	bringen, tragen; ertragen
adīre	herantreten (an), bitten	facilis	leicht (zu tun)
amīcus	Freund, politischer Anhänger	auctor	Anführer, Gründer, Ratgeber, Verfasser
inimīcus	feindlich; Feind		
petere	(auf)suchen, (er)streben, bitten, verlangen		

ut *Subj. m. Konj.*	dass, sodass, damit	
nē *Subj. m. Konj.*	dass nicht, damit nicht; dass (nach Ausdrücken des Fürchtens und Hinderns)	
cum *Subj. m. Konj.*	als, nachdem; weil; obwohl; während (dagegen)	
contendere, contendō, contendī	eilen; sich anstrengen, kämpfen; behaupten	
auxilium	Hilfe; *Pl.* Hilfstruppen	
conscrībere, conscrībō, conscrīpsī, conscrīptum	aufschreiben, verfassen	
mīlitēs conscrībere	Soldaten anwerben	
lībertās, lībertātis *f*	Freiheit	*e. liberty, f. liberté*
prīnceps, prīncipis *m*	der Erste, der führende Mann	*Prinz, e./f. prince*
vīcus	Dorf, Gasse	
amīcitia	Freundschaft	
dēmōnstrāre, dēmōnstrō	beweisen, darlegen	*demonstrieren, Demonstrativpronomen, e. to demonstrate*
addūcere, addūcō, addūxī, adductum	heranführen, veranlassen	
referre, referō, rettulī, relātum	(zurück)bringen, berichten	*Referat, Referent, Relation, relativ*
facile *Adv.*	leicht (zu tun)	
dēficere ā *m. Abl.*	abfallen von	
auctōritās, auctōritātis *f*	Ansehen, Einfluss, Macht	*Autorität, e. authority*
efficere, efficiō, effēcī, effectum	bewirken, herstellen	*effizient, Effekt, Koeffizient, e. efficient*
licentia	Freiheit, Willkür	*Lizenz, e./f. licence*
revocāre, revocō	zurückrufen	
adhūc *Adv.*	bis jetzt, noch	
timēre, nē	fürchten, dass	
novīs rēbus studēre	nach Umsturz streben	
castra, castrōrum *Pl.*	Lager	
poscere, poscō, poposcī	fordern, verlangen	

auxilia, auxiliarum die Hilfstruppen

deficere

studere, studeo,

→

centum *indekl.*	hundert	*Zenti-meter, Pro-cent, e. century, f. cent*
obses, obsidis *m/f*	Geisel	
cōnsīdere, cōnsīdō, cōnsēdī	sich setzen, sich niederlassen	
Treverī, Treverōrum	die Treverer (gallischer Stamm, der in der Gegend des heutigen Trier siedelte)	
Indutiomārus	Indutiomarus (ein Anführer des Stammes der Treverer)	
Cingetorīx, Cingetorīgis	Cingetorix (ein Anführer des Stammes der Treverer)	

Kulturwörter

LATEIN LEBT

libertas	*f. liberté*	*i. libertà*	*s. libertad*
princeps	*f. prince*	*i. principe*	*s. príncipe*

F

Verben: Konjunktiv Präsens

Aktiv	ā-Konjugation	ē-Konjugation	ī-Konjugation	kons. Konjugation	
1. Pers.	voc-e-m	mone-a-m	audi-a-m	ag-a-m	capi-a-m
2. Pers.	voc-ē-s	mone-ā-s	audi-ā-s	ag-ā-s	capi-ā-s
Sg.	usw.	usw.	usw.	usw.	usw.
Passiv					
1. Pers.	voc-e-r	mone-a-r	audi-a-r	ag-a-r	capi-a-r
2. Pers.	voc-ē-ris	mone-ā-ris	audi-ā-ris	ag-ā-ris	capi-ā-ris
Sg.	usw.	usw.	usw.	usw.	usw.

Zeichen für den Konjunktiv Präsens ist **-a-**, bei der a-Konjugation jedoch **-e-**.

Besonders zu beachten sind:

Konj. Präs. Akt.			Infinitiv
eam, eās	usw.	zu	īre
sim, sīs	usw.	zu	esse
possim, possīs	usw.	zu	posse
velim, velīs	usw.	zu	velle
nōlim, nōlīs	usw.	zu	nōlle
feram, ferās	usw.	zu	ferre

Vollständige Tabellen befinden sich im Tabellarium, S. 198 f., und S. 201 f.

Eine allgemein gültige deutsche Übersetzung für die Formen des lateinischen Konjunktiv Präsens kann nicht angegeben werden. In Hauptsätzen kann er mit 'mögen' umschrieben werden (z. B. capias: du mögest ergreifen).

S

Konjunktiv in Gliedsätzen

a) Gliedsätze als Objekt (Begehrsätze)

Te oro, ut mihi consilium des.
Ich bitte dich, dass du mir einen Rat gibst.
Ich bitte dich, mir einen Rat zu geben.

Te oro, ne abeas.
Ich bitte dich, dass du nicht weggehst.
Ich bitte dich, nicht wegzugehen.

Abhängige Begehrsätze enthalten Wünsche und Aufforderungen.
Bei der Wiedergabe im Deutschen wird der Indikativ oder der Infinitiv mit 'zu' verwendet.

Timeo, ne abeas.
Ich fürchte, dass du weggehst.

Nach Verben und Ausdrücken des Fürchtens (z.B. **timere, periculum est**) heißt **ne** (m. Konj.) 'dass'.

b) Gliedsätze als Adverbiale (Konsekutivsätze)

Tantus erat timor, *ut* omnes fugerent.
Die Angst war *so groß, dass* alle flohen.

Tantus erat timor, *ut* milites imperatori *non* parerent.
Die Angst war so *groß, dass* die Soldaten dem Feldherrn *nicht* gehorchten.

Die Subjunktion **ut** kann **konsekutive** Gliedsätze (Folgesätze) einleiten. Konsekutivsätze werden mit **non** verneint. Auf ein konsekutives **ut** weist im übergeordneten Satz meistens ein „Signalwort" wie **ita, tantus** o.Ä. hin. Der lateinische Konjunktiv wird mit deutschem Indikativ wiedergegeben.

c) Gliedsätze als Adverbiale (Finalsätze)

Omnes fugiebant, *ut* se servarent.
Alle flohen, *um* sich zu retten (*damit* sie sich retteten).

Omnes fugiebant, *ne* perirent.
Alle flohen, *um nicht* umzukommen.

Die Subjunktion **ut** kann auch **finale** Gliedsätze (Absichtssätze) einleiten.
Verneinte Finalsätze werden mit **ne** eingeleitet.
Im Deutschen wird der Finalsatz eingeleitet durch: 'dass (nicht)', 'damit (nicht)', 'um (nicht) zu'.

Der lateinische Konjunktiv wird im Deutschen mit Indikativ (oder Infinitiv) wiedergegeben.

Ein Wort – vier Bedeutungen:

W

grātiās agere	danken	virtūs	Tapferkeit, Tüchtigkeit, Vortrefflichkeit, Leistung; *Pl.* gute Eigenschaften, Verdienste
vītam agere	(sein) Leben führen		
līber	frei		
		tūtus	sicher
pūblicus	öffentlich, staatlich	flūctus	Flut, Strömung
mūrus	Mauer	aedis	Tempel

quantus, a, um ?	wie groß, wie viel ?	*Quantität, Quantum*
-ne *im indir. Fragesatz*	ob	
-ne ... an *im indir. Fragesatz*	ob ... oder	
num *im indir. Fragesatz*	ob	
beneficium	Wohltat	*Benefizspiel*
gerere, gerō, gessī, gestum	ausführen, führen, tragen	
rēs gestae, rerum gestarum Pl. f	Taten	
perficere, perficiō, perfēcī, perfectum	erreichen, fertig stellen, vollenden	*perfekt, perfektionieren, Perfektionist*
laetitia	Freude	
labōrāre *m. Abl.*	leiden (an)	
orbis terrārum 13	Erdkreis	
ars, artis *f (Gen. Pl.* -ium*)*	Eigenschaft, Fertigkeit, Kunst	*Artist, e./f. art*
prōvidēre, prōvideō, prōvīdī, prōvīsum (ut)	dafür sorgen (dass)	
apertus, a, um	offen, offenkundig	
ōtium	freie Zeit, Ruhe (von berufl. Tätigkeit); Frieden	
testis, testis *m/f (Gen. Pl.* -ium*)*	Zeuge	*Test, Testament, Attest, Testikel*
frūmentum	Getreide	
frūctus, frūctūs *m*	Ertrag, Frucht, Nutzen	*Frutti di mare, Fructose, e./f. fruit*
flūmen, flūminis *n*	Fluss	
villa	Haus, Landhaus	*Villa, Weiler, e. villa*
utrum ... an *im indir. Fragesatz*	ob ... oder	
S. 196 speciēs, speciēī *f*	Anblick, Aussehen, Schein	
aetās, aetātis *f*	Lebensalter, Zeitalter, Zeit	
efferre, efferō, extulī, ēlātum	herausheben, hervorbringen	*Elativ*
rēs pūblica	Staat	*Republik, e. republic, f. république*
specie	zum Schein	

Colōnia Augusta Treverōrum	Trier
Mosella	die Mosel
Rhēnus	der Rhein

F Verben: Konjunktiv Perfekt

	Aktiv	Passiv
1. Pers.	vocāv-eri-m	vocā-tus, a, um sim
2. Pers.	vocāv-eri-s	vocā-tus, a, um sīs
Sg.	usw.	usw.

Die Formen des Konjunktiv Perfekt werden in allen Konjugationen gleich gebildet.

Zeichen des Konjunktiv Perfekt Aktiv ist **-eri-**, das an den Perfektstamm angefügt wird.
Im Passiv steht nach der PPP-Form eine Form des Konjunktiv Präsens von **esse**.

Eine allgemein gültige deutsche Übersetzung für die Formen des lateinischen Konjunktiv Perfekt anzugeben ist nicht möglich.

Die Formen von **esse** lauten: **fuerim, fueris** usw.
Die Formen von **ire** lauten: **ierim, ieris** usw.

Vollständige Tabellen befinden sich im Tabellarium, S. 200 f.

S Gliedsätze als Objekt: Indirekte Fragesätze

In indirekten Fragesätzen steht im Lateinischen immer der Konjunktiv, im Deutschen meist der Indikativ.

a) Wortfragen

Nescio, *quid* feceris.
Ich weiß nicht, *was* du getan hast.

Nescio, *cur* discedas.
Ich weiß nicht, *warum* du weggehst.

Indirekte Wortfragen werden – wie direkte Wortfragen – mit Interrogativpronomina oder Adverbien eingeleitet.

b) Satzfragen

Te interrogo, *num* lingua Latina tibi placeat.
Ich frage dich, *ob* dir die lateinische Sprache gefällt.

Quaero, hoc*ne* verum sit.
Ich frage, *ob* dies wahr (richtig) ist.

Indirekte Satzfragen werden mit **num** oder **-ne** eingeleitet, die beide mit 'ob' oder 'ob nicht' übersetzt werden können.

c) Wahlfragen

Dubito, *utrum* haec vox vera *an* falsa sit.
Ich zweifle, *ob* diese Äußerung richtig *oder* falsch ist.

Indirekte Wahlfragen werden mit
- utrum ... an
- -ne ... an
- an

'ob ... oder' formuliert.

W

honōrī esse	Ehre verschaffen	neglegere	nicht (be)achten, vernachlässigen
sentīre	fühlen, meinen, wahrnehmen	retinēre	behalten, festhalten, zurückhalten
reperīre	(wieder) finden	adesse	da sein; helfen
colere	verehren, pflegen, bewirtschaften	occīdere	niederschlagen, töten
circum	rings um, um...herum	superāre	besiegen, überragen, übertreffen

iste, ista, istud *(Gen.* istīus, *Dat.* istī*)*	dieser (da)	
gaudiō esse	Freude bereiten	
vetus, veteris	alt	*Veteran*
dictum	Ausspruch	*Diktum, e. dictum*
grandis, e	alt; bedeutend, groß	*grandios, e./f. grand*
cultus, cultūs *m*	Bildung, Lebensweise	*Kultur, Kult, kultiviert*
sapere, sapiō, sapiī	Geschmack haben, Verstand haben	*f. savoir*
pār, paris	ebenbürtig, gleich	*Paar, Parität, paritätisch*
dextera	die rechte Hand, die Rechte	
gladius	Schwert	*Gladiole, Gladiator*
solēre, soleō *(m. Inf.)*	gewöhnlich etwas tun, gewohnt sein	
ferus, a, um	wild	*e. fierce*
oppūgnāre, oppūgnō	angreifen	
circumvenīre, circumveniō, circumvēnī, circumventum	umringen, umzingeln	
conservāre, conservō *(ā m. Abl.)*	retten (vor), bewahren	*konservativ, Konserve, e. to conserve*
vīvus, a, um	lebend, lebendig	*f. vif/vive*
barbarus, a, um	ausländisch, unzivilisiert; *Subst.* Ausländer, 'Barbar'	*Barbar, e. barbarian*
impetus, impetūs *m*	Angriff, Schwung	*Impetus, e. impetus*
occidere, occidō, occidī	umkommen, untergehen	*Okzident*

(Pūblius) Vergilius (Maro)	Vergil (römischer Dichter, 70–19 v. Chr.; Verfasser der Äneis)
(Pūblius) Terentius (Āfer)	Terenz (römischer Dichter, 185–159 v. Chr.; Verfasser verschiedener Komödien)

F

Demonstrativpronomen iste

iste dieser, der da

Das Demonstrativpronomen iste, ista, istud (*Gen.* istīus, *Dat.* istī usw.) wird dekliniert wie ille, illa, illud (vgl. 26 F **b**).

S

1 Demonstrativpronomen iste: Verwendung

Ista epistula me delectavit.
Dieser (dein / euer) Brief hat mich gefreut.

Iste fur in templum effugit.
Dieser Dieb (da) ist in den Tempel entkommen.

Iste bezeichnet eine Person oder Sache, die einem Angeredeten nahe ist (hier: **epistula**); manchmal hat es einen negativen oder verächtlichen Unterton (hier: **iste fur**).

2 Gliedsätze als Adverbiale (Übersicht)

Die meisten lateinischen Gliedsätze haben die Satzgliedfunktion des Adverbiales. Die Subjunktionen drücken die adverbiale Sinnrichtung des jeweiligen Gliedsatzes aus. Ob der lateinische Gliedsatz im Indikativ oder Konjunktiv steht, ist durch die Subjunktion (und ggf. durch die Sinnrichtung) festgelegt. Die folgende Übersicht enthält – gegliedert nach den Sinnrichtungen – die bisher bekannten Subjunktionen:

a) Temporalsätze

Indikativische Temporalsätze
werden eingeleitet mit:

cum	(zu der Zeit) als; (immer) wenn; als (plötzlich)
postquam (Ind. Perf.)	nachdem
ubi (primum) (Ind. Perf.)	sobald
dum (Ind. Präs.)	während
dum	solange; (so lange) bis

Konjunktivische Temporalsätze
werden eingeleitet mit:

cum	als, nachdem
dum	(so lange) bis

b) Kausalsätze

Indikativische Kausalsätze
werden eingeleitet mit:

quod / quia	weil

Konjunktivische Kausalsätze
werden eingeleitet mit:

cum	weil

c) Konditionalsätze

Konditionalsätze stehen im **Indikativ**
und werden eingeleitet mit:

si	wenn, falls (franz. *si*, engl. *if*)

d) Konsekutivsätze

Konsekutivsätze stehen im **Konjunktiv**
und werden eingeleitet mit:

ut	dass
ut non	dass nicht

e) Finalsätze

Finalsätze stehen im **Konjunktiv** und werden eingeleitet mit:

ut	dass, damit, um zu
ne	dass ... nicht, damit ... nicht, um ... nicht zu

f) Konzessivsätze

Indikativische Konzessivsätze werden eingeleitet mit:

quamquam	obwohl
etsi	auch wenn, obwohl

Konjunktivische Konzessivsätze werden eingeleitet mit:

cum	obwohl

g) Adversativsätze

Adversativsätze stehen im **Konjunktiv** und werden eingeleitet mit:

cum	während (dagegen)

3 Tempusgebrauch in konjunktivischen Gliedsätzen

Nescio, quid facias.
Ich weiß nicht, was du tust.

Nescio, quid feceris.
Ich weiß nicht, was du getan hast.

Nesciebam, quid faceres.
Ich wusste nicht, was du tust/tatest.

Nesciebam, quid fecisses.
Ich wusste nicht, was du getan hast/hattest.

Im Lateinischen gibt es feste Regeln für den Gebrauch der Tempora in konjunktivischen Gliedsätzen. Danach ergibt sich aus dem Tempus im Hauptsatz und im konjunktivischen Gliedsatz eindeutig das Zeitverhältnis, in dem die Handlung des Gliedsatzes zu der des Hauptsatzes steht.

Hauptsatz	Gliedsatz	Zeitverhältnis
Präsens/Futur	Konjunktiv Präsens	gleichzeitig
	Konjunktiv Perfekt	vorzeitig
alle Vergangenheitstempora	Konjunktiv Imperfekt	gleichzeitig
	Konjunktiv Plusquamperfekt	vorzeitig

KONTEXT

Die unterschiedlichen Bedeutungen von cum:

Claudia cum Marco amicos exspectat.	Claudia wartet zusammen mit Markus auf die Freunde.
Claudia cum amicos exspectat, gaudet.	Immer wenn Claudia Freunde erwartet, freut sie sich.
Claudia cum amicos exspectet, gaudet.	Weil Claudia Freunde erwartet, freut sie sich.
Cum Claudia diu exspectaret, amici non venerunt.	Obwohl Claudia lange wartete, kamen die Freunde nicht.
Cum Claudia diu exspectavisset, amici tandem venerunt.	Nachdem Claudia lange gewartet hatte, kamen endlich die Freunde.

Acca 11 Acca (Frau des Hirten Faustulus, zog mit ihm zusammen Romulus und Remus auf)

aedīlis, is *m* 36 Ädil (röm. Beamter; ursprünglich gab es zwei plebejische Ädilen, die die Aufgabe der Bewachung des Archivs im Cerestempel sowie die Polizeigewalt innerhalb der Stadt innehatten. Im Jahre 366 v. Chr. kamen zwei patrizische Ädilen hinzu, denen die Besorgung der großen Spiele und die Beaufsichtigung der Tempel oblag. Allen vier Beamten gemeinsam war die Aufsicht über die öffentlichen Gebäude, Thermen, Wasserleitungen, Straßen, Verkehr und das Bauwesen. Sie überwachten die Märkte und die Getreidezufuhr und -verteilung. Das Mindestalter betrug 37 Jahre.)

Aegyptus *f* 16 Ägypten (röm. Provinz seit 30 v. Chr.)

(L.) Aemilius Paullus 26 Lucius Aemilius Paullus (röm. Politiker und Feldherr; besiegte 168 v. Chr. den Makedonenkönig Perseus in der Schlacht bei Pydna)

Aenēās, ae *m* 21, 34 Äneas (trojanischer Held, Sohn der Venus und des Anchises, Stammvater der Römer; nach der Zerstörung Trojas musste er gemeinsam mit seinem Vater, seinem Sohn Askanius und seinen Gefährten lange Irrfahrten bestehen, bis er zu der von den Göttern geweissagten neuen Heimat Italien gelangte; vgl. „**Vergilius**")

Aeschylus 32, 33 Aischylos (griech. Tragödiendichter aus Athen, 525-456 v. Chr.; Werke u.a.: *„Die Perser"*, *„Agamemnon"*, *„Sieben gegen Theben"*, *„Die Schutzflehenden"*. Die Grundaussagen seiner Stücke spiegeln die moralischen Vorstellungen seiner Zeit wider: Ungesühnte Schuld vererbt sich fort, oft über Generationen, und erzeugt neue Schuld. Großes menschliches Glück kann zur Überheblichkeit (griech. **hybris**) führen, die in der Vernichtung enden muss.)

Āfrica 14, 36 Afrika (Die Römer verstanden darunter in erster Linie das ihnen bekannte Nordafrika, röm. Provinz seit der Zerstörung Karthagos im Jahr 146 v. Chr.)

Alesia 40 Alesia (Stadt in Gallien, Schauplatz der letzten Schlacht zwischen Cäsar und Vercingetorix 52 v. Chr. Cäsar ließ die Stadt belagern und aushungern, bis sich Vercingetorix und die Gallier ergaben.)

Alexandrīa 16, 35, 37 Alexandria (bedeutendste ägyptische Hafenstadt mit der vorgelagerten Insel Pharos, auf der einer der berühmtesten Leuchttürme der Antike stand. Er wurde im 3. Jh. v. Chr. erbaut und galt als eines der sieben Weltwunder.)

Alpēs, ium *f* 13, 20 die Alpen

Anchīsēs, is *m* 21, 34 Anchises (Vater des Äneas)

Antigona 32 Antigone (Tochter des Ödipus; sie widersetzte sich dem Verbot ihres Onkels Kreon, den Leichnam ihres Bruders Polyneikes zu bestatten, und musste dafür mit dem Leben bezahlen.)

Antiochīa 35 Antiochia (Hafenstadt in Syrien)

(M.) Antōnius 15, 26 Marcus Antonius (83 – 30 v. Chr.; einflussreicher röm. Politiker und Feldherr, Anhänger Cäsars und Widersacher Ciceros, den er 43 v. Chr. ermorden ließ. Im Kampf um die Vorherrschaft unterlag er Oktavian / Augustus 31 v. Chr. in der Schlacht bei Aktium und beging daraufhin Selbstmord.)

Apīcius 6 Apicius (röm. Schriftsteller im 3. / 4. Jh. n. Chr., Verfasser eines Kochbuches)

Apollō, inis *m* 20, 23 Apollon (Gott des Lichts, der Musik und Künste sowie der Heilkunst und Weissagung, Sohn des Jupiter und der Latona, Zwillingsbruder der Diana / Artemis. In der griech. Stadt Delphi befand sich sein berühmtestes Heiligtum mit Orakelstätte.)

Argos *n* 32 Argos (Hauptstadt der griech. Landschaft Argolis im Osten der Peloponnes)

Aristophanēs, is *m* 32, 33 Aristophanes (griech. Komödiendichter, ca. 452 – 388 v. Chr. Seine Komödien sind gespickt mit ironisch-kritischen Anspielungen auf das Alltagsleben und die Tagespolitik seiner Heimatstadt Athen. Werke u.a.: *„Die Wolken"*, *„Die Frösche"*, *„Die Vögel"*, *„Lysistrata"*)

Aristotelēs, is *m* 31 Aristoteles (griech. Philosoph, 384 – 322 v. Chr.; Schüler Platons und Lehrer Alexanders des Großen; gründete eine Philosophenschule in Athen, den *„Peripatos"*; Werke u.a.: *„Politik"*, *„Nikomachische Ethik"*, *„Metaphysik"*, *„Poetik"*)

Artemis, idis *f* 37 Artemis (vgl. „**Diana**")

Artemīsia 37 Artemisia (Ehefrau des Mausolos von Halikarnass, dem sie nach seinem Tod Mitte des 4. Jh.s v. Chr. ein prächtiges Grabmal, das „Mausoleum", bauen ließ)

Ascanius 21, 34 Askanius bzw. Julus (Sohn des Äneas)

Asia (minor) 36 Kleinasien (seit 129 v. Chr. röm. Provinz)

Athēna 34 Athene (Schutzgöttin Athens; vgl. „**Minerva**")

Athēnae, ārum 18 Athen (bedeutende Stadt in Griechenland)

Augusta Treverōrum 38, 41, 42 Trier (um 16 v. Chr. von den Römern unter Kaiser Augustus in der Nähe eines Stammesheiligtums der keltischen Treverer gegründet. Gegen Ende des 3. Jh.s n. Chr. machte Kaiser Diokletian Trier zur röm. Kaiserresidenz und Hauptstadt des weström. Teilreiches. Aus dieser Zeit stammen viele historische Bauwerke, wie die mächtige Porta Nigra, die Römerbrücke, das Amphitheater, die Basilika und die Kaiserthermen.)

Augusta Vindelicōrum 42 Augsburg (anlässlich des nach Rätien führenden Eroberungsfeldzuges entstand 15 v. Chr. durch ein Militärlager die Keimzelle der Stadt; später Hauptstadt der römischen Provinz **Raetia** (u. a. Ost-Württemberg, Schwaben, Ober- und Niederbayern). Der Beiname bezieht sich auf den keltischen Volksstamm der Vindeliker, die in diesem Teil Rätiens ansässig waren.)

(Imperātor Caesar dīvī fīlius) Augustus 22 Augustus (63 v. Chr.–14 n. Chr., erster röm. Kaiser, ursprüngl. Name Gaius Octavius, Großneffe und Adoptivsohn Julius Cäsars; nach Cäsars Tod kämpfte er mit Marcus Antonius um die Alleinherrschaft; 31 v. Chr. Sieg in der Schlacht bei Aktium; 27 v. Chr. verlieh ihm der Senat den Ehrentitel **Augustus** („der Erhabene"), dieses Datum gilt als Beginn des römischen Kaisertums bzw. als Ende der römischen Republik. Augustus ordnete und befriedete das Reich innen- und außenpolitisch, förderte Kunst und Wissenschaften. Die Gesamtheit seiner Leistungen legte er selbst in einem Rechenschaftsbericht nieder. Dieses Werk, die „**res gestae**", wurde in Form einer großen Inschrift auf Bronzetafeln vor seinem Mausoleum aufgestellt; Kopien der Inschrift wurden in den Provinzen aufgestellt. Erhalten ist die Fassung aus der kleinasiatischen Stadt **Ancyra** (h. Ankara), weshalb das Werk auch als **Monumentum Ancyranum** bezeichnet wird.)

Babylōn, ōnis *f* 37 Babylon (Hauptstadt Babyloniens am Euphrat; Babylons Stadtmauern und die terrassenartig angelegten „Hängenden Gärten" der babylonischen Königin Semiramis gehörten zu den sieben Weltwundern.)

Bacchus 32 Bacchus (röm. Gott des Weines; griech. Name: Dionysos; ihm zu Ehren wurden in Athen jährlich Theateraufführungen veranstaltet)

basīlica Iūlia 3 Basilika Julia (Halle, die ab 54 v. Chr. von der Familie der Julier auf dem Forum Romanum errichtet wurde, sie beherbergte eine Gerichtshalle und Ladengeschäfte.)

Bellōna 23 Bellona (röm. Kriegsgöttin, Schwester des Mars)

Brundīsium 18, 19 Brindisi (Stadt im Süden Italiens, am „Stiefelabsatz", röm. Flottenstützpunkt und Endpunkt der Via Appia; von Brundisium liefen vor allem die Schiffe mit dem Reiseziel Griechenland aus.)

(L. Iūnius) Brūtus 12 Lucius Iunius Brutus (Freund des Collatinus und seiner Frau Lukretia; um 500 v. Chr. Anführer der Verschwörer gegen den letzten röm. König Tarquinius Superbus; danach erster röm. Konsul)

(M. Iūnius) Brūtus 16, 26 Marcus Iunius Brutus (röm. Senator, einer der Mörder Cäsars am 15. März 44 v. Chr.; beging nach der Schlacht bei Philippi 42 v. Chr. Selbstmord)

Cācus 20 Kakus (Riese, der Herkules einige Rinder stahl und dafür von ihm getötet wurde)

(M.) Caelius (Rūfus) 33 Marcus Caelius Rufus (junger Patrizier, hatte ein Verhältnis mit der älteren und einflussreichen Clodia)

(C. Iūlius) Caesar, aris *m* 16, 26, 34, 37, 39, 40 Gaius Iulius Caesar (100–44 v. Chr., Eroberer Galliens von 58–51 v. Chr.; als Politiker strebte er die Alleinherrschaft in Rom an; kämpfte in dem von ihm ausgelösten Bürgerkrieg gegen Pompejus und die Senatspartei; Sieg in der Schlacht bei Thapsus 46 v. Chr. Am 15. März 44 v. Chr. wurde er von einer Gruppe röm. Senatoren ermordet, die in ihm einen Tyrannen sahen. Cäsar war auch als Schriftsteller tätig: „**De bello Gallico**", „**De bello civili**")

Calpurnia 16, 29 1. Calpurnia (Ehefrau Cäsars) – 2. Calpurnia (Ehefrau des röm. Schriftstellers Gaius Plinius Caecilius Secundus)

Calypsō, ūs *f* 29 Kalypso (Nymphe auf der Insel Ogygia, wo Odysseus auf seinen Irrfahrten strandete; sie verliebte sich in ihn, behielt ihn sieben Jahre bei sich, musste ihn dann aber auf Befehl des Zeus/Jupiter wieder ziehen lassen.)

Campus Mārtius 25 das Marsfeld (ursprünglich ein außerhalb der Stadtgrenze Roms gelegenes militärisches Übungsfeld und politischer Versammlungsort; später wurde das Marsfeld mit prachtvollen öffentlichen Gebäuden ausgeschmückt.)

Cannae, ārum *f Pl.* 13, 14, 23 Kannä (Stadt in Italien, Schauplatz der Schlacht 216 v. Chr., bei der die Römer dem karthagischen Feldherrn Hannibal unterlagen)

Capitōlium 8, 26 Kapitol (einer der sieben Hügel Roms; heiligster Ort Roms, denn hier stand der Tempel des **Iuppiter Optimus Maximus** und seiner Begleiterinnen Juno und Minerva („Kapitolinische Trias").)

Capua 18, 19 Capua (Stadt im westlichen Mittelitalien)

Cāria 37 Karien (Landschaft im Südwesten von Kleinasien)

Carthāgō, inis *f* 13, 14, 21 Karthago (Stadt in Nordafrika, in der Nähe des heutigen Tunis, erbitterte Konkurrentin Roms im Kampf um die Beherrschung des Mittelmeerraumes; nach dem Ende des 3. Punischen Krieges 146 v. Chr. von den Römern zerstört)

(C.) Cassius (Longīnus) 26 Cassius (röm. Prätor, einer der Mörder Cäsars am 15. März 44 v. Chr.; beging nach der Schlacht bei Philippi 42 v. Chr. Selbstmord.)

Castra Rēgina 42 Regensburg (179 n. Chr. von den Römern gegründet, hervorgegangen aus einem seit ca. 90 n. Chr. bestehenden Kohortenkastell)

(L. Sergius) Catilīna *m* 15 Catilina (röm. Adliger, Anführer der Verschwörung 63/62 v. Chr.)

(M. Porcius) Catō, ōnis *m* 9, 14, 25, 31 Marcus Porcius Cato (röm. Politiker und Schriftsteller 234–149 v. Chr.; 184 v. Chr. hatte er die Zensur inne und erfüllte diese mit besonderer Sittenstrenge; Verfasser eines Buchs über die Landwirtschaft „**De agricultura**"; war griechischen (insbesondere philosophischen) Einflüssen gegenüber feindselig eingestellt; warnte die Römer nach dem 2. Punischen Krieg vor einem Wiedererstarken Karthagos und forderte wiederholt die endgültige Zerstörung der Stadt.)

(mōns) Caucasus 25 der Kaukasus (Gebirge zwischen Schwarzem und Kaspischem Meer)

(Tib. Iūlius) Celsus (Ptolemaeānus) 35 Celsus (römischer Senator; nach ihm benannt ist die Celsusbibliothek in Ephesos. Sie bot Platz für rund 12.000 Buchrollen und diente gleichzeitig als Grabmal für den wahrscheinlich 117 n. Chr. Verstorbenen. Sein Sohn stiftete für ihn den Bibliotheksbau und umging damit das in römischer Zeit geltende Gesetz, nach dem Gräber nicht im Stadtgebiet angelegt werden durften.)

Celtae, ārum *m Pl.* 39, 42 die Kelten

cēnsor, ōris *m* 25 Zensor (röm. Beamter; zwei Zensoren, die Konsuln gewesen sein mussten. Sie wurden alle fünf Jahre für eine achtzehnmonatige Amtszeit gewählt. Sie überwachten die öffentliche Sittlichkeit, erstellten das Staatsbudget und führten die Volkszählung auf dem Marsfeld und die Vermögensschätzung durch. Außerdem hatten sie das Recht, Senatoren wegen liederlichen Lebenswandels aus dem Senat auszustoßen (**senatu movere**). Am Ende ihrer Amtszeit führten sie die feierliche Entsühnung (**lustratio**) des Volkes durch und opferten den Göttern einen Eber, einen Widder und einen Stier (**suovetaurilia**). Der bekannteste Träger dieses besonders angesehenen Amtes war der wegen seines strengen Amtsverständnisses gefürchtete **Cato Censorius**.)

Charybdis, is *f* 29 Charybdis (Strudel, der zusammen mit dem gegenüber hausenden Ungeheuer Skylla die Meerenge zwischen Sizilien und dem italienischen Festland für durchfahrende Schiffe gefährlich machte; als Odysseus ihr auswich, verlor er sechs Männer an Skylla.)

Chloë *f* 20 Chloë (Hirtenmädchen, Geliebte des Daphnis im Roman „**Daphnis und Chloë**" des Longos)

(M. Tullius) Cicerō, ōnis *m* 15, 16, 33, 36, 42 Marcus Tullius Cicero (röm. Politiker, Redner, Philosoph und Schriftsteller, 106–43 v. Chr.; während seines Konsulats im Jahr 63 v. Chr. kam es zur Catilinarischen Verschwörung, die von Cicero aufgedeckt und vereitelt wurde. Als Antwalt und Politiker hielt er zahlreiche literarisch bedeutsame Reden, die erhalten sind (u.a. 4 Reden „**In Catilinam**", 10 Reden „**In Marcum Antonium**"). Er stellte durch mehrere Schriften die röm. Beredsamkeit auf ein breites theoretisches Fundament (u.a. „**De oratore**"). Er vermittelte den Römern durch seine philosophischen Schriften die griech. Philosophie (u.a. „**Tus-**

culanae disputationes", „De re publica", „De officiis", „De finibus bonorum et malorum", De natura deorum"). Bedeutend als historische Quelle ist auch die Sammlung seiner Briefe an Familienangehörige und Freunde (u.a. „Epistulae ad familiares"). Das Latein Ciceros gilt als Höhepunkt der klassischen röm. Kunstprosa. Cicero war ein entschiedener Befürworter der alten röm. Republik und geriet daher in Konflikt mit Cäsar und Marcus Antonius; auf Betreiben des Letzteren wurde Cicero ermordet.)

Circē, ēs *f* 29 Kirke (Nymphe und Zauberin auf der Insel Aea, wo Odysseus und seine Gefährten strandeten; diese verwandelte Kirke in Schweine; auf Drängen des Odysseus, in den sie sich verliebt hatte, machte sie die Verwandlung jedoch rückgängig.)

Circus Maximus 2 Circus Maximus (größte Rennbahn Roms zwischen den Hügeln Palatin und Aventin, angeblich bereits im 6. Jh. erbaut, später von Cäsar erneuert)

Cleopatra 16 Kleopatra VII. (letzte Königin Ägyptens von 51–30 v. Chr.; war von ihrem Bruder und Mitregenten Ptolemaios XIII. verstoßen; wurde aber von Cäsar, den die Verfolgung des Pompejus nach Ägypten geführt hatte, wieder eingesetzt. Kleopatra hatte zuerst ein Verhältnis mit Cäsar, dann mit Antonius; 31 v. Chr. unterlagen sie und Antonius dem Heer des Oktavian/Augustus bei Aktium, beide begingen daraufhin Selbstmord.)

Clōdia 33 Clodia (bekannte römische Patrizierin, deren Lebenswandel von Cicero attackiert wurde, um ihren politischen Einfluss zu schwächen)

(L. Tarquinius) Collātīnus 12 Lucius Tarquinius Collatinus (Ehemann der Lukretia, die von Sextus Tarquinius vergewaltigt wurde, was die Vertreibung der Tarquinier aus Rom auslöste)

(Flāvius Valērius) Cōnstantīnus 27 Konstantin der Große (röm. Kaiser von 306–337 n. Chr.; gründete 330 n. Chr. das alte Byzanz unter den Namen Konstantinopel neu und erhob es zur Hauptstadt des röm. Reiches. 313 n. Chr. erließ er in Mailand ein Edikt zum Schutz der Christen.)

cōnsul, cōnsulis *m* 5 Konsul (röm. Beamter; mit dem 43. Lebensjahr konnte das Konsulat, das höchste zivile und militärische Amt, ausgeübt werden. Dieses war für eine einjährige Amtszeit auf zwei Konsuln auf-geteilt. Jeder Konsul konnte die Beschlüsse und Maßnahmen des jeweils anderen durch sein Veto behindern. In Rom lösten die Konsuln einander monatlich im Senatsvorsitz ab, im Krieg wechselte sogar täglich der berbefehl. Sie standen den Senatssitzungen vor, brachten Gesetzesanträge ein und überwachten die Durchführung der Beschlüsse und Gesetze. Außerdem hatten sie die **auspicia** (Feststellung des Willens der Götter durch Vogelschau etc.), die Einweihung von Tempeln und die Opfer zu vollziehen. Nach ihrem Amtsjahr wurden Konsuln in die Provinzen als Statthalter mit militärischem Kommando entsandt (**pro consule**). Ehemalige Konsuln, die so genannten **consulares**, bildeten eine besonders einflussreiche Gruppe im Senat.)

Cornēlia 14 Cornelia (Tochter des Scipio Africanus und Mutter der Gracchen; schon zu Lebzeiten berühmt und später das Idealbild einer tugendhaften und ehrenvollen Mutter. Nach dem Tod ihres Mannes widmete sie sich der Verwaltung ihres Gutes und der Erziehung ihrer Kinder. Noch im Alter hat sie ihre Söhne politisch beeinflusst.)

Creōn, ntis *m* 32 Kreon (Schwager des Ödipus, Onkel der Antigone und der Ismene; er ließ Antigone töten, die sich seinem Befehl widersetzt hatte, den toten Polyneikes unbestattet zu lassen.)

Crēta 33 Kreta (griech. Insel)

Creūsa 34 Krëusa (Ehefrau des Äneas und Mutter des Askanius; kam während der Eroberung und Zerstörung Trojas ums Leben. In Vergils „**Aeneis**" spricht ihr Geist zu Äneas von dem vor ihm liegenden Geschick.)

Croesus 23 Krösus (letzter König von Lydien (Kleinasien), Mitte des 6. Jh.s v. Chr., berühmt durch seinen unermesslichen Reichtum; er wagte, durch ein zweideutiges Orakel ermutigt, einen Feldzug gegen das aufstrebende Perserreich unter König Kyros dem Großen. Die Niederlage des Krösus war das Ende des Lyderreiches.)

(Q.) Cūrius 15 Quintus Curius (Anhänger des Catilina im Jahr 63 v. Chr., verriet über seine Geliebte Fulvia dem Cicero die Pläne der Verschwörer)

Cyclōpēs, um *m Pl.* 29 Zyklopen (einäugige wilde Riesen, Schmiedegehilfen des **Vulcanus**; einer von ihnen, Polyphem, fraß sechs Gefährten des Odysseus, bevor dieser ihn blendete und ihm das Auge ausstach.)

Daphnis, idis *m* 20 Daphnis (sizilischer Hirte, der wegen seiner Schönheit von den Nymphen geliebt wurde; Titelfigur des Hirten- und Liebesromans „**Daphnis und Chloë**" von Longos im 2./3. Jh. n. Chr.)

politischen Geschehens weichen. Basiliken wurden errichtet, in denen die Gerichte tagten und Geschäfte abgewickelt wurden. Mit Beginn der Kaiserzeit erlebte das Forum Romanum seine größte Prachtentfaltung.)

Francī, cōrum 42 die Franken (germanischer Volksstamm, drangen im 4.-6. Jh. vom Nieder- und Mittelrhein aus in linksrheinische Gebiete und nach Gallien vor. Im 5. Jh. lösten sie die Römer als Machthaber in Gallien ab und hatten schließlich im 6. Jh. das ganze Gebiet des heutigen Frankreich unter ihrer Herrschaft vereinigt.)

Fulvia 15 Fulvia (Geliebte des Q. Curius; überbrachte Cicero die Mordpläne des Catilina und seiner Verschwörer, 63 v. Chr.)

Gallī, ōrum 26 die Gallier

Gallia 16, 38-42 Gallien (Land der Gallier/Kelten, die in der 1. Hälfte des 1. Jt.s v. Chr. von Osten eingewandert waren; umfasste Oberitalien (**Gallia cisalpina**, 222-191 v. Chr. von Rom unterworfen) und das heutige Frankreich und Belgien (**Gallia transalpina**, 58-51 v. Chr. von Cäsar unterworfen). Seit dem 3. Jh. n. Chr. kam es zu Germaneneinfällen. Im 5. Jh. beseitigten die Franken die letzten Reste römischer Herrschaft.)

(Aulus) Gellius 37 Gellius (röm. Schriftsteller, um 130 n. Chr. - um 180 n. Chr., Autor der „**Noctes Atticae**" in 20 Büchern: Sein Werk ist eine Art Bildungs- und Unterhaltungslexikon. Behandelt werden Philosophie, Geschichte, Rechtswesen, Grammatik, Literatur und Altertumskunde.)

Germānia 40-41 Germanien

Geryōn, ōnis *m* 20 Geryon (dreileibiger Riese auf der Insel Erythea, unterlag Herkules im Kampf und verlor seine Rinderherde an ihn)

Gīza 37 Gizeh (Ort bei Memphis am Nil in Ägypten, an dem die Pyramiden des Cheops und des Chephren stehen; diese zählten zu den sieben Weltwundern.)

(C. Semprōnius) Gracchus 14 Gaius Gracchus (Sohn der Scipio-Tochter Cornelia, jüngerer Bruder des Tiberius Gracchus, röm. Politiker; seine Versuche, die Reformen seines Bruders fortzusetzen und darüber hinaus den Provinzbewohnern und den italischen Bundesgenossen mehr Rechte einzuräumen, scheiterten und führten zu Unruhen in Rom; endete 121 v. Chr. durch Selbstmord.)

(Tib. Semprōnius) Gracchus 14 Tiberius Gracchus (Sohn der Scipio-Tochter Cornelia, älterer Bruder des Gaius Gracchus, röm. Politiker; wollte durch neue Ackergesetze den Großgrundbesitz einschränken und das Land an Kleinbauern verteilen; deshalb von Anhängern der Senatspartei 133 v. Chr. erschlagen.)

Graecī, ōrum 17, 31 die Griechen

Graecia 9, 19 Griechenland

Graecus, a, um 31 griechisch

(P. Aelius) Hadriānus 35, 38 Hadrian (röm. Kaiser 117-138 n. Chr.; seine Regierung war geprägt von ausgedehnten Reisen durch die röm. Provinzen, darunter zwei Jahre Aufenthalt in der von ihm bevorzugten Stadt Athen. 130 n. Chr. ertrank während eines Aufenthaltes in Ägypten sein Geliebter, der damals 20-jährige Antinoos, im Nil. Hadrian gründete an der Stelle seines Todes die Stadt Antinoopolis und ließ ihm göttliche Ehren zuteil werden. Sein Hauptziel war die Sicherung des Friedens und der Reichsgrenzen (u.a. 122 n. Chr. Errichtung des Hadrianswalls im nördlichen Britannien). Mit seinem ausgeprägten Sinn für Kunst und Kultur übertraf Hadrian alle anderen Kaiser und förderte viele bedeutsame Bauprojekte in Rom (z.B. das Pantheon) und in den Provinzen. Sein Mausoleum (die heutige Engelsburg in Rom) ist erhalten.)

Halicarnassus *f* 37 Halikarnassos (Stadt im Südwesten des kleinasiatischen Karien; berühmt durch eines der sieben Weltwunder, das „Mausoleum" des Königs Mausolos)

Halys, yos *m* 23 Halys (längster Fluss in Kleinasien, Grenzfluss zwischen Lydien und Persien)

Hamilcar, aris *m* 13 Hamilkar (Vater des Hannibal; karthagischer Feldherr im 1. Punischen Krieg 264-241 v. Chr.)

Hannibal, alis *m* 13, 14, 23 Hannibal (Sohn des Hamilkar, 247-183 v. Chr.; Feldherr der Karthager im 2. Punischen Krieg 218-202 v. Chr. Sein Vater Hamilkar brachte ihn 237 v. Chr. nach Spanien, nachdem er ihn ewigen Hass auf Rom hatte schwören lassen. Hannibals kühner Plan, den Krieg gegen Rom in Italien auszutragen (Alpenübergang), brachte die Römer mehrfach an den Rand des Zusammenbruchs. Nach sechzehn Kriegsjahren in Italien musste er 203 v. Chr. mit seinem unbesiegten Heer nach Afrika zurückkehren, um Karthago gegen einen Angriff der Römer zu verteidigen. 202 v. Chr. wurde er von Scipio in der Schlacht bei Zama besiegt. 183 v. Chr. nahm sich Hannibal, verfolgt von den auf Rache sinnenden Römern, das Leben.)

Helena 17 Helena (Frau des Spartanerkönigs Menelaos; wurde vom Trojaner Paris geraubt, was den Trojanischen Krieg auslöste)

Helicē, ēs *f* 30 Helike (griech. Küstenstadt am korinthischen Golf; wurde 372 v. Chr. von einem Erdbeben vernichtet)

Herculēs, is *m* 18, 20, 38 Herkules (griech. Sagenheld mit übermenschlichen Kräften, Sohn des Zeus/Jupiter und der Alkmene; um sich von einer im Wahnsinn begangenen Freveltat reinzuwaschen, musste er im Auftrag von Eurystheus, dem König von Tiryns, die berühmten „zwölf Arbeiten" vollbringen; griech. Name: Herakles)

Herodotus 23 Herodot (um 490 – um 425 v. Chr., griech. Historiker aus der kleinasiatischen Stadt Halikarnassos, Autor der „**Historien**" (9 Bücher). In ihnen beschreibt Herodot vor allem die Auseinandersetzungen zwischen Griechenland und Asien; den Höhepunkt des Werkes bilden die Perserkriege. Von Cicero und anderen wird er als „Vater der Geschichtsschreibung" bezeichnet.)

Hippolytus 33 Hippolytos (Sohn des Theseus aus erster Ehe; in ihn war die zweite Frau seines Vaters, Phädra, unglücklich verliebt.)

Historia Augusta 38 die Historia Augusta (Sammlung von Biographien röm. Kaiser von Hadrian bis Diokletian (117 – 285 n.Chr). Die einzelnen Lebensbeschreibungen werden sechs Autoren zugeschrieben und sind vermutlich im 4. Jh. n. Chr. zur Regierungszeit Konstantins entstanden.)

Homērus 29, 30 Homer (ältester griech. Dichter; unter seinem Namen sind die beiden bedeutendsten griech. Epen, die „**Ilias**" und die „**Odyssee**", überliefert.)

Iānus 24 Janus (Gott des Eingangs und Ausgangs, beschützte die röm. Stadttore)

Īlias, adis *f* 29 die Ilias (Epos des griech. Dichters Homer über den Trojanischen Krieg)

Iocasta 32 Jokaste (Mutter des Ödipus, Frau des Lajos; heiratete nach dem Tod des Lajos in Unwissenheit den eigenen Sohn; zusammen mit Ödipus ist sie die Mutter von Polyneikes, Eteokles, Antigone und Ismene. Als sie erfuhr, dass sie ihren Sohn geheiratet hatte, erhängte sie sich.)

Iōnia 30 Jonien (Landschaft an der Westküste Kleinasiens; oft Synonym für ganz Kleinasien)

Ismēna 32 Ismene (Tochter des Ödipus und der Jokaste; Schwester der Antigone)

Italia 13 Italien

Italicus, a, um 35 aus Italien stammend („italisch", nach den Italern, die im Gebiet des heutigen Italien lebten)

Ithaca 29 Ithaka (griech. Insel im Jonischen Meer; Heimat des Odysseus)

Iūnō, ōnis *f* 8, 20, 21, 28 Juno (Gemahlin Jupiters; Schützerin der Ehe und der Frauen; griech. Name: Hera)

Iuppiter, Iovis *m* 8, 15, 20, 21, 24, 25, 28 Jupiter (höchster Gott der Römer, griech. Name: Zeus. Möglicherweise haben bereits die Etrusker den Kult des **Iuppiter Optimus Maximus** in Rom eingeführt, worin der Gott (in seinem Tempel auf dem Kapitol) zusammen mit Juno und Minerva die Kapitolinische Trias bildete. Jupiter in seiner Rolle als röm Staatsgott: Im Jupiter-Tempel brachten die röm. Beamten am Anfang ihres Amtsjahres Opfer dar und die siegreichen Feldherrn legten dort ihre Beutestücke nieder. Die erste Senatssitzung eines jeden Jahres fand ebenfalls dort statt.)

Lāius 32 Lajos (König von Theben, Vater des Ödipus, wurde seinem Sohn, der ihn nicht kannte, im Affekt erschlagen)

Lāocoōn, Lāocoōntis *m* 21 Laokoon (trojanischer Priester; warnte die Trojaner vergeblich vor dem hölzernen Pferd der Griechen; er und seine beiden Söhne wurden daraufhin auf Geheiß der Athena/Minerva, die auf Seiten der Griechen stand, von zwei Seeschlangen erwürgt.)

Lārēs, um *m Pl.* 8, 24 Laren (röm. Gottheiten, die Haus und Familie beschützten)

Latīnus, a, um 21, 24, 35 lateinisch („latinisch", nach der Landschaft Latium und dem Stamm der Latiner, die in Mittelitalien siedelten)

Lāvinīa 22 Lavinia (zweite Frau des Äneas)

librī Sibyllīnī 27 die Sibyllinischen Bücher (Bücher, die Weissagungen enthielten und in Notzeiten von einem Priesterkollegium eingesehen wurden)

līctor, ōris *m* 12, 25 Liktor (Amtsdiener, die höheren röm. Beamten und Priestern voranschritten; sie trugen als Zeichen der Amtsgewalt ein Rutenbündel mit Beil (**fasces**) auf der linken Schulter. Dieses symbolisierte das Recht des Beamten, Verhaftungen und Strafen – in früherer Zeit auch Hinrichtungen – anzuordnen. Die Liktoren hatten die Aufgabe, die Ankunft des Beamten anzukündigen und ihm einen Weg durch die Menge zu bahnen, nur Vestalinnen und verheiratete Römerinnen brauchten ihm nicht Platz zu machen. Ein Diktator hatte 24 Liktoren, ein Konsul 12, Prätoren 6 bei sich.)

(T.) Līvius 11, 12, 13, 15, 23, 24, 25, 26 Livius (röm. Geschichtsschreiber, 59 v. Chr.–17 n. Chr.; beschrieb die Geschichte Roms – von der Gründung Roms bis auf die eigene Zeit – in seinem 142 Bücher umfassenden Werk „**Ab urbe condita**". Livius will nicht nur die Taten und die Größe Roms aufzeigen, sondern auch den Niedergang der Sitten, der für die politischen Wirren des 1. Jh.s v. Chr. verantwortlich war: Der Leser soll aus der Geschichte lernen.)

Lucrētia 12 Lukretia (Frau des Collatinus; wurde von Sextus Tarquinius vergewaltigt, was die Vertreibung der Tarquinier als Herrscher von Rom nach sich zog)

(T.) Lucrētius (Cārus) 31 Lukrez (röm. Schriftsteller und Philosoph, 98–55 v. Chr.; verfasste das Lehrgedicht „**De rerum natura**" in 6 Büchern. Lukrez stellt in Versform die Lehren der epikureischen Naturphilosophie dar. Als Jünger Epikurs will er seine röm. Landsleute von der Religion, d.h. für ihn von der Götter- und Todesfurcht, befreien durch die Erkenntnis, dass alles natürlich, alles vergänglich ist (Atomtheorie).)

(L. Licinius) Lūcullus 36 Lukull (röm. Feldherr in Kleinasien um 70 v. Chr.; sorgte dort nach seinem militärischen Sieg für geordnete Verhältnisse im Finanzwesen und in der Provinzverwaltung; sein Reichtum und sein exquisiter Geschmack sind sprichwörtlich.)

Lydī, ōrum 23 die Lyder (Einwohner von Lydien im westlichen Kleinasien)

Macedōnia 26 Makedonien (Landschaft im Norden Griechenlands; wurde 148 v. Chr. röm. Provinz)

(T.) Mānlius Torquātus 24 Titus Manlius Torquatus (Konsul 340 v. Chr., zusammen mit P. Decius Mus besiegte er die Latiner.)

Marcus Aurēlius 31 Mark Aurel (röm. Kaiser 161–180 n. Chr. Seine Regierungszeit war geprägt durch zahlreiche Feldzüge, die er zur Sicherung des Reiches an allen wichtigen Grenzen unternehmen musste, insbesondere zur Abwendung der immer bedrohlicher werdenden Germanenstämme; Mark Aurel war zugleich (stoischer) Philosoph und Verfasser der *„Selbstbetrachtungen"*, einer moralphilosophischen Schrift in griech. Sprache. Die Schrift lässt den Kaiser als einen Menschen erkennen, der um innere Stärke gegen die Furcht vor dem Tode, die Sorgen dieser Welt und die Ungerechtigkeiten seiner Mitmenschen ringt.)

Mārs, Mārtis *m* 20, 24, 25 Mars (röm. Gott des Krieges)

Mausōlus 37 Mausolos (persischer Herrscher von 377–353 v. Chr. im kleinasiatischen Karien mit der Hauptstadt Halikarnass; seine Frau Artemisia ließ ihm nach seinem Tod ein prächtiges Grabmal bauen, ein „Mausoleum".)

Maxentius 27 Maxentius (Kaiser in Rom 306–313 n. Chr.)

Medūsa 24 Medusa (weibliches Ungeheuer mit Schlangenhaaren)

Menander, drī 32 Menander (griech. Komödiendichter, ca. 342–292 v. Chr.; Vorbild für die röm. Komödiendichter)

Menelāus 17 Menelaos (König von Sparta, Ehemann der von Paris geraubten schönen Helena)

Menēnius Agrippa 12 Menenius Agrippa (Patrizier, der zur Zeit der Ständekämpfe mit diplomatischem Geschick die aus Rom ausgewanderten Plebejer wieder nach Rom zurückholte)

Mercurius 20, 21 Merkur (Götterbote, Gott des Handels, der Reise und der Diebe, griech. Name: Hermes)

Mīlētus *f* 30 Milet (Hafenstadt in der kleinasiatischen Landschaft Karien; Geburtsort des Philosophen Thales)

Minerva 10 Minerva (Göttin der Weisheit und des Handwerks; griech. Name: Athene)

Mōgontiācum 42 Mainz (Die Stadt gehört zu den ältesten Siedlungen am Rhein. Auf dem Platz einer keltischen Siedlung legten die Römer um 38 v. Chr. ein befestigtes Lager an. **Mogontiacum** wurde zur Hauptstadt der röm. Provinz **Germania superior**. Gegen den Druck der Germanen erhielt die Stadt im 3. Jh. feste Mauern, die bis in das 5. Jh. den Stürmen der Völkerwanderung standhielten.)

Mosella 38, 41, 42 die Mosel

Narcissus 28 Narziss (im Mythos ein schöner junger Mann, der sich in sein eigenes Spiegelbild verliebte)

Neptūnus 19, 20, 30 Neptun (Gott des Meeres; griech. Name: Poseidon)

Nerō, ōnis *m* 1, 33 Nero (röm. Kaiser 54–68 n. Chr., wurde von seiner Mutter Agrippina sorgfältig auf das Amt des Kaisers vorbereitet. In den ersten Jahren regierte er unter dem positiven Einfluss seines Lehrers Seneca. Nachdem Nero diesen zum Rückzug aus der Politik gezwungen hatte (61 n. Chr.), begann eine Willkürherrschaft. Er ließ seine Mutter und seine Gattin Oktavia umbringen, um seine Geliebte Poppäa heiraten zu können. Während Neros Herrschaft (64 n. Chr.) brannte Rom aus ungeklärten Gründen nieder; er beschuldigte die Christen, den Brand gelegt zu haben, und verfolgte sie. Die Zerstörung seines eigenen Hauses nahm er zum Anlass, sich nach eigenen Entwürfen einen prächtigen Palast bauen zu lassen, die **Domus aurea**. Nero waren seine künstlerischen Betätigungen als Sänger und Dichter häufig wichtiger als die Regierungsgeschäfte; sein ausschweifender Lebenswandel verschaffte ihm viele Feinde. Als schließlich ein Aufstand der Prätorianergarde ausbrach, musste Nero aus Rom fliehen und setzte seinem Leben selbst ein Ende.)

Nessus 18 Nessus (Kentaur; kämpfte mit Herkules, um den Tod seines Verwandten Eurytion zu rächen)

Nīlus 16 der Nil (Fluss in Ägypten)

Numa Pompilius 12 Numa Pompilius (zweiter röm. König, galt als besonders weise und fromm. Die Römer schrieben ihm viele ihrer religiösen Einrichtungen zu: Feste, Opfer und Riten, die Pontifices und Vestalinnen.)

Odyssēa 29 die „Odyssee" (Epos des griech. Dichters Homer über die Irrfahrten des Odysseus)

Odysseus vgl. **„Ulixes"**

Oedipūs, podis *m* 32 Ödipus (sagenhafter Herrscher der griech. Stadt Theben; löste das Rätsel der Sphinx; tötete in Unwissenheit seinen Vater Lajos und heiratete seine Mutter Jokaste; Vater von Eteokles, Polyneikes, Antigone und Ismene. Als seine Taten ans Licht kamen, stach sich Ödipus die Augen aus und wanderte fortan als Ausgestoßener umher.)

Oeneus 18 Öneus (König von Kalydon in Griechenland; Vater der Deianira, die die Frau des Herkules wurde)

Olympia 37 Olympia (ein dem Zeus geweihter Bezirk in Elis auf der Peloponnes; seit 776 v. Chr. wurden dort alle vier Jahre die Olympischen Spiele zu Ehren des Zeus gefeiert; die vom Bildhauer Phidias Mitte des 5. Jh.s v. Chr. geschaffene Zeusstatue im olympischen Zeustempel ist eines der sieben Weltwunder.)

Ōstia 36 Ostia (Hafenstadt Roms an der Tibermündung, seit dem 4. Jh. v. Chr. bestehende Hafenanlage, später auch Flottenstützpunkt. Mit der Anlage eines gut funktionierenden Hafens unter Kaiser Trajan, ca. 2 km nördlich des eigentlichen Stadtgebietes, erlebte die Stadt einen sprunghaften Aufschwung und entwickelte sich innerhalb weniger Jahrzehnte zu einer bevölkerungsreichen Großstadt. In Ostia landeten die für Rom bestimmten Lebensmittellieferungen, vor allem die Getreideschiffe aus Ägypten, Afrika, Sardinien und Sizilien.)

(P.) Ovidius (Nāsō) 10, 28, 29 Ovid (röm. Dichter 43 v. Chr. – 17 n. Chr., seine freizügigen Dichtungen brachten ihn in Konflikt mit Kaiser Augustus' Programm einer moralischen Erneuerung; auf Lebenszeit nach Tomi am Schwarzen Meer verbannt. Werke u.a.: **„Metamorphoses"**, **„Ars amatoria"**, **„Fasti"**, **„Tristia"**, **„Heroides"**. Neben Vergil und Horaz ist er der bedeutendste Dichter der augusteischen Zeit.)

Palātium (mōns Palātīnus) 11 Palatin (einer der sieben Hügel Roms; viele bekannte Römer hatten hier ihre Häuser, z.B. Cicero, Crassus und Marcus Antonius. Kaiser Augustus errichtete hier seinen Wohnsitz. Großenteils erhalten ist das Haus von Augustus' Gemahlin Livia. Nach dem Brand Roms erweiterte Kaiser Nero die Anlage beträchtlich.)

Pāris, idis *m* 17 Paris (Sohn des trojanischen Königs Priamos; raubte die schöne Helena aus Sparta und löste damit den Trojanischen Krieg aus)

patriciī, ōrum 12 Patrizier (römische Adelsfamilien; nach der Vertreibung der Könige Anfang des 5. Jh.s v. Chr. hatten sie die politische Macht inne.)

Paulus 37 Paulus (Sohn einer vermögenden jüdischen Familie; durch Christusvisionen wurde er zum christlichen Glauben bekehrt. Als „Heidenapostel" trug er durch seine Missionsreisen entscheidend zur Verbreitung des christlichen Glaubens bei; verfasste zahlreiche Briefe an die christlichen Urgemeinden, die sich im Neuen Testament wiederfinden und seine wesentlichen theologischen Aussagen enthalten. Der Überlieferung nach wurde Paulus während der Christenverfolgung Neros verhaftet und um 66 n. Chr. in Rom enthauptet.)

Penātēs, ium *m Pl.* 1, 21 die Penaten (römische Haus- und Schutzgötter)

Pēnelopa 29 Penelope (Gattin des Odysseus)

Pergamum 33 Pergamon (Stadt im kleinasiatischen Mysien, berühmt durch seine große Bibliothek und einen Zeusaltar)

Persae, ārum *m Pl.* 23 die Perser

Perseus, Perseī (oder **Perseos**) m 26 Perseus (letzter König der Makedonen; unterlag 168 v. Chr. in der Schlacht bei Pydna dem römischen Feldherrn Lucius Aemilius Paullus)

Petrōnius (Arbiter) 38 Petron (röm. Schriftsteller, gest. um 66 n. Chr.; gehörte zu den engsten Vertrauten am Hof des Kaisers Nero und stand dort als Meister der kultivierten, raffinierten Lebensführung in hohem Ansehen. Nachdem er beschuldigt worden war, an einer Verschwörung gegen den Kaiser teilgenommen zu haben, beging er Selbstmord. Autor des „Satyrikon", eines erotischen Reise- und Abenteuerromans. Den größten Teil des erhaltenen Werkes nimmt das „Gastmahl des Trimalchio" ein: die satirisch-groteske Beschreibung eines ausschweifenden Gastmahls der röm. Kaiserzeit.)

Phaeācēs, um *m Pl.* 29 die Phäaken (Bewohner der Insel Scheria, wo Odysseus auf seinen Irrfahrten strandete; sie halfen ihm, zu seiner Heimatinsel Ithaka zurückzugelangen.)

Phaedra 33 Phädra (Tochter des Königs Minos auf Kreta, zweite Frau des athenischen Königs Theseus; verliebt sich unglücklich in ihren Stiefsohn Hippolytos)

Phaëthōn, Phaëtontis *m* 28 Phaëthon (Sohn des Sonnengottes Sol)

Platō, ōnis 31 Platon (griech. Philosoph, 427–347 v. Chr.; Schüler des Sokrates und Lehrer des Aristoteles; Verfasser vieler noch erhaltener und bis in die Neuzeit nachwirkender Schriften („Politeia", „Symposion", „Gorgias", „Protagoras", „Phaidros"); gründete um 385 v. Chr. eine Philosophenschule in Athen, die so genannte „Akademie", die erst 529 n. Chr. von Kaiser Justinian geschlossen wurde. Der Einfluss der platonischen Philosophie ist so bedeutsam, dass der englische Philosoph Alfred North Whitehead meinte, die gesamte europäische Philosophiegeschichte sei nur eine „Fußnote zu Platon".)

plēbēī, ōrum 12 Plebejer (größter Teil der röm. Bevölkerung; zunächst ohne politischen Einfluss, im Laufe der Ständekämpfe im 5./4. Jh. v. Chr. setzten sie immer mehr Rechte durch.)

(C.) Plīnius (Caecilius Secundus) 24, 29 Plinius (röm. Schriftsteller, 61–ca. 113 n. Chr., Schüler Quintilians; veröffentlichte eine große Sammlung literarischer Briefe, die ein meisterhaftes Bild der Kaiserzeit in allen Lebensbereichen vermitteln; die berühmtesten Briefe beschäftigen sich mit dem Vesuvausbruch des Jahres 79 n. Chr. Sein Briefwechsel mit Kaiser Trajan, der auf Plinius' Zeit als Verwaltungsbeamter in Kleinasien zurückgeht, enthält viele wertvolle Informationen über die Verwaltung der röm. Provinzen.)

Plūtarchus 36, 40 Plutarch (griech. Schriftsteller, ca. 46–120 n. Chr., aus Chaironeia; verfasste leicht verständliche philosophische Werke und Biographien berühmter Männer, darunter Themistokles, Perikles, Alexander der Große, Cato, die Gracchen, Marius, Sulla, Marcus Antonius, Brutus, Cäsar und Cicero)

Poenī, ōrum 13, 14 die Punier/Karthager

Polynīcēs, is *m* 32 Polyneikes (Sohn des Ödipus, Bruder der Antigone; er und sein Bruder Eteokles brachten sich im Kampf um die Herrschaft über Theben gegenseitig um.)

Polyphēmus 26 Polyphem (riesiger, einäugiger Zyklop, Sohn Neptuns; Odysseus blendete ihn und stach ihm das Auge aus, als er ihn und seine Gefährten fressen wollte.)

Pompēiī, ōrum *m Pl.* 38 Pompeji (Stadt in Kampanien südöstlich von Neapel; wurde 79 n. Chr. bei einem Ausbruch des nahe gelegenen Vulkans Vesuv verschüttet und erst in der Neuzeit wieder ausgegraben)

(Cn.) Pompēius (Magnus) 16, 19, 20 Gnaeus Pompeius Magnus (106–48 v. Chr., einflussreicher Politiker und Feldherr. 75–72 v. Chr. bekämpfte er den in Spanien revoltierenden Feldherrn Sertorius. 71 v. Chr. schlug er den Sklavenaufstand des Spartakus nieder. 67 v. Chr. ging er im Auftrag des Senats erfolgreich gegen das Seeräuberunwesen im Mittelmeer vor; nachdem er vor allem im Osten des Reiches viele militärische Siege für Rom errungen hatte, wurde er im Bürgerkrieg der Hauptgegner Cäsars; er unterlag diesem 48 v. Chr. in der Schlacht bei Pharsalos, musste fliehen und wurde in Ägypten ermordet.)

(M.) Porcius Laeca 15 Marcus Porcius Laeca (Anhänger des Catilina 63 v. Chr.; in seinem Haus fanden die geheimen Treffen der Verschwörer statt.)

praetor, ōris *m* 36 Prätor (röm. Beamter; Aufgabe der Prätoren war die Rechtsprechung. Mindestalter für die Prätur war die Vollendung des 40. Lebensjahres. Als ständige Stellvertreter der Konsuln mussten sie für die Auslegung der schriftlich fixierten Gesetze und überhaupt für die Rechtspflege sorgen. Ehemalige Prätoren wurden in die Provinzen als Statthalter ohne militärisches Kommando entsandt (**pro praetore**).)

Prīamus 17 Priamos (König von Troja zur Zeit des Trojanischen Krieges, Vater des Paris)

Priēnē, ēs *f* 33 Priene (griech. Stadt an der Westküste von Kleinasien)

Promētheus, eī *m* 25 Prometheus (Sohn des Titanen Japetos; erschuf die Menschen aus Lehm und Wasser und schenkte ihnen das – eigentlich den Göttern vorbehaltene – Feuer. Er wurde dafür von Zeus grausam bestraft.)

Ptolemaius 16 Ptolemaios XIII. (König von Ägypten, Bruder der Kleopatra; duldete die Ermordung des Pompejus, der vor Cäsar nach Ägypten geflohen war; kämpfte gegen Cäsar, nachdem dieser in die ägyptischen Thronstreitigkeiten zugunsten von Ptolemaios' Schwester und Mitregentin Kleopatra eingegriffen hatte; während der Kämpfe ertrank er 47 v. Chr. im Nil.)

Pūnicus, a, um 21 phönizisch, punisch (karthagisch)

Pydna 26 Pydna (Stadt im südlichen Makedonien, Schauplatz der Schlacht 168 v. Chr., bei der Aemilius Paullus das Heer der Makedonen unter König Perseus vernichtete)

Pylus *f* 29 Pylos (griech. Hafenstadt im Südwesten der Peloponnes, in Messenien)

Pȳramus 20 Pyramus (Geliebter der Thisbe)

Pȳthia 23 Pythia (Priesterin des Orakels in Delphi, durch die Apollo zu den Fragestellern sprach)

Pȳthius, a, um 23 pythisch (Beiname des Apollon von Delphi)

quaestor, ōris *m* 36 Quästor (röm. Beamter; die Quästur war die unterste Stufe der Ämterlaufbahn. Das Mindestalter betrug 31 Jahre. Ursprünglich als Hilfsamt (Untersuchungsrichter) den Konsuln beigestellt. Die Quästoren hatten die Staatskasse (**aerarium**), die sich im Saturntempel befand, und das Staatsarchiv zu verwalten, außerdem für die Eintreibung von Steuer- und Pachtschulden zu sorgen. Die Quästoren der Feldherren verwalteten die Kriegskasse und den Heeresproviant; die Quästoren der Statthalter waren die Finanzbeamten der Provinz und kamen dem richterlichen Amt nach. Die Quästur ist Grundbedingung für den Eintritt in den Senat und alle weiteren politischen Ämter des **cursus honorum**, in dem bei Patriziern meist die Ädilität, bei Plebejern das Volkstribunat oder die Ädilität folgte.)

Quirīnus 24 Quirinus (Name für Romulus, nachdem er zum Gott erhoben worden war)

Remus 11 Remus (sagenhafter Gründer Roms; Zwillingsbruder von Romulus, von dem er erschlagen wurde)

Rhēnus 41, 42 der Rhein

Rhodiī, ōrum 37 die Bewohner der griech. Insel Rhodos

Rhodus *f* 37 Rhodos (griech. Insel vor der Küste Kleinasiens; der „Koloss von Rhodos", eine gewaltige Statue des Sonnengottes Sol / Helios über der Hafeneinfahrt, ist eines der sieben Weltwunder.)

Rōma 11 Rom

Rōmānī, ōrum 12 die Römer

Rōmānus, a, um 10, 12 römisch; Römer(in)

Rōmulus 1, 11 Romulus (sagenhafter Gründer und erster König Roms im 8. Jh. v. Chr.; Zwillingsbruder von Remus, den er im Zorn erschlug)

Sabīnī, ōrum 11 Sabiner (Bewohner des Berglandes nördlich von Rom; wurden – wegen des in Rom herrschenden Frauenmangels – auf Geheiß des Romulus ihrer Töchter beraubt, als sie zu Besuch in Rom waren.)

(C.) Sallustius (Crispus) 15 Sallust (röm. Politiker und Geschichtsschreiber, 86 – 35 v. Chr.; seine historischen Werke zeichnen sich durch Erzählkunst und wissenschaftliche Sorgfalt aus; er sucht nach den Ursachen der politischen Ereignisse und den Beweggründen für menschliches Handeln. Seine Hauptwerke sind „**De coniuratione Catilinae**" (über die Catilinarische Verschwörung, 63 v. Chr.) und „**De bello Iugurthino**" (über den Krieg der Römer gegen den Numider-König Jugurtha in Afrika, 111 – 105 v. Chr.))

(P. Cornēlius) Scīpiō (Āfricānus), Scīpiōnis *m* 14 Scipio (röm. Politiker und Feldherr; im Jahr 206 v. Chr. hat er die Karthager aus Spanien vertrieben; Sieger über Hannibal 202 v. Chr. in der Schlacht bei Zama, erhielt daraufhin den ehrenden Beinamen **Africanus**; später wurde in Rom auf Betreiben Catos eine politische Kampagne gegen ihn geführt, man warf Scipio Unterschlagung vor. Obwohl die Anklagen schließlich fallen gelassen wurden, hatte Scipio seinen Einfluss verloren und zog sich auf sein Landgut zurück, wo er 183 v. Chr. starb – im gleichen Jahr wie sein großer Gegner Hannibal.)

Scylla 29 Skylla (Ungeheuer, das zusammen mit dem gegenüberliegenden Strudel Charybdis die Meerenge zwischen Sizilien und dem ital. Festland für Schiffe gefährlich machte; Odysseus verlor sechs Männer an sie, als er Charybdis auswich.)

(L. Annaeus) Seneca, ae *m* 33 Seneca (röm. Schriftsteller, Politiker und Philosoph mit Nähe zur Lehre der Stoiker, 4 v. Chr. – 65 n. Chr.; Agrippina machte ihn zum Erzieher ihres Sohnes Nero. Seneca blieb auch nach dessen Thronbesteigung sein Berater; nachdem er seinen politischen Einfluss verloren und sich an einer Verschwörung gegen Nero beteiligt hatte, musste er auf Befehl des Kaisers 65 n. Chr. Selbstmord begehen. Seneca verfasste zahlreiche moralphilosophische Schriften („**Dialogi**", „**Epistulae**") und Tragödien (u.a. „**Phaedra**"), die das europäische Theater maßgeblich beeinflusst haben.

Servius Tullius 11, 12 Servius Tullius (sechster König Roms, der Überlieferung nach regierte er 578 – 534 v. Chr.; errichtete angeblich den ersten röm. Mauerring; wurde von seinem Nachfolger Tarquinius Superbus ermordet)

Sextus Tarquinius 12 Sextus Tarquinius (Sohn des Tarquinius Superbus; vergewaltigte Lukretia, eine Frau aus angesehener Familie, und löste damit die Vertreibung der Tarquinier als Herrscher von Rom aus.)

Sidōnius Apollināris 42 Sidonius Apollinaris (spätantiker gallo-römischer Schriftsteller aus Lyon, ca. 430–486 n. Chr.; wurde um 470 Bischof von Clermont-Ferrand; einem Einfall der Westgoten leistete er mutig und aufopfernd Widerstand. Seine Briefe und Gedichte liefern viele wertvolle Informationen über die Lebensverhältnisse im Gallien des 5. Jh.s)

Sīrēnēs, um *f Pl.* 29 die Sirenen (geflügelte Frauengestalten auf einer Insel vor der italischen Küste, die vorbeifahrende Schiffe mit ihrem unwiderstehlichen Gesang anlockten, um sie dann zu töten; Odysseus und seine Männer konnten ihnen mit Hilfe eines Tricks widerstehen.)

Sōl, Sōlis *m* 28 Sol (röm. Sonnengott, Vater des Phaëthon; griech. Name: Helios)

Sophoclēs, is *m* 32, 33 Sophokles (griech. Tragödiendichter aus Athen, 497 – 406 v. Chr.; von seinen angeblich 130 Dramen sind sieben erhalten, unter anderem die „**Antigone**" und „**König Ödipus**". Seine Stücke zeugen von einer tief empfunden Religiosität: Die Götter zwingen dem menschlichen Leben ihre Gerechtigkeit auf, sodass der Weise am besten fährt, wenn er in Übereinstimmung mit dem göttlichen Willen handelt. Geschieht dies nicht, entsteht der tragische Konflikt.)

Stōicī, ōrum 31 die Stoiker (Anhänger der Stoa, einer philosophischen Strömung, die ca. 300 v. Chr. von Zenon aus Kition gegründet wurde; ihr Grundsatz lautet: Jede Erscheinung und jede menschliche Entscheidung beruhen auf Vernunft und die Natur ist das Vernünftige schlechthin.)

(C.) Suētōnius (Tranquillus) 16, 26 Sueton (röm. Schriftsteller, um 70 – um 140 n. Chr., war unter den Kaisern Trajan und Hadrian Sekretär im kaiserlichen Palast, wo er auch zu den kaiserlichen Archiven Zugang hatte. Dies ermöglichte ihm die Abfassung seines biographischen Hauptwerkes „**De vita Caesarum**"; dieses umfasst die Biographien Cäsars und der röm. Kaiser bis Domitian.)

(P. Cornēlius) Tacitus 42 Tacitus (röm. Geschichtsschreiber, um 54 – um 120 n. Chr.; Werke: „**Germania**", „**Historien**" (Geschichte der Kaiser von Galba bis Domitian), „**Annalen**" (Geschichte vom Tod des Augustus bis zur Regierungszeit Neros). Mit Scharfblick legt Tacitus die Innenwelt seiner Charaktere offen und rückt souverän die bedeutendsten Ereignisse jeder Epoche in den Vordergrund. Er wusste, das das Kaisertum die bleibende Staatsform sein würde, vertrat jedoch die alte röm. Auffassung, dass der Einzelne entscheidend sei für den Lauf der Geschichte. Aufgabe der Geschichtsschreibung sei es, verdienstvolle Taten aufzuzeichnen, damit die Nachwelt das Laster verachte. Sein Stil ist knapp, prägnant und mitreißend, atmosphärisch dicht, zuweilen voller Ironie und Sarkasmus.)

Tarquinius Superbus 12 Tarquinius Superbus (siebter und letzter König Roms, wurde wegen seiner Grausamkeit 510 v. Chr. gestürzt)

Terentia 15 Terentia (Ehefrau Ciceros)

(P.) Terentius (Āfer) 42 Terenz (röm. Komödiendichter, 185-159 v. Chr.; seine Komödien gehen zumeist auf Vorlagen des Menander zurück und spielen im griech. Bereich; zahlreiche Verse aus Terenz-Stücken wurden sprichwörtlich, z.B. „**Quot homines tot sententiae**", „**Fortes fortuna adiuvat**", „**Homo sum. Humani nil a me alienum puto**". Werke u.a.: „**Adelphoe**", „**Eunuchus**", „**Andria**")

Thalēs, is *m* 30, 31 Thales (griech. Naturforscher, Mathematiker und Philosoph aus Milet, 6. Jh. v. Chr. Im Wasser sah er den Urstoff allen Seins.)

Thēbae, ārum *f Pl.* 32 Theben (Hauptstadt der Landschaft Böotien in Griechenland)

Thēseus, eī 33 Theseus (König in Athen, Vater des Hippolytos aus erster Ehe, in zweiter Ehe verheiratet mit Phädra)

Thisbē, ēs *f* 20 Thisbe (Geliebte des Pyramus)

Tiberis, is *m (Akk.* **Tiberim***)* 11 Tiber (Fluss durch Rom)

Tiberius (Iūlius Caesar) 26 Tiberius (42 v. Chr.-37 n. Chr., Stiefsohn des Augustus; eroberte als röm. Feldherr weite Teile Nordgermaniens, die 9 n. Chr. in der Varusschlacht wieder verloren gingen; 14-37 n. Chr. röm. Kaiser)

Tīrō, ōnis *m* 15 Tiro (Sekretär Ciceros)

Tītān, Tītānis *m* 25 Titan (Die Titanen waren ein griech. Göttergeschlecht, die Söhne des Uranos (Himmel) und der Gaia (Erde); sie kämpften mit Zeus um die Herrschaft, wurden von diesem nach zehnjährigem Kampf („Titanomachie") besiegt und in den Tartaros geworfen.)

(M. Ulpius) Trāiānus 35 Trajan (röm. Kaiser von 98-117 n. Chr., aufgrund seiner außerordentlichen militärischen Verdienste wurde er von Kaiser Nerva adoptiert. Der erhaltene Briefwechsel mit Plinius zeugt von der Menschenfreundlichkeit und Umsicht des Kaisers. Trajan, unter dem das **imperium Romanum** seine größte Ausdehnung und eine Zeit des Friedens und Wohlstands erlebte, wurde für die Nachwelt zum Idealbild eines guten Kaisers.)

Treverī, ōrum 40, 41 die Treverer (gallischer Stamm, der in der Gegend des heutigen Trier siedelte)

tribūnus plēbis Volkstribun (zur Zeit der Ständekampfe geschaffenes Amt, das nur Plebejern zugänglich war. Das Volkstribunat diente zum Schutz der Plebejer vor der Willkür der Patrizier: Ein Veto eines Volkstribunen setzte jegliche Maßnahme eines Beamten oder des Senats außer Kraft. Zum Schutz seiner Tätigkeit galt er persönlich als unantastbar (**sacrosanctus**). Er konnte Volksversammlungen einberufen und Abstimmungen durchführen.

Trōia 21, 29, 33, 34 Troja (Stadt im Nordwesten Kleinasiens; wurde im Trojanischen Krieg von den Griechen erobert)

Trōiānī, ōrum 17, 34 die Trojaner

Tuscī, ōrum 11, 12 Etrusker (Einwohner von Etrurien, einer Landschaft nördlich von Rom, etwa die heutige Toskana; die etruskische Kultur entwickelte sich im 9. Jh. v. Chr. und breitete sich über ganz Norditalien aus; auch Rom gehörte bis ins 6. Jh. zum Einflussbereich der Etrusker. Im 4./3. Jh. v. Chr. wurden die Etruskerstädte von den Römern unterworfen.)

Ulixēs, is *m* 26, 29 Ulixes (lat. Name des Odysseus; König von Ithaka, konnte im Trojanischen Krieg die Trojaner mit dem hölzernen Pferd überlisten, zog sich damit den Zorn des Neptun zu und musste auf seinem zehn Jahre dauernden Heimweg viele Gefahren überstehen.)

(L.) Valērius Flaccus 25 Lucius Valerius Flaccus (zusammen mit Marcus Porcius Cato 184 v. Chr. röm. Zensor)

Venus, Veneris *f* 20 Venus (Göttin der Liebe und der Schönheit, griech. Name: Aphrodite)

Vercingetorīx, īgis *m* 40 Vercingetorix (Anführer des gallischen Stammes der Arverner, der sich 52 v. Chr. gegen Cäsar auflehnte, von diesem aber bei Alesia besiegt wurde; Vercingetorix wurde von Cäsar nach sechsjähriger Gefangenschaft in Rom hingerichtet.)

ā/ab *m. Abl.* von, von ... her 11
abdūcere, abdūcō, abdūxī wegführen 15
abesse, absum, āfuī abwesend sein, fehlen 24
abīre, abeō, abiī weggehen 24
ac (~ atque) und, und auch 23
accēdere, accēdō, accessī herbeikommen, hinzukommen 2, 13
accendere, accendō, accendī, accēnsum anfeuern, anzünden 28
  amōre accēnsus in Liebe entflammt, verliebt 28
accidere, accidō, accidī geschehen, sich ereignen 33
accipere, accipiō, accēpī, acceptum aufnehmen, erhalten, erfahren 27
accūsāre, accūsō anklagen, beschuldigen 15
ācer, ācris, ācre energisch, heftig, scharf 34
acerbus, a, um bitter, grausam, rücksichtslos 31
ad *m. Akk.* an, bei, nach, zu 3
addūcere, addūcō, addūxī, adductum heranführen, veranlassen 40
adesse, adsum, adfuī da sein 1; helfen 6, 17
adhūc *Adv.* bis jetzt, noch 40
adicere, adiciō, adiēcī hinzufügen 23
adīre, adeō, adiī *m. Akk.* herantreten (an), bitten 20
aditus, aditūs *m* Zugang 32
adiungere, adiungō, adiūnxī hinzufügen, anschließen 16
  sibi adiungere für sich gewinnen 16
admittere, admittō hinzuziehen, zulassen 7
adulēscēns, adulēscentis *m* jung; *Subst.* junger Mann 4, 31
adventus, adventūs *m* Ankunft 33
adversus, a, um entgegengesetzt, feindlich 27
  rēs adversae unglückliche Umstände, Unglück 33
aedēs, aedium *f Pl.* Haus, Gebäude 6, 7
aedificāre, aedificō bauen 22
aedificium Gebäude 3
aedis, aedis *f (Gen. Pl.* -ium*)* Tempel; *Pl.* Haus, Gebäude 37
aes, aeris *n* Erz, Geld 26
aestimāre, aestimō einschätzen, beurteilen 31
  magnī aestimāre hoch schätzen 31
aetās, aetātis *f* Lebensalter, Zeitalter, Zeit 41
afferre, afferō, attulī, allātum bringen, herbeibringen, mitbringen; melden 37
  causam afferre als Grund nennen 39
ager, agrī *m* Acker, Feld, Gebiet 28
agere, agō, ēgī, āctum handeln, treiben, verhandeln 8, 13, 25
  grātiās agere danken 9
  quid āctum est? was ist passiert? 38
  vītam agere (sein) Leben führen 33
agitāre, agitō betreiben, überlegen 29
  timōre agitārī von Furcht gequält werden 29
agmen, agminis *n* (Heeres-)Zug 8
alere, alō, aluī ernähren, großziehen 11
aliquis, aliquid *(Gen.* alicuius *usw.)* (irgend)jemand 36
aliter *Adv.* anders, sonst 23
alius ... alius der eine ... der andere 13
alius, a, ud ein anderer 13
altus, a, um hoch, tief 13
amāre, amō lieben, gern haben 4
ambō, ambae, ambō beide (zusammen) 26
amīca Freundin 3
amīcitia Freundschaft 40
amīcus Freund 2
āmittere, amittō, āmīsī aufgeben, verlieren 13
amor, amōris *m* Liebe 28
  amōre accēnsus in Liebe entflammt, verliebt 28
  amōre captus von Liebe ergriffen, verliebt 33
amplus, a, um weit, groß, bedeutend 24
an oder *(in der Frage)* 10
angustus, a, um eng, schwierig 18
animadvertere, animadvertō, animadvertī bemerken, wahrnehmen 15
animus Geist, Mut, Gesinnung 18
  animo dēficere den Mut sinken lassen 18
  bona animī innere Werte 38
annus Jahr 16
  tōtum annum das ganze Jahr 16
ante *Adv.* vorher 18
  paulō ante kurz vorher 18
ante *m. Akk.* vor 3
anteā *Adv.* vorher, früher 23
antīquus, a, um alt, altertümlich 24
aperire, aperiō, aperuī aufdecken, öffnen 13
apertus, a, um offen, offenkundig 41
appellāre, appellō *(m. dopp. Akk.)* anrufen, nennen, bezeichnen (als) 14
apud *m. Akk.* bei, nahe bei 3
aqua Wasser 9
āra Altar 8
arbor, arboris *f* Baum 28
arcessere, arcessō, arcessīvī herbeirufen, holen 15
ārdēre, ārdeō, ārsī brennen 28

argentum Silber 26
arma, armōrum *n Pl.* Waffen, Gerät 5
armātus, a, um bewaffnet 32
ars, artis *f (Gen. Pl.* -ium*)* Eigenschaft, Fertigkeit, Kunst 41
arx, arcis *f (Gen. Pl.* -ium*)* Burg 29
aspicere, aspiciō, aspexī erblicken 10, 13
at aber, jedoch, dagegen 19
Athēnās nach Athen 24
Athēnīs in Athen 24
atque / ac und, und auch 9; im Vergleich: wie, als 37
 iterum atque iterum immer wieder 18
attingere, attingō, attigī berühren 7, 15
auctor, auctōris *m* Anführer, Gründer, Ratgeber, Verfasser 17
 Creonte auctōre auf Veranlassung Kreons 32
auctōritās, auctōritātis *f* Ansehen, Einfluss, Macht 40
audācia Frechheit, Kühnheit 29
audēre, audeō wagen 32
audīre, audiō hören 8
auferre, auferō, abstulī, ablātum rauben, wegbringen 37
augēre, augeō, auxī, auctum vermehren, vergrößern 2, 25
aureus, a, um golden 26
auris, auris *f (Gen. Pl.* -ium*)* Ohr 28
 aurēs praebēre Gehör schenken, zuhören 31
aurum Gold 16
aut oder 39
autem aber, andererseits 3
auxilium Hilfe 7; *Pl.* Hilfstruppen 40
avē! sei gegrüßt! 1
āvertere, āvertō, āvertī, āversum abwenden, vertreiben 37

barbarus, a, um ausländisch, unzivilisiert; *Subst.* Ausländer, 'Barbar' 5, 42
basilica Basilika, Halle 1
bellum Krieg 10
bene *Adv.* gut 6
beneficium Wohltat 41
bēstia Tier 3
bibere, bibō trinken 9
bona animī innere Werte 38
bonum das Gut(e) 29
bonus, a, um gut 12

cadere, cadō, cecidī fallen 30
caelum Himmel 30
calamitās, calamitātis *f* Schaden, Unglück, Niederlage 11
campus Feld, freier Platz, Ebene 25
cantāre singen 38
capere, capiō, cēpī, captum fassen, nehmen; erobern 10, 13, 26
 amōre captus von Liebe ergriffen, verliebt 33
captīvus, a, um gefangen; *Subst.* (Kriegs-)Gefangener 19
caput, capitis *n* Kopf, Haupt; Hauptstadt 17
carēre, careō, caruī *m. Abl.* frei sein von, nicht haben 34
carmen, carminis *n* Lied, Gedicht 10
cārus, a, um lieb, teuer, wertvoll 34
castra, castrōrum *Pl.* Lager 40
causa Ursache, Sache, Prozess 12
 causam afferre als Grund nennen 39
causā *(nachgestellt) m. Gen.* wegen 39
cavēre, caveō, cāvī, cautum *(m. Akk.) sich hüten (vor), Vorsorge treffen* 32
cēdere, cēdō, cessī, cessum gehen, nachgeben, weichen 33
celer, celeris, celere schnell 20
celeritās, celeritātis *f* Schnelligkeit 19
cēna Essen, Mahlzeit 6
cēnāre, cēnō essen 36
cēnsēre, cēnseō, cēnsuī, cēnsum *(m. Akk.)* meinen, einschätzen, seine Stimme abgeben (für) 13, 25
centum *indekl.* hundert 40
cernere, cernō sehen, bemerken 37
certē *Adv.* gewiss, sicherlich 4
cēterī, ae, a die Übrigen 19
cibus Nahrung, Speise 9
cingere, cingō, cinxī umgeben, umzingeln 23
circiter *Adv.* ungefähr 7
circum *m. Akk.* um ... herum, rings um 25
circumvenīre, circumveniō, cirumvēnī, circumventum umringen, umzingeln 42
circus Zirkus, Rennbahn 1
cīvis, cīvis *m (Gen. Pl.* -ium*)* Bürger 25
cīvitās, cīvitātis *f* Bürgerrecht; Gemeinde, Staat 23
clāmāre, clāmō laut rufen, schreien 1
clāmor, clāmōris *m* Geschrei, Lärm 3
 clāmōrem tollere ein Geschrei erheben 3
clārus, a, um berühmt, hell, klar 14
classis, classis *f (Gen. Pl.* -ium*)* Flotte; Abteilung 20
claudere, claudō, clausī abschließen, einschließen 15

cōgere, cōgō, coēgī, coāctum (ver)sammeln, zwingen 33
cōgitāre, cōgitō denken, beabsichtigen 4
cōgitāre dē *m. Abl.* denken an 4
cognōscere, cognōscō, cognōvī, cognitum erkennen, kennen lernen 12, 31
colere, colō, coluī, cultum bewirtschaften, pflegen; verehren 5, 11, 25
colligere, colligō, collēgī, collēctum sammeln 32
comes, comitis *m/f* Gefährte, Begleiter(in) 10
committere, committō, commīsi, commissum anvertrauen, veranstalten, zustande bringen 17, 32
proelium committere eine Schlacht schlagen 32
scelus committere ein Verbrechen begehen 17
commovēre, commoveō, commōvī, commōtum bewegen, veranlassen 24, 25
commūnis, e gemeinsam, allgemein 34
complēre, compleō, complēvī anfüllen, erfüllen 4, 11
complūrēs, complūra *(Gen.* complūrium*)* mehrere 25
compōnere, compōnō, composuī vergleichen 7, 11
concēdere, concēdō, concessī erlauben, nachgeben, zugestehen 18
condere, condō, condidī, conditum erbauen, gründen 22; verbergen, bestatten 32
condiciō, condiciōnis *f* Bedingung, Lage, Verabredung 37
condūcere, condūcō, condūxī zusammenführen; anwerben, mieten 24
conferre, conferō, contulī, collātum vergleichen, zusammentragen 37
conficere, conficiō, confēcī, confectum beenden, fertig machen 26
confirmāre, confirmō bekräftigen, ermutigen, stärken 23
conicere, coniciō, coniēci (zusammen)werfen, folgern, vermuten 16
coniūnx, coniugis *m/f* Gatte, Gattin 29
conscrībere, conscrībō, conscrīpsī, conscrīptum aufschreiben, verfassen 40
mīlitēs conscrībere Soldaten anwerben 40
conservāre, conservō *(ā m. Abl.)* retten (vor), bewahren 42
consīdere, consīdō, consēdī sich setzen, sich niederlassen 9, 40
cōnsilium Beratung, Beschluss, Plan, Rat 7
consistere, consistō, constitī Halt machen, sich aufstellen 5, 20
conspicere, conspiciō, conspexī, conspectum erblicken 34
constāre, constō, constitī feststehen; kosten 35
magnō constāre viel kosten, teuer sein 35
constituere, constituō, constituī, constitūtum festsetzen, beschließen 32
consuēscere, consuēscō, consuēvī, consuētum sich gewöhnen (an); *Perf.*: gewohnt sein 39
consul, consulis *m* Konsul 5
consulere, consulō, consuluī, consultum *m. Akk.* befragen, dē *m. Abl.* beraten über 13; in *m. Akk.* Maßnahmen ergreifen gegen 29, *m. Dat.* sorgen für 35
consūmere, consūmō, consūmpsī, consūmptum verbrauchen, verwenden 29
contendere, contendō, contendī eilen; sich anstrengen, kämpfen 3, 15; behaupten 18, 40
contentus, a, um *(m. Abl.)* zufrieden (mit) 16
continēre, contineō, continuī festhalten 24
contingere, contingō, contigī, contāctum berühen; gelingen 29
convenīre, conveniō, convēnī besuchen, zusammenkommen, zusammenpassen 9, 13
convertere, converto *(in m. Akk.)* richten (auf) 7
convīvium Gastmahl, Gelage 7
convocāre, convocō versammeln 15
cōpia Menge, Möglichkeit, Vorrat 7
cōpiae, cōpiārum *Pl.* Truppen 16
corpus, corporis *n* Körper, Leichnam 16
corripere, corripiō, corripuī ergreifen, gewaltsam an sich reißen 10, 11
corrumpere, corrumpō, corrūpī, corruptum bestechen, verderben 31
crēdere, crēdō, crēdidī anvertrauen, glauben 11, 21
crēscere, crēscō, crēvī wachsen 18
crīmen, crīminis *n* Beschuldigung, Vorwurf, Verbrechen 14
crūdēlis, e grausam 21
cultus, cultūs *m* Bildung, Lebensweise 42
cum *m. Abl.* mit, zusammen mit 4
cum *Subj. m. Ind.* (immer) wenn, als (plötzlich), (zu der Zeit) als 16
cum *Subj. m. Konj.* als, nachdem; weil; obwohl; während (dagegen) 40
cūnctī, ae, a alle (zusammen) 13
cupere, cupiō, cupīvī verlangen, wünschen, wollen 10, 11
cūr? warum? 3
cūra Sorge, Pflege 23

cūrae esse *m. Dat.* jmd. Sorge bereiten, jmd. wichtig sein 35
mihi magnae cūrae est es ist mir sehr wichtig 38
cūrāre, cūrō *(m. Akk.)* pflegen, sorgen für, besorgen 14
cūria Kurie, Rathaus 1
currere, currō, cucurrī eilen, laufen 2, 15
cūstōs, cūstodis *m/f* Wächter(in) 32

damnāre, damnō *(m. Gen.)* verurteilen (wegen) 31
dare, dō, dedī, datum geben 2, 15, 25
sortem dare einen Orakelspruch geben 23
dē *m. Abl.* von, von ... her, von ... herab; über 4
dea Göttin 8
dēbēre, dēbeō, dēbuī, dēbitum müssen, sollen; schulden 5, 25
dēcernere, dēcernō, dēcrēvī beschließen, entscheiden, zuerkennen 14
dēdere, dēdō, dēdidī, dēditum ausliefern, übergeben 33
deesse, dēsum, dēfuī abwesend sein, fehlen 33
dēfendere, dēfendō, dēfendī abwehren, verteidigen, schützen 5, 15
dēfendere ā/ab *m. Abl.* verteidigen gegen, schützen vor 34
dēficere, dēficiō, dēfēcī abnehmen, ermatten; verlassen, ausgehen 18
animō dēficere den Mut sinken lassen 18
dēficere ā *m. Abl.* abfallen von 40
deinde *(Adv.)* dann, darauf 10
dēlectāre erfreuen, unterhalten 4
dēligere, dēligō, dēlēgī, dēlēctum (aus)wählen 25
Delphōs nach Delphi 23
dēmittere, dēmittō, dēmīsī, dēmissum hinabschicken, sinken lassen 30
dēmōnstrāre, dēmonstrō beweisen, darlegen 40
dēmum *Adv.* endlich 28
dēnique *Adv.* schließlich, zuletzt 2
dēpōnere, dēpōnō, dēposuī ablegen, niederlegen, aufgeben 4, 11
dēscendere, dēscendō, dēscendī, dēscēnsum herabsteigen 37
dēserere, dēserō, dēseruī, dēsertum im Stich lassen, verlassen 20, 29
dēsīderāre, dēsīderō *m. Akk.* sich sehnen nach, vermissen 19
dēsinere, dēsinō, dēsiī aufhören 21
dēspērāre, dēspērō *(dē m. Abl.)* die Hoffnung aufgeben (auf), verzweifeln (an) 14
deus Gott, Gottheit 5
dextera die rechte Hand, die Rechte 42
dīcere, dīcō, dīxī, dictum sagen, sprechen 7, 13, 28
dictum Ausspruch 42
diēs, diēī *m* Tag 33
diēs noctēsque Tage und Nächte (lang) *(wie lange?)* 33
difficilis, e schwierig 32
dīgnitās, dīgnitātis *f* Würde, Ansehen; (gesellschaftliche) Stellung 26
diligēns, dīligentis gewissenhaft, sorgfältig 38
dīmittere, dīmittō, dīmisī aufgeben, entlassen 14
discēdere, discēdō, discessī auseinander gehen, weggehen 15
discere, discō, didicī lernen, erfahren 39
disciplīna Disziplin, Lehre 31
diū *Adv.* lange Zeit 2
dīversus, a, um entgegengesetzt, feindlich, verschieden 35
dīves, dīvitis reich 38
dīvīnus/dīvus, a, um göttlich 27
docēre, doceō, docuī, doctum lehren, unterrichten 31
dolēre, doleō *(m. Abl.)* schmerzen; bedauern, Schmerz empfinden (über etw.) 5
dolor, dolōris *m* Schmerz 28
dolus List, Täuschung 21
domina Herrin 6
dominus Herr 9
domum *Adv.* nach Hause 8
domus, domūs *f* Haus 30
dōnāre, dōnō schenken 21
dōnum Geschenk 4
dubitāre, dubitō zögern; zweifeln 5, 33
dūcere, dūcō, dūxī, ductum führen, ziehen 8, 13, 25
dulcis, e angenehm, süß 34
dum *Subj.* während, solange, (so lange) bis 16
duo, duae, duo zwei 15
dux, ducis *m* Anführer 26
Polynīce duce unter der Führung des Polyneikes 32

ē/ex *m. Abl.* aus, von ... her 5
ecce schau/schaut, sieh da/seht da! 2
ēdūcere, ēdūcō, ēdūxī, ēductum herausführen 34
efferre, efferō, extulī, ēlātum herausheben, hervorbringen 41
efficere, efficiō, effēcī, effectum bewirken, herstellen 40

effugere, effugiō, effūgī *(m. Akk.)* entfliehen, entkommen 34
egō *(betont)* ich 11
ēgregius, a, um ausgezeichnet, hervorragend 36
ēicere, ēiciō, ēiēcī, ēiectum hinauswerfen, vertreiben 29
ēiusmodī *indekl.* derartig, so beschaffen 37
emere, emō, ēmī, ēmptum kaufen 6, 35
magnō pretiō emere (für einen hohen Preis) teuer kaufen 35
enim *Adv. (nachgestellt)* nämlich, in der Tat 11
eō *Adv.* dorthin 10
epistula Brief 29
eques, equitis *m* Reiter, Ritter 26
equidem (ich) allerdings, freilich 13
equus Pferd 2
ēripere, ēripiō, ēripuī entreißen 17
errāre, errō (sich) irren 14
esse, est sein, sich befinden 1, 11
et und, auch 1
et ... et sowohl ... als auch 12
etiam auch, sogar 2
etsī *Subj.* auch wenn, obwohl 16
ēvenīre, ēveniō, ēvēnī, ēventum sich ereignen 34
ex / ē *m. Abl.* aus, von ... her 5
excēdere, excēdō, excessī hinausgehen, weggehen 17
excipere, excipiō, excēpī, exceptum aufnehmen, eine Ausnahme machen 25
excitāre, excitō wecken, erregen, ermuntern 15
exemplum Beispiel, Vorbild 14
exercēre, exerceō, exercuī üben, trainieren; quälen 31
exercitus, exercitūs *m* Heer 32
exīre, exeō, exiī herausgehen 23
exīstimāre, exīstimō (ein)schätzen, meinen 18
expellere, expellō, expulī vertreiben, verbannen 12, 15
exspectāre, exspectō warten, erwarten 2
exstinguere, exstinguō, exstīnxī, exstīnctum auslöschen, vernichten 31
extrā *m. Akk.* außerhalb (von) 34

fābula Geschichte, Erzählung, Theaterstück 24
facere, faciō, fēcī, factum machen, tun, handeln 10, 13, 26
facere fīnem *m. Gen.* beenden, aufhören (mit) 23
sūmptūs facere Ausgaben tätigen 36
facere *m. dopp. Akk.* jmd. zu etwas machen 34
facile *Adv.* leicht (zu tun) 40
facilis, e leicht (zu tun) 20
facinus, facinoris *n* Handlung, Untat 32
fallere, fallō, fefellī täuschen, betrügen 20
falsus, a, um falsch 14
familia Familie, Hausgemeinschaft 14
familiāris, e freundschaftlich, vertraut; *Subst.* Freund 34
fātum Schicksal, Götterspruch 21
ferre, ferō, tulī, lātum bringen, tragen; ertragen 37
ferrum Eisen, Waffe 24
ferus, a, um wild 42
fidēs, fideī *f* Glaube, Treue, Vertrauen, Zuverlässigkeit 33
fidem praestāre die Treue halten 33
fīlia Tochter 7
fīlius Sohn 7
fīnis, is *m (Gen. Pl.* -ium*)* Grenze, Ende; Ziel, Zweck; *Pl.* Gebiet 19
facere fīnem *m. Gen.* beenden, aufhören (mit) 23
flāgitium Gemeinheit, Schandtat 32
flamma Feuer, Flamme 33
flectere, flectō, flexī biegen, (hin)lenken, umstimmen 23
flēre, fleō, flēvī beklagen, (be)weinen 11
flūctus, flūctūs *m* Flut, Strömung 30
flūmen, flūminis *n* Fluss 41
forās *Adv.* heraus, hinaus *(wohin?)* 37
fortis, e tapfer, kräftig 20
fortūna Glück, Schicksal 20
forum Marktplatz, Forum, Öffentlichkeit 1
frangere, frangō, frēgī, frāctum zerbrechen 27
frāter, frātris *m* Bruder 11
frequēns, frequentis häufig, zahlreich 39
frūctus, frūctūs *m* Ertrag, Frucht, Nutzen 41
frūmentum Getreide 41
frūstrā *Adv.* vergeblich 11
fuga Flucht 27
fugā salūtem petere die Rettung in der Flucht suchen, die Flucht ergreifen 27
fugere, fugiō, fūgī *m. Akk.* fliehen (vor), meiden 20
fūnus, fūneris *n* Begräbnis, Untergang 31
fūr, fūris *m* Dieb 4
furor, furōris *m* Wahnsinn, Wut 33

gaudēre, gaudeō sich freuen 1
gaudiō esse Freude bereiten 42
gaudium Freude 8
gemitus, gemitūs *m* Seufzen, Stöhnen; Traurigkeit 30

gēns, gentis *f (Gen. Pl.* -ium*)* Familienverband, Stamm, Volk 8
genus, generis *n* Abstammung, Art, Geschlecht 36
gerere, gerō, gessī, gestum ausführen, führen, tragen 7, 41
rēs gestae Taten 41
sē gerere sich verhalten 21
gladius Schwert 42
glōria Ehre, Ruhm 22
grandis, e alt; bedeutend, groß 42
grātia Ansehen, Beliebtheit, Dank, Gefälligkeit 9
grātiās agere danken 9
grātus, a, um dankbar, willkommen, beliebt 20
gravis, e schwer 24

habēre, habeō, habuī, habitum haben, halten 9, 25
hercule(s)! beim Herkules! 38
hīc hier 1
hic, haec, hoc dieser, diese, dieses (hier); folgender 26
hinc *Adv.* von hier, hierauf 28
hodiē *Adv.* heute 2
homō, hominis *m* Mensch 10
honestus, a, um angesehen, ehrenhaft 32
honor/honōs, honōris *m* Ehre, Ehrenamt 32
honōrī esse *m. Dat.* jmd. Ehre verschaffen 35
hōra Stunde, Zeit 16
multās hōrās viele Stunden lang 16
hospes, hospitis *m* Fremder, Gast, Gastgeber 9
hostis, hostis *m (Gen. Pl.* -ium*)* Feind (Landesfeind) 11
hostēs petere Feinde angreifen 11
hūc *Adv.* hierher 28

iacēre, iaceō, iacuī liegen 29
iam *Adv.* nun, schon 3
ibī dort 1
īdem, eadem, idem derselbe, der gleiche 30
idōneus, a, um geeignet, passend 38
igitur *Adv.* also, folglich 27
īgnis, īgnis *m (Gen. Pl.* -ium*)* Feuer 34
īgnōrāre, īgnōrō nicht kennen, nicht wissen 12
nōn īgnōrāre genau wissen, gut kennen 12
īgnōtus, a, um unbekannt 24
ille, illa, illud jener, jene, jenes 26
illud philosophōrum jenes bekannte Wort der Philosophen 37
illīc *Adv.* dort 25
illūc *Adv.* dahin, dorthin 26
immō (vērō) *Adv.* ja sogar, vielmehr; im Gegenteil 18
imperāre, imperō *(m. Dat.)* befehlen, herrschen (über) 15
imperātor, imperātōris *m* Befehlshaber, Feldherr, Kaiser 10
imperium Befehl, Befehlsgewalt, Herrschaft, Herrschaftsgebiet 16
impetrāre, impetrō erreichen, durchsetzen 32
impetus, impetūs *m* Angriff, Schwung 42
impius, a, um gottlos, gewissenlos 37
impōnere, impōnō, imposuī, impositum auferlegen, (hin)einsetzen 38
imprīmīs *Adv.* besonders, vor allem 14
improbus, a, um schlecht, unanständig 17
in *m. Abl.* in, an, auf, bei *(wo?)* 4
in *m. Akk.* in (... hinein), nach (... hin), gegen *(wohin?)* 3
incēdere, incēdō, incessī, incessum *(m. Akk.)* heranrücken, eintreten; (jmd.) befallen 26
incendere, incendō, incendī, incēnsum entflammen, in Brand stecken 33
incipere, incipiō, incēpī (coepī), inceptum anfangen, beginnen 31
incrēdibilis, e unglaublich 24
inde *Adv.* von dort; darauf; deshalb 36
indicāre, indicō anzeigen, melden 27
indūcere, indūcō, indūxī (hin)einführen, verleiten 9, 17
īnfēstus, a, um feindlich, feindselig 27
ingenium Begabung, Talent 36
ingēns, ingentis gewaltig, ungeheuer 16
inimīcus, a, um feindlich; *Subst.* Feind 16
inīre, ineō, iniī hineingehen; beginnen 20
iniūria Beleidigung, Unrecht, Gewalttat 5
inopia Mangel, Not 31
inquit *(in die wörtl. Rede eingeschoben)* sagt(e) er 12
īnsidiae, īnsidiārum *Pl.* Falle, Attentat, Hinterlist 15
īnstāre, īnstō, īnstitī bevorstehen, hart zusetzen 20
īnstituere, īnstituō, īnstituī beginnen, einrichten, unterrichten 10, 15
īnstruere, īnstruō, īnstrūxī, īnstrūctum aufstellen, ausrüsten; unterrichten 25
intellegere, intellegō, intellēxī (be)merken, verstehen 23
inter *m. Akk.* unter, während; zwischen 28

interea *Adv.* inzwischen, unterdessen 27
interesse, intersum *m. Dat.* dazwischen sein, teilnehmen an 9
interest *(m. Gen.)* es ist wichtig (für jmd.) 31
interficere, interficiō, interfēcī, interfectum töten, vernichten 25
interrogāre, interrogō fragen 17
intrā *m. Akk.* innerhalb (von) 30
intrāre, intrō betreten, eintreten 3
intus *Adv.* im Inneren, innen
invenīre, inveniō, invēnī finden, erfinden 24
invītus, a, um ungern, gegen den Willen 32
ipse, ipsa, ipsum *(Gen.* ipsīus, *Dat.* ipsī*)* (er, sie, es) selbst 29
īra Zorn 11
īre, eō, iī gehen 20
is, ea, id dieser, diese, dieses; er, sie, es 15
iste, ista, istud *(Gen.* istīus, *Dat.* istī*)* dieser (da) 42
ita *Adv.* so 12
itaque *Adv.* deshalb 3
iter, itineris *n* Reise, Weg, Marsch 9
iterum *Adv.* wiederum 18
 iterum atque iterum immer wieder 18
iubēre, iubeō, iussī *(m. Akk.)* anordnen, befehlen 6, 21
iūcundus, a, um angenehm, erfreulich 23
iūdicium Gericht, Urteil 39
iuvenis, iuvenis *m* junger Mann; *Adj.* jung 28
iuventūs, iuventūtis *f* Jugend 39

labor, labōris *m* Anstrengung, Arbeit 13
 labōrēs subīre Arbeiten verrichten 33
labōrāre, labōrō arbeiten 6
labōrāre *m. Abl.* leiden (an) 41
lacrima Träne 11
laedere, laedō, laesī beschädigen, verletzen 17
laetitia Freude 41
laetus, a, um froh; fruchtbar 37
laudāre, laudō loben 4
laus, laudis *f* Lob, Ruhm 38
 laudī esse lobenswert sein 38
lavāre, lavō, lāvī, lautum waschen, reinigen 35
 manus manum lavat eine Hand wäscht die andere 35
lectus Bett, Liegesofa 29
lēgātiō, lēgātiōnis *f* Gesandtschaft 23
lēgātus Gesandter, Bevollmächtigter 23
legere, legō, lēgī, lēctum lesen, auswählen 10, 25
legiō, legiōnis *f* Legion (ca. 5000–6000 Mann) 13
levis, e leicht, leichtsinnig 33

lēx, lēgis *f* Gesetz, Bedingung 32
libēns, libentis gern 23
līber, lībera, līberum frei 24
liber, librī Buch 10
līberāre, līberō befreien, freilassen 12
 līberāre (ā/ab) *m. Abl.* befreien von 34
līberī, līberōrum *Pl.* Kinder 6
lībertās, lībertātis *f* Freiheit 40
lībertīnus Freigelassener 38
lībertus Freigelassener 8
lībet, lībuit es gefällt 33
licentia Freiheit, Willkür 40
licet es ist erlaubt, es ist möglich 5
lingua Rede, Sprache 35
littera Buchstabe; *Pl.* Brief; Literatur, Wissenschaft 39
 litterīs mandāre schriftlich festhalten, aufschreiben 39
lītus, lītoris *n* Küste, Strand 21
locus Ort, Platz, Stelle 24
longus, a, um lang, weit 25
lūctus, lūctūs *m* Trauer 30
lūdus Spiel, Wettkampf; Schule 2
lūx, lūcis *f* Licht, Tageslicht 15
 prīmā lūce bei Tagesanbruch 15

magis *Adv.* mehr, eher 28
magistrātus, magistrātūs *m* Amt; Beamter 30
magnitūdō, magnitūdinis *f* Größe 37
magnus, a, um groß, bedeutend 12
 magnā vōce mit lauter Stimme 12
 magnī aestimāre hoch schätzen 31
 magnō constāre viel kosten, teuer sein 35
 magnō pretiō emere/vendere (für einen hohen Preis) teuer kaufen/verkaufen 35
māiōres, māiōrum *m* Vorfahren 9
male *Adv.* schlecht, schlimm 31
malum Leid, Übel, Unglück 33
mandāre, mandō einen Auftrag geben, übergeben 25
 litterīs mandāre schriftlich festhalten, aufschreiben 39
manēre, maneō, mānsī *(m. Akk.)* bleiben, warten (auf) 13
manifestus, a, um offenkundig; überführt 17
manus, manūs *f* Hand; Schar (von Bewaffneten) 30, 39
 manus manum lavat eine Hand wäscht die andere 35
mare, maris *n (Gen. Pl.* -ium*)* Meer 19

marītus Ehemann 11
māter, mātris *f* Mutter 6
maximē *Adv.* am meisten, besonders 35
maximus, a, um der größte, sehr groß 35
mē *Akk.* mich 13
membrum Glied, Körperteil 28
memor, memoris *m. Gen.* in Erinnerung an 30
memoria Erinnerung, Gedächtnis; Zeit 37
memoriā tenēre im Gedächtnis behalten 37
memoriae studēre das Gedächtnis üben 39
mēns, mentis *f (Gen. Pl.* -ium*)* Geist, Sinn, Verstand; Meinung 32
mēnsa Tisch 6
mercātor, mercātōris Kaufmann, Händler 3
metuere, metuō, metuī (sich) fürchten 29
metus, metūs *m* Angst 30
meus, a, um mein 13
mihi *Dat.* mir 11
mīles, mīlitis *m* Soldat 13
mīlitēs conscrībere Soldaten anwerben 40
mīlitāris, e Kriegs-, militärisch 36
minimus, a, um der kleinste, der geringste 35
minus *Adv.* weniger 37
mīrus, a, um wunderbar, erstaunlich 24
miser, misera, miserum arm, erbärmlich, unglücklich 12
miseria Not, Elend, Unglück 26
mittere, mittō, mīsī, missum (los)lassen, werfen 6, 15, 25
modo *Adv.* eben (noch) 24; nur 38
modus Art, Weise; Maß 31
moenia, moenium *n Pl.* (Stadt-)Mauern 13
mollis, e weich, angenehm; freundlich 38
monēre, moneō, monuī (er)mahnen 15
mōns, montis *m (Gen. Pl.* -ium*)* Berg 8
mōnstrum Wunderzeichen; Ungeheuer, Gespenst 24
monumentum Denkmal 16
morbus Krankheit 37
mors, mortis *f (Gen. Pl.* -ium*)* Tod 12
mortālis, e sterblich; *Subst.* Mensch 26
mōs, mōris *m* Sitte, Brauch; *Pl.* Charakter 9
mōtus, mōtūs *m* Bewegung 30
mōtus terrae Erdbeben 30
movēre, moveō, mōvi, mōtum bewegen 24, 25
mox *Adv.* bald, dann 24
mulier, mulieris *f* Frau 3
multa *n Pl.* viel(es) 12
multī, ae viele 12
multitūdō, multitūdinis *f* große Zahl, Menge 10
multum *Adv.* sehr, viel 36
multum/omnia posse (viel/alles können) große/ unumschränkte Macht haben 39
multum valēre viel gelten 23
multus, a, um viel 12
multōs annōs viele Jahre (lang) *(wie lange?)* 16
multā nocte in tiefer Nacht 15
multās hōrās viele Stunden lang 16
mūnīre, mūniō, mūnīvī bauen, befestigen, schützen 11
mūnus, mūneris *n* *Aufgabe; Geschenk 9*
mūrus Mauer 11
mūtāre, mūtō (ver)ändern, verwandeln 31

nam denn, nämlich 1
narrāre, narrō *(*dē *m. Abl.)* erzählen (von/über) 9
nātūra Beschaffenheit, Natur, Wesen 28
nauta *m* Seemann, Matrose 19
nāvis, nāvis *f (Gen. Pl.* -ium*)* Schiff 16
-ne *(angehängt) (unübersetzte Fragepartikel)* 10
-ne ... an ob ... oder 41
-ne *im indir. Fragesatz* ob 41
nē *Subj. m. Konj.* dass nicht, damit nicht; dass (nach Ausdrücken des Fürchtens und Hinderns) 40
necāre, necō, necāvī töten 11
necessārius, a, um notwendig 31
negāre, negō verneinen, leugnen; verweigern 18
neglegere, neglegō, neglēxī, neglēctum nicht beachten, vernachlässigen 30
negōtium Aufgabe, Geschäft, Angelegenheit 8
nēmō, nēminis niemand 17
nēmō nescit jeder weiß 17
neque und nicht, auch nicht, nicht einmal 14
neque ... neque weder ... noch 19
nescīre, nesciō, nescīvī nicht wissen 14
nēmō nescit jeder weiß 17
nex, necis *f* Mord, Tod 11
nihil/nīl nichts 28
nimis *Adv.* (all)zu, (all)zu sehr 21
nimium Adv. (all)zu, (all)zu sehr 38
nimius, a, um übermäßig, zu groß 26
nisī *Subj.* wenn nicht 27
nō(vī)sse, nōvī *Perf.* kennen, wissen 36
nōbilis, e adelig, berühmt, vornehm 20
nōbilitās, nōbilitātis *f* Adel, vornehme Abstammung 39
nōbīs *Dat.* uns 13
nocturnus, a, um nächtlich 24
nōlle, nōlō, nōluī nicht wollen 7, 11

nōmen, nōminis *n* Name 25
nōmināre, nōminō nennen 30
nōmine namens, mit Namen 36
nōn nicht 3
nōn dēbēre nicht dürfen 18
nōn iam *Adv.* nicht mehr 3
nōn īgnōrāre genau wissen, gut kennen 12
nōn modo ... sed etiam nicht nur ... sondern auch 36
nōn sōlum ... sed etiam nicht nur ... sondern auch 13
nōndum noch nicht 38
nōn-ne *im dir. Fragesatz:* nicht? 7
nōnnūllī, ae, a einige, manche 17
nōs *Nom./Akk.* wir/uns 13
nōscere, nōscō, nōvī, nōtum erkennen, kennen lernen 36
noster, nostra, nostrum unser 13
novus, a, um neu, ungewöhnlich 16
novīs rēbus studēre nach Umsturz streben 40
quid novī? was an Neuigkeiten? 36
nox, noctis *f (Gen. Pl.* -ium*)* Nacht 15
diēs noctēsque Tage und Nächte (lang) *(wie lange?)* 33
nūbere, nūbō, nūpsī, nūptum *m. Dat.* heiraten 29
nūllus, a, um *(Gen.* nūllīus, *Dat.* nūllī*)* kein 29
num *im dir. Fragesatz* etwa? 12
num *im indir. Fragesatz* ob 41
nūmen, nūminis *n* Gottheit, göttlicher Wille 34
numerus Menge, Zahl 39
numquam *Adv.* niemals 4
nunc *Adv.* jetzt, nun 2
nūntiāre, nūntiō melden 5
nūntius Bote, Nachricht 5
nūper *Adv.* neulich, vor kurzem 17

ō(h) ach, oh 11
ob *m. Akk.* wegen; für 36
obscūrus, a, um dunkel, unbekannt 19
obsecrāre, obsecrō anflehen, bitten 32
observāre, observō beobachten 19
obses, obsidis *m/f* Geisel 40
obtinēre, obtineō, obtinuī (in Besitz) nehmen, (besetzt) halten 32
occidere, occidō, occidī umkommen, untergehen 42
occīdere, occīdō, occīdī, occīsum niederschlagen, töten 32
occupāre, occupō besetzen, einnehmen 12
occurrere, occurrō, occurrī begegnen, entgegentreten 28
oculus Auge 7
officium Dienst, Pflicht(gefühl) 25
omnis, e ganz, jeder; *Pl.* alle 20
oportet, oportuit es ist nötig, es gehört sich 18
oppidum Stadt 13
oppūgnāre, oppūgnō angreifen 42
ops, opis *f* Hilfe; Kraft; *Pl.* Macht, Mittel, Reichtum 29
optāre, optō wünschen 27
optimus, a, um der beste, sehr gut 35
opus est *m. Abl.* es ist nötig, man braucht 29
ōrāculum Orakel, Götterspruch, Orakelstätte 23
ōrāre, ōrō *(m. dopp. Akk.)* bitten (jmd. um etwas) 8
ōrātiō, ōrātiōnis *f* Rede 9
orbis, orbis *m (Gen. Pl.* -ium*)* Kreis(lauf); Erdkreis, Welt 22
orbis terrārum Erdkreis 41
ōrdō, ōrdinis *m* Ordnung, Reihe, Stand 39
ōrnāre, ōrnō schmücken 6
ōs, ōris *n* Gesicht, Mund 38
in ōre omnium esse in aller Munde sein 38
ostendere, ostendō, ostendī zeigen, darlegen 6, 15
ōtium freie Zeit, Ruhe (von berufl. Tätigkeit) 36; Frieden 41

paene *Adv.* fast, beinahe 18
palam *Adv.* bekannt, in der Öffentlichkeit 25
pār, paris ebenbürtig, gleich 42
parāre, parō bereiten, vorbereiten; vorhaben; erwerben 6
parcere, parcō, pepercī *m. Dat.* schonen, sparen 22
parēns, parentis *m/f* Vater, Mutter 8
parentēs, parentum *m Pl.* Eltern 8
pārēre, pāreō gehorchen, sich richten nach 9
pariter *Adv.* ebenso, gleichzeitig 25
pars, partis *f (Gen. Pl.* -ium*)* Richtung, Seite, Teil 31
parvus, a, um klein, gering 34
pater, patris *m* Vater 7
patēre offen stehen, sich erstrecken 2
patrēs (cōnscriptī), patrum (cōnscrīptōrum) *Pl.* Senatoren 31
patria Heimat 5
patrōnus Patron, (Schutzherr) 8
paucī, ae, a wenige 15
paulātim *Adv.* allmählich 25

paulō *Adv.* (um) ein wenig 6
  paulō ante kurz vorher 18
  paulō post kurz darauf 6
pāx, pācis *f* Friede 8
pecūnia Geld, Vermögen 4
pellere, pellō, pepulī, pulsum schlagen, vertreiben 15, 31
per *m. Akk.* durch, hindurch 3
perdere, perdō, perdidī, perditum zugrunde richten 29
perficere, perficiō, perfēcī, perfectum erreichen, fertig stellen, vollenden 41
perīculum Gefahr 5
perīre, pereō, periī zugrunde gehen, umkommen 20
  periī ich bin verloren 20
permovēre, permoveō, permōvī, permōtum beunruhigen, veranlassen 24, 26
perpetuus, a, um dauerhaft, ewig 29
perspicere, perspiciō, perspexī erkennen, genau betrachten, sehen 16
persuādēre, persuādeō, persuāsī, persuāsum *m. Dat.* überzeugen *(mit AcI/Inf.)* 30
perterrēre, perterreō, perterruī sehr erschrecken, einschüchtern 24
pertinēre, pertineō *(ad m. Akk.)* betreffen, gehören (zu), sich erstrecken (bis) 36
  quid ad rem pertinet? was tut das zur Sache? 36
perturbāre, perturbō in Verwirrung, bringen 24
pervenīre, perveniō, pervēnī ad/in *m. Akk.* kommen zu/nach 8, 13
pēs, pedis *m* Fuß 38
petere, petō, petīvī (auf)suchen, (er)streben, bitten, verlangen 3, 11
  fugā salūtem petere die Rettung in der Flucht suchen, die Flucht ergreifen 27
  hostēs/urbem petere (Feinde/eine Stadt) angreifen 11
philosophia Philosophie 31
philosophus Philosoph 24
  illud philosophōrum jenes bekannte Wort der Philosophen 37
pīrāta *m* Pirat, Seeräuber 19
pius, a, um fromm, gerecht, pflichtbewusst 21
placēre, placeō gefallen 6
placet *m. Dat.* es gefällt jmd., jmd. beschließt 10
plēbs, plēbis *f* (nicht adeliges, einfaches) Volk 39
plēnus, a, um *(m. Gen.)* voll (von/mit) 30
plērīque, plēraeque, plēraque die meisten, sehr viele 18
plūrēs, a mehr 35
plūrimī, ae, a sehr viele 35
plūrimum *Adv.* am meisten, sehr viel 39
poena Strafe 39
poēta *m* Dichter 10
pōnere, pōnō, posuī, positum (auf)stellen, (hin)legen, setzen 25
pōns, pontis *m* Brücke 27
populus Volk 2
porta Tor 2
portāre, portō tragen, bringen 6
portus, portūs *m* Hafen 35
poscere, poscō, poposcī fordern, verlangen 40
posse, possum, potuī können 11
post *m. Akk.* hinter, nach; *Adv.* dann, später 6
  paulō post kurz darauf 6
posteā *Adv.* nachher, später 9
posterī, posterōrum *Pl.* die Nachkommen 21
postquam *Subj. m. Ind. Perf.* nachdem 13
postrēmō *Adv.* schließlich 36; kurz (gesagt) 37
postulāre, postulō fordern 15
potēns, potentis mächtig, stark 16
potentia Macht 16
potestās, potestātis *f* (Amts-)Gewalt, Macht 39
praebēre, praebeō geben, hinhalten 9
  aurēs praebēre Gehöre schenken, zuhören 31
  sē praebēre *m. Akk.* sich zeigen (als), sich erweisen (als) 34
praeclārus, a, um großartig 26
praeda Beute 20
praeesse, praesum, praefuī *m. Dat.* an der Spitze stehen, leiten 36
praemium Belohnung, Lohn, (Sieges-)Preis 2
praesidium (Wach-)Posten, Schutztruppe 37
praestāre, praestō, praestitī *m. Dat.* übertreffen, *m. Akk.* gewähren, leisten, zeigen 16, 33
  fidem praestāre die Treue halten 33
premere, premō, pressī, pressum (unter)drücken, bedrängen 29
pretium Preis, Wert, Geld 35
  magnō pretiō emere/vendere (für einen hohen Preis) teuer kaufen/verkaufen 35
prex, precis *f* Bitte; *Pl.* Gebet 25
primō *Adv.* zuerst 7
prīmus, a, um der erste 15
  prīmā lūce bei Tagesanbruch 15
prīnceps, prīncipis *m* der Erste, der führende Mann 40
prīstinus, a, um früher 26
prius *Adv.* früher, zuerst 37

prō *m. Abl.* an Stelle von, für 4
probāre, probō beweisen, für gut befinden 7
probus, a, um anständig, gut 20
prōcēdere, prōcēdō, prōcessī (vorwärts) gehen, vorrücken 24
proelium Kampf, Schlacht 13
proelium committere eine Schlacht schlagen 32
profectō *Adv.* sicherlich, tatsächlich 15
prohibēre, prohibeō, prohibuī *(ā m. Abl.)* abhalten (von), hindern (an) 11
prōmittere, prōmittō, prōmīsī versprechen 21
properāre, properō eilen, sich beeilen 1
propinquus Verwandter 8
propter *m. Akk.* wegen 12
prōtinus *Adv.* sofort 17
prōvidēre, prōvideō, prōvīdī, prōvīsum (ut) dafür sorgen (dass) 41
prōvincia Provinz 10
pūblicus, a, um öffentlich, staatlich 25
pudet, puduit es beschämt 33
puella Mädchen 6
puer, puerī Junge, Bub 6
pūgna Kampf 27
pūgnāre, pūgnō kämpfen 5
pulcher, pulchra, pulchrum schön 16
putāre, putō glauben, meinen 17
putāre *m. dopp. Akk.* halten für 17

quaerere, quaerō, quaesīvī erwerben wollen, suchen 17
quaerere ex *m. Abl.* jmd. fragen 18
quam als, wie 37
quamquam *Subj.* obwohl 16
quandō? wann? 23
quantus, a, um wie groß, wie viel 41
quārē weshalb, wodurch; *rel. Satzanschluss:* deshalb 30, 38
quasi *Adv.* gleichsam, geradezu, fast 33
-que und 7
quī, quae, quod welcher, welche, welches; der, die, das 14
quia *Subj. m. Ind.* weil 14
quid? was? 3
quid āctum est? was ist passiert? 38
quid ad rem pertinet? was tut das zur Sache? 36
quid novī? was an Neuigkeiten? 36
quīdam, quaedam, quoddam *(Akk. Sg.* **quendam, quandam***)* ein gewisser, irgendeiner; *Pl.* einige 37
quiēscere, quiēscō, quiēvī (aus)ruhen; schlafen 19
quīn *im Hauptsatz* vielmehr; warum nicht? 17
quippe freilich 35
quis? wer? 3
quis vestrum? wer von euch? 36
quisnam, quidnam wer denn, was denn? 33
quō wie, wo, wohin 33
quod *Subj. m. Ind.* dass, weil 5
quondam *Adv.* einst, einmal; manchmal 24
quoque *(nachgestellt)* auch 9
quotiēns wie oft, so oft 19

rapere, rapiō, rapuī wegführen, rauben, wegreißen 17
rārus, a, um selten, vereinzelt 38
ratiō, ratiōnis *f* Grund, Vernunft, Überlegung; Berechnung; Art und Weise 33
recēns, recentis frisch, neu 27
recipere, recipiō, recēpī, receptum aufnehmen, wieder bekommen, zurücknehmen 28
sē recipere sich zurückziehen 28
rēctē *Adv.* geradeaus, richtig, zu Recht 36
reddere, reddō, reddidī, redditum *m. dopp. Akk.* jmd. zu etwas machen 34
redīre, redeō, rediī zurückgehen, zurückkehren 23
redūcere, redūcō, redūxī, reductum zurückführen, zurückziehen 27
referre, referō, rettulī, relātum (zurück)bringen, berichten 40
regere, regō, rēxī lenken, leiten; beherrschen 20
regiō, regiōnis *f* Gebiet, Gegend, Richtung 21
rēgius, a, um königlich 26
rēgnum (Königs-)Herrschaft, Reich 16
religiō, religiōnis *f* Glauben, (Gottes-)Verehrung, Frömmigkeit, Gewissenhaftigkeit; Aberglaube 25
relinquere, relinquō, relīquī unbeachtet lassen, verlassen, zurücklassen 3, 13
remanēre, remaneō, remānsī (zurück)bleiben 7, 14
repellere, repellō, reppulī, repulsum zurückstoßen, abweisen, vertreiben 28
repente *Adv.* plötzlich 5
reperīre, reperiō, repperī (wieder)finden 17
repetere, repetō, repetīvī, repetītum (zurück)verlangen, wiederholen 28
reprehendere, reprehendō, reprehendī, reprehēnsum kritisieren, wieder aufgreifen 31
rēs, reī *f* Angelegenheit, Ding, Sache 33
novīs rēbus studēre nach Umsturz streben 40
quid ad rem pertinet? was tut das zur Sache? 36
rē vērā in Wirklichkeit, tatsächlich 41

rēs adversae unglückliche Umstände, Unglück 33
rēs gestae Taten 41
rēs pūblica Staat 41
resistere, resistō, restitī stehen bleiben; Widerstand leisten 31
respicere, respiciō, respexī, respectum zurückblicken; berücksichtigen 25
respondēre, respondeō, respondī antworten, entsprechen 5, 15
restāre, restō, restitī übrig bleiben; Widerstand leisten 13, 15
retinēre, retineō, retinuī behalten, festhalten, zurückhalten 34
revocāre, revocō zurückrufen 40
rēx, rēgis *m* König 12
rīdēre, rīdeō, rīsī lachen, auslachen 1
rīpa Ufer 11
rogāre, rogō bitten, erbitten, fragen 1
Rōmam nach Rom 13
ruere, ruō, ruī eilen, stürmen, stürzen 17
rūrsus *Adv.* wieder 28

sacer, sacra, sacrum *(m. Gen.)* geweiht, heilig 30
sacerdōs, sacerdōtis *m/f* Priester(in) 23
sacrum Opfer, Heiligtum 7
saepe *Adv.* oft 34
saevus, a, um schrecklich, wild, wütend 34
salūs, salūtis *f* Gesundheit, Glück, Rettung, Gruß 8
fugā salūtem petere die Rettung in der Flucht suchen, die Flucht ergreifen 27
salūtem dīcere *m. Dat.* jmd. grüßen 24
salvē! sei gegrüßt! 1
salvēte! seid gegrüßt! 1
sanguis, sanguinis *m* Blut 25
sapere, sapiō, sapiī Geschmack haben, Verstand haben 42
satis *Adv.* genug 33
scelerātus, a, um verbrecherisch, schädlich; *Subst.* Verbrecher 19
scelus, sceleris *n* Verbrechen; Schurke 12
scelus committere ein Verbrechen begehen 17
scīlicet *Adv.* freilich, natürlich, selbstverständlich 35
scīre, sciō kennen, verstehen, wissen 10
scrībere, scrībō, scrīpsī, scrīptum beschreiben, schreiben 37
sē *Akk.* sich 11
sē gerere sich verhalten 21
sē praebēre *m. Akk.* sich zeigen (als), sich erweisen (als) 34
sē recipere sich zurückziehen 28
sēcum mit sich, bei sich 18
sed aber, sondern 2
sedēre, sedeō, sēdī sitzen 19
sēdēs, sēdis *f* Platz, Sitz, Wohnsitz 34
semper *Adv.* immer 4
senātor Senator 1
senātus, senātūs *m* Senat, Senatsversammlung, Rat 30
senex, senis *m* Greis, alter Mann 4
sententia Antrag (im Senat), Meinung 13; Satz, Sinn 27
sentīre, sentiō, sēnsī fühlen, meinen, wahrnehmen 18
sermō, sermōnis *m* Äußerung, Gerde, Gespräch, Sprache 39
serva Sklavin 6
servāre, servō *(ā m. Abl.)* bewahren, retten (vor) 10
servus Sklave 1
sī *Subj.* falls, wenn 12
sibi *Dat.* sich 16
sibi adiungere für sich gewinnen 16
sīdus, sīderis *n* Stern, Sternbild 39
sīgnum Merkmal, Zeichen 2; Statue 26
silentium Schweigen, Stille 24
silva Wald 28
simul *Adv.* zugleich, gleichzeitig 26
sine *m. Abl.* ohne 5
sinere, sinō, sīvī lassen, erlauben 24
singulus, a, um je ein, jeder einzelne 38
sinistra linke Hand 10
socius Gefährte, Verbündeter 32
sōlācium Trost(mittel) 29
solēre, soleō *(m. Inf.)* gewöhnlich etwas tun, gewohnt sein 42
sollicitāre, sollicitō aufhetzen, beunruhigen, erregen 33
sōlum *Adv.* nur 13
sōlus, a, um allein, einzig 14
solvere, solvō, solvī, solūtum auflösen, bezahlen, lösen 28
somnus Schlaf 15
soror, sorōris *f* Schwester 8
sors, sortis *f (Gen. Pl.* -ium*)* Los, Orakelspruch, Schicksal 12
sortem dare einen Orakelspruch geben 23
speciēs, speciēī *f* Anblick, Aussehen, Schein 41

spectāculum Schauspiel 26
spectāre, spectō betrachten, hinsehen; anstreben 3, 38
spēs, speī *f* Erwartung, Hoffnung 33
sponte meā (tuā, suā) freiwillig, aus eigener Kraft, von selbst 21
stāre, stō, stetī stehen 1, 15
statim *Adv.* auf der Stelle, sofort 3
statuere, statuō, statuī aufstellen, beschließen, festsetzen 23
statūra Gestalt, Statur 37
studēre, studeō, studuī *(m. Dat.)* sich (wissenschaftlich) beschäftigen, sich bemühen (um), streben (nach) 14
memoriae studēre das Gedächtnis üben 39
novīs rēbus studēre nach Umsturz streben 40
subīre, subeō, subiī, subitum auf sich nehmen, herangehen 33
labōrēs subīre Arbeiten verrichten 33
subitō plötzlich 1
sūmere, sūmō, sūmpsī, sūmptum nehmen 4, 35
summus, a, um der höchste, der letzte, der oberste 15
sūmptus, sūmptūs *m* der Aufwand, die Kosten 36
sūmptūs facere Ausgaben tätigen 36
superāre, superō besiegen, überragen, übertreffen 14
superbia Stolz, Überheblichkeit 23
superbus, a, um stolz, überheblich 12
supplex, supplicis demütig bittend 25
supplicium flehentliches Bitten; Strafe, Hinrichtung 23
surgere, surgō, surrēxī aufstehen, sich erheben; aufrichten 2, 15
suscipere, suscipiō, suscēpī, susceptum *m. Akk.* auf sich nehmen, sich (einer Sache) annehmen, unternehmen 29
sustinēre, sustineō, sustinuī ertragen, standhalten 29
suus, a, um ihr, sein 13

taberna Laden, Werkstatt, Gasthaus 3
tabula Tafel, Gemälde; Aufzeichnung 26
tacēre, tacet schweigen 2
tālis, e derartig, ein solcher, so (beschaffen) 24
tam so 21
tamen dennoch, jedoch 4
tametsī obwohl 39
tandem endlich; denn eigentlich 2, 23
tangere, tangō, tetigī, tāctum berühren 28
tantum *(nachgestellt)* nur 4
tantus, a, um so groß, so viel 26
tē *Akk.* dich 4
tēctum Dach, Haus 29
temperāre, temperō *m. Akk.* lenken, ordnen 16
templum Tempel 1
temptāre, temptō angreifen; prüfen, versuchen 27
tempus, temporis *n* (ungünstige) Zeit; *Pl.* Umstände 24
tendere, tendō, tetendī, tentum sich anstrengen, spannen; (aus)strecken 30
tenebrae, tenebrārum *Pl.* Dunkelheit, Finsternis 24
tenēre, teneō, tenuī besitzen, festhalten, halten 11
memoriā tenēre im Gedächtnis behalten 37
terra Erde, Land 30
mōtus terrae Erdbeben 30
orbis terrārum Erdkreis 41
ubī terrārum? wo in aller Welt? 36
terrēre, terreō, terruī erschrecken 12
testis, testis *m/f (Gen. Pl.* -ium*)* Zeuge 41
theātrum Theater 37
thermae, thermārum *Pl.* Thermen, Badeanlage 4
tibi *Dat.* dir 13
timēre, timeō, timuī Angst haben, fürchten 12
timēre, nē fürchten, dass 40
timor, timōris *m* Angst, Furcht 27
timōre agitārī von Furcht gequält werden 29
toga Toga (Kleidungsstück des römischen Mannes) 7
tollere, tollō, sustulī, sublātum aufheben, in die Höhe heben, wegnehmen 3, 31
clāmōrem tollere ein Geschrei erheben 3
torquēre, torqueō, torsī, tortum drehen, quälen, schleudern 33
tōtus, a, um *(Gen.* tōtīus, *Dat.* tōtī*)* ganz 12
tōtam noctem die ganze Nacht hindurch 18
tōtum annum das ganze Jahr 16
trādere, trādō, trādidī, trāditum übergeben, überliefern 39
trahere, trahō, trāxī ziehen, schleppen 19
trānsīre, trānseō, trānsiī hinüber gehen, überschreiten, durchqueren 20
trēs, trēs, tria drei 38
tristis, e traurig, unfreundlich 21
triumphus Triumph(zug) 26
tū (betont) du 6
tum da, damals, darauf, dann 1
tunc *Adv.* damals, dann 37
tunica Tunika (Unterkleid unter der Toga) 7
turba Menschenmenge, Lärm, Verwirrung 1

turbāre, turbō durcheinander bringen, stören 19
turpis, e (sittlich) schlecht, hässlich, schändlich 23
tūtus, a, um *(ā m. Abl.)* sicher (vor) 12
in tūtō in Sicherheit 19
tuus, a, um dein 13

ubi *Subj. m. Ind.* sobald 11
ubī? wo? 1
ubī terrārum? wo in aller Welt? 36
ultimus, a, um der äußerste, der entfernteste, der letzte 12
umbra Schatten 34
umerus Oberarm, Schulter 18
ūnā *Adv.* zugleich, zusammen 32
unda Welle, Gewässer 19
unde woher 38
undique *Adv.* von allen Seiten 5
ūnus, a, um *(Gen.* ūnīus, *Dat.* ūnī*)* ein(er), ein einziger 13
ūnus ex/dē *m. Abl.* einer von 13
urbs, urbis *f (Gen. Pl.* -ium*)* Stadt, Hauptstadt 10
urbem petere eine Stadt angreifen 11
ūsus, ūsūs *m* Benutzung, Nutzen 35
ūsuī esse von Nutzen sein 35
ut *Adv.* wie 23
ut *Subj. m. Konj.* dass, sodass, damit 40
utrum ... an ob ... oder 41
uxor, uxōris *f* Ehefrau 4

valē leb wohl! 24
valēre, valeō, valuī Einfluss haben, gesund sein, stark sein 16
multum valēre viel gelten 23
varius, a, um bunt, verschieden, vielfältig 36
vāstus, a, um riesig; öde, verwüstet 33
vehemēns, vehementis heftig, energisch, kritisch 16
vehere, vehō, vēxī, vectum fahren, tragen, ziehen 35
velle, volō, voluī wollen 7, 11
vendere, vendō verkaufen 3
magnō pretiō vendere (für einen hohen Preis) teuer verkaufen 35
venia Gefallen, Nachsicht, Verzeihung 32
venīre, veniō, vēnī kommen 8, 13
ventus Wind 19
verbum Wort, Äußerung 7
vērō *Adv.* aber 13; in der Tat, wirklich 18
versus, versūs *m* Zeile, Vers 39
vertere, vertō, vertī, versum drehen, wenden 30
vērus, a, um echt, richtig, wahr 16
vester, vestra, vestrum euer 14
vestīgium Fußsohle, Spur, Stelle 28
vestis, vestis *(Gen. Pl.* vestium*)* Kleid, Kleidung 4, 7
vetāre, vetō, vetuī verhindern, verbieten 28
vetus, veteris alt 42
via Straße, Weg 8
victor, victōris *Adj.* siegreich 26
victor, victōris *m* Sieger 2
victōria Sieg 5
vīcus Dorf, Gasse 40
vidēre, videō, vīdī, vīsum sehen, darauf achten 3, 13, 25
vigilia Nachtwache, (Wach-)Posten 29
vīgintī *indekl.* zwanzig 7
vīlla Haus, Landhaus 41
vincere, vincō, vīcī, victum (be)siegen, übertreffen 13, 26
vinculum Band, Fessel; *Pl.* Gefängnis 24
vindicāre in *m. Akk.* vorgehen gegen 31
vīnum *Wein 4*
vir, virī Mann 11
vīrēs, vīrium *f* (Streit-)Kräfte 18
virgō, virginis *f Mädchen 18*
virtūs, virtūtis *f* Tapferkeit, Tüchtigkeit, Vortrefflichkeit, Leistung; *Pl.* gute Eigenschaften, Verdienste 14
vīs, *Akk.* vim, *Abl.* vī *f* Gewalt, Kraft; Menge 18
vīsere, vīsō, vīsī, vīsum besichtigen, besuchen 37
vīta Leben, Lebensweise 14
vītam agere (sein) Leben führen 33
vītāre, vītō meiden, vermeiden 15
vīvere, vīvō, vīxī leben 5, 30
vīvus, a, um lebend, lebendig 42
vix *Adv.* kaum, (nur) mit Mühe 29
vōbīs *Dat.* euch 9
vocāre, vocō rufen, nennen 6
vocāre, vocō *m. dopp. Akk.* bezeichnen als 13
volāre, volō fliegen; eilen 19
voluptās, voluptātis *f Lust, Vergnügen 36*
vōs *Nom./Akk.* ihr/euch 13
vōx, vōcis *f* Äußerung, Laut, Stimme 8
magnā vōce mit lauter Stimme 12
vulgus, vulgī *n* die Leute (aus dem Volk), der Pöbel, die große Masse 39
vult er, sie, es will 4

Substantive

a-Deklination

	Sg.	Pl.
Nom.	domin-a	domin-ae
Gen.	domin-ae	domin-ārum
Dat.	domin-ae	domin-īs
Akk.	domin-am	domin-ās
Abl.	domin-ā	domin-īs

o-Deklination

	Sg.	Pl.
Nom.	domin-us	domin-ī
Gen.	domin-ī	domin-ōrum
Dat.	domin-ō	domin-īs
Akk.	domin-um	domin-ōs
Abl.	domin-ō	domin-īs

	Sg.	Pl.
Nom.	templ-um	templ-a
Gen.	templ-ī	templ-ōrum
Dat.	templ-ō	templ-īs
Akk.	templ-um	templ-a
Abl.	templ-ō	templ-īs

3. Deklination

	Sg.	Pl.
Nom.	senātor	senātōr-ēs
Gen.	senātōr-is	senātōr-um
Dat.	senātōr-ī	senātōr-ibus
Akk.	senātōr-em	senātōr-ēs
Abl.	senātōr-e	senātōr-ibus

	Sg.	Pl.
Nom.	corpus	corpor-a
Gen.	corpor-is	corpor-um
Dat.	corpor-ī	corpor-ibus
Akk.	corpus	corpor-a
Abl.	corpor-e	corpor-ibus

u-Deklination

	Sg.	Pl.
Nom.	mōt-us	mōt-ūs
Gen.	mōt-ūs	mōt-uum
Dat.	mōt-uī	mōt-ibus
Akk.	mōt-um	mōt-ūs
Abl.	mōt-ū	mōt-ibus

e-Deklination

	Sg.	Pl.
Nom.	rēs	rēs
Gen.	rĕī	rērum
Dat.	rĕī	rēbus
Akk.	rem	rēs
Abl.	rē	rēbus

Adjektive

	Sg. m	f	n	Pl. m	f	n
Nom.	long-us	long-a	long-um	long-ī	long-ae	long-a
Gen.	long-ī	long-ae	long-ī	long-ōrum	long-ārum	long-ōrum
Dat.	long-ō	long-ae	long-ō	long-īs	long-īs	long-īs
Akk.	long-um	long-am	long-um	long-ōs	long-ās	long-a
Abl.	long-ō	long-ā	long-ō	long-īs	long-īs	long-īs

	m	f	n	m	f	n
Nom.	ācer	ācr-is	ācr-e	ācr-ēs	ācr-ēs	ācr-ia
Gen.		ācr-is			ācr-ium	
Dat.		ācr-ī			ācr-ibus	
Akk.	ācr-em	ācr-em	ācr-e	ācr-ēs	ācr-ēs	ācr-ia
Abl.		ācr-ī			ācr-ibus	

	m	f	n	m	f	n
Nom.	trīst-is		trīst-e	trīst-ēs		trīst-ia
Gen.		trīst-is			trīst-ium	
Dat.		trīst-ī			trīst-ibus	
Akk.	trīst-em		trīst-e	trīst-ēs		trīst-ia
Abl.		trīst-ī			trīst-ibus	

	m	f	n	m	f	n
Nom.	fēlīx		fēlīx	fēlīc-ēs		fēlīc-ia
Gen.		fēlīc-is			fēlīc-ium	
Dat.		fēlīc-ī			fēlīc-ibus	
Akk.	fēlīc-em		fēlīx	fēlīc-ēs		fēlīc-ia
Abl.		fēlīc-ī			fēlīc-ibus	

Pronomina

	m	f	n	m	f	n
Nom.	quī	quae	quod	quī	quae	quae
Gen.		cuius		quōrum	quārum	quōrum
Dat.		cui			quibus	
Akk.	quem	quam	quod	quōs	quās	quae
Abl.	quō	quā	quō		quibus	

	m	f	n	m	f	n
Nom.	is	ea	id	eī / iī	eae	ea
Gen.		eius		eōrum	eārum	eōrum
Dat.		eī			eīs / iīs	
Akk.	eum	eam	id	eōs	eās	ea
Abl.	eō	eā	eō		eīs / iīs	

Verben

Präsensstamm Aktiv

Infinitiv		vocā-re	monē-re	audī-re	ag-ĕ-re	capĕ-re
Ind. Präs.	Sg. 1. Pers.	voc-ō	mone-ō	audi-ō	ag-ō	capi-ō
	2. Pers.	vocā-s	monē-s	audī-s	ag-i-s	capi-s
	3. Pers.	voca-t	mone-t	audi-t	ag-i-t	capi-t
	Pl. 1. Pers.	vocā-mus	monē-mus	audī-mus	ag-i-mus	capi-mus
	2. Pers.	vocā-tis	monē-tis	audī-tis	ag-i-tis	capi-tis
	3. Pers.	voca-nt	mone-nt	audi-u-nt	ag-u-nt	capi-u-nt
Konj. Präs.	Sg. 1. Pers.	voce-m	mone-a-m	audi-a-m	ag-a-m	capi-a-m
	2. Pers.	vocē-s	mone-ā-s	audi-ā-s	ag-ā-s	capi-ā-s
	3. Pers.	voce-t	mone-a-t	audi-a-t	ag-a-t	capi-a-t
	Pl. 1. Pers.	vocē-mus	mone-ā-mus	audi-ā-mus	ag-ā-mus	capi-ā-mus
	2. Pers.	vocē-tis	mone-ā-tis	audi-ā-tis	ag-ā-tis	capi-ā-tis
	3. Pers.	voce-nt	mone-a-nt	audi-a-nt	ag-a-nt	capi-a-nt
Ind. Impf.	Sg. 1. Pers.	vocā-ba-m	monē-ba-m	audi-ēba-m	ag-ēba-m	capi-ēba-m
	2. Pers.	vocā-bā-s	monē-bā-s	audi-ēbā-s	ag-ēbā-s	capi-ēbā-s
	3. Pers.	vocā-ba-t	monē-ba-t	audi-ēba-t	ag-ēba-t	capi-ēba-t
	Pl. 1. Pers.	vocā-bā-mus	monē-bā-mus	audi-ēbā-mus	ag-ēbā-mus	capi-ēbā-mus
	2. Pers.	vocā-bā-tis	monē-bā-tis	audi-ēbā-tis	ag-ēbā-tis	capi-ēbā-tis
	3. Pers.	vocā-ba-nt	monē-ba-nt	audi-ēba-nt	ag-ēba-nt	capi-ēba-nt
Konj. Impf.	Sg. 1. Pers.	vocā-re-m	monē-re-m	audī-re-m	ag-e-re-m	cape-re-m
	2. Pers.	vocā-rē-s	monē-rē-s	audī-rē-s	ag-e-rē-s	cape-rē-s
	3. Pers.	vocā-re-t	monē-re-t	audī-re-t	ag-e-re-t	cape-re-t
	Pl. 1. Pers.	vocā-rē-mus	monē-rē-mus	audī-rē-mus	ag-e-rē-mus	cape-rē-mus
	2. Pers.	vocā-rē-tis	monē-rē-tis	audī-rē-tis	ag-e-rē-tis	cape-rē-tis
	3. Pers.	vocā-re-nt	monē-re-nt	audī-re-nt	ag-e-re-nt	cape-re-nt
Futur I	Sg. 1. Pers.	vocā-b-ō	monē-b-ō	audi-a-m	ag-a-m	capi-a-m
	2. Pers.	vocā-bi-s	monē-bi-s	audi-ē-s	ag-ē-s	capi-ē-s
	3. Pers.	vocā-bi-t	monē-bi-t	audi-e-t	ag-e-t	capi-e-t
	Pl. 1. Pers.	vocā-bi-mus	monē-bi-mus	audi-ē-mus	ag-ē-mus	capi-ē-mus
	2. Pers.	vocā-bi-tis	monē-bi-tis	audi-ē-tis	ag-ē-tis	capi-ē-tis
	3. Pers.	vocā-bu-nt	monē-bu-nt	audi-e-nt	ag-e-nt	capi-e-nt
Imperativ	Sg.	vocā	monē	audī	ag-e	cape
	Pl.	vocā-te	monē-te	audī-te	ag-i-te	capi-te
Partizip Präsens		vocā-ns, -ntis	monē-ns, -ntis	audi-ē-ns, -ntis	ag-ē-ns, -ntis	capi-ē-ns, -ntis

Verben
Präsensstamm Passiv

Infinitiv		vocā-rī	monē-rī	audī-rī	ag-ī	cap-ī
Ind. Präs.	Sg. 1. Pers.	voc-or	mone-or	audi-or	ag-or	capi-or
	2. Pers.	vocā-ris	monē-ris	audī-ris	ág-e-ris	cápe-ris
	3. Pers.	vocā-tur	monē-tur	audī-tur	ág-i-tur	cápi-tur
	Pl. 1. Pers.	vocā-mur	monē-mur	audī-mur	ág-i-mur	cápi-mur
	2. Pers.	vocā-minī	monē-minī	audī-minī	ag-i-minī	capi-minī
	3. Pers.	voca-ntur	mone-ntur	audi-u-ntur	ag-u-ntur	capi-u-ntur
Konj. Präs.	Sg. 1. Pers.	voce-r	mone-a-r	audi-a-r	ag-a-r	capi-a-r
	2. Pers.	vocē-ris	mone-ā-ris	audi-ā-ris	ag-ā-ris	capi-ā-ris
	3. Pers.	vocē-tur	mone-ā-tur	audi-ā-tur	ag-ā-tur	capi-ā-tur
	Pl. 1. Pers.	vocē-mur	mone-ā-mur	audi-ā-mur	ag-ā-mur	capi-ā-mur
	2. Pers.	vocē-minī	mone-ā-minī	audi-ā-minī	ag-ā-minī	capi-ā-minī
	3. Pers.	voce-ntur	mone-a-ntur	audi-a-ntur	ag-a-ntur	capi-a-ntur
Ind. Impf.	Sg. 1. Pers.	vocā-ba-r	monē-ba-r	audi-ēba-r	ag-ēba-r	capi-ēba-r
	2. Pers.	vocā-bā-ris	monē-bā-ris	audi-ēbā-ris	ag-ēbā-ris	capi-ēbā-ris
	3. Pers.	vocā-bā-tur	monē-bā-tur	audi-ēbā-tur	ag-ēbā-tur	capi-ēbā-tur
	Pl. 1. Pers.	vocā-bā-mur	monē-bā-mur	audi-ēbā-mur	ag-ēbā-mur	capi-ēbā-mur
	2. Pers.	vocā-bā-minī	monē-bā-minī	audi-ēbā-minī	ag-ēbā-minī	capi-ēbā-minī
	3. Pers.	vocā-ba-ntur	monē-ba-ntur	audi-ēba-ntur	ag-ēba-ntur	capi-ēba-ntur
Konj. Impf.	Sg. 1. Pers.	vocā-re-r	monē-re-r	audī-re-r	ag-e-re-r	cápe-re-r
	2. Pers.	vocā-rē-ris	monē-rē-ris	audī-rē-ris	ag-e-rē-ris	cape-rē-ris
	3. Pers.	vocā-rē-tur	monē-rē-tur	audī-rē-tur	ag-e-rē-tur	cape-rē-tur
	Pl. 1. Pers.	vocā-rē-mur	monē-rē-mur	audī-rē-mur	ag-e-rē-mur	cape-rē-mur
	2. Pers.	vocā-rē-minī	monē-rē-minī	audī-rē-minī	ag-e-rē-minī	cape-rē-minī
	3. Pers.	vocā-re-ntur	monē-re-ntur	audī-re-ntur	ag-e-re-ntur	cape-re-ntur
Futur I	Sg. 1. Pers.	vocā-b-or	monē-b-or	audi-a-r	ag-a-r	capi-a-r
	2. Pers.	vocā-be-ris	monē-be-ris	audi-ē-ris	ag-ē-ris	capi-ē-ris
	3. Pers.	vocā-bi-tur	monē-bi-tur	audi-ē-tur	ag-ē-tur	capi-ē-tur
	Pl. 1. Pers.	vocā-bi-mur	monē-bi-mur	audi-ē-mur	ag-ē-mur	capi-ē-mur
	2. Pers.	vocā-bi-minī	monē-bi-minī	audi-ē-minī	ag-ē-minī	capi-ē-minī
	3. Pers.	vocā-bu-ntur	monē-bu-ntur	audi-e-ntur	ag-e-ntur	capi-e-ntur
Partizip Perfekt Passiv (PPP)		vocā-tus, a, um	moni-tus, a, um	audī-tus, a, um	āc-tus, a, um	cap-tus, a, um

Verben
Perfektstamm

		Aktiv		Passiv
	Inf. Perf. Akt.	vocāv-isse	Inf. Perf. Pass.	vocā-tum esse
Ind. Perf.	Sg. 1. Pers.	vocāv-ī		vocā-tus sum
	2. Pers.	vocāv-istī		vocā-tus es
	3. Pers.	vocāv-it		vocā-tus est
	Pl. 1. Pers.	vocāv-imus		vocā-tī sumus
	2. Pers.	vocāv-istis		vocā-tī estis
	3. Pers.	vocāv-ērunt		vocā-tī sunt
Konj. Perf.	Sg. 1. Pers.	vocāv-erim		vocā-tus sim
	2. Pers.	vocāv-eris		vocā-tus sīs
	3. Pers.	vocāv-erit		vocā-tus sit
	Pl. 1. Pers.	vocāv-erimus		vocā-tī sīmus
	2. Pers.	vocāv-eritis		vocā-tī sītis
	3. Pers.	vocāv-erint		vocā-tī sint
Ind. Plusqpf.	Sg. 1. Pers.	vocāv-eram		vocā-tus eram
	2. Pers.	vocāv-erās		vocā-tus erās
	3. Pers.	vocāv-erat		vocā-tus erat
	Pl. 1. Pers.	vocāv-erāmus		vocā-tī erāmus
	2. Pers.	vocāv-erātis		vocā-tī erātis
	3. Pers.	vocāv-erant		vocā-tī erant
Konj. Plusqpf.	Sg. 1. Pers.	vocāv-issem		vocā-tus essem
	2. Pers.	vocāv-issēs		vocā-tus essēs
	3. Pers.	vocāv-isset		vocā-tus esset
	Pl. 1. Pers.	vocāv-issēmus		vocā-tī essēmus
	2. Pers.	vocāv-issētis		vocā-tī essētis
	3. Pers.	vocāv-issent		vocā-tī essent
Futur II	Sg. 1. Pers.	vocāv-erō		vocā-tus erō
	2. Pers.	vocāv-eris		vocā-tus eris
	3. Pers.	vocāv-erit		vocā-tus erit
	Pl. 1. Pers.	vocāv-erimus		vocā-tī erimus
	2. Pers.	vocāv-eritis		vocā-tī eritis
	3. Pers.	vocāv-erint		vocā-tī erunt

Hilfsverb

		esse Inf. Präs.			fuisse Inf. Perf.	
		Indikativ	Konjunktiv		Indikativ	Konjunktiv
Präsens	Sg. 1. Pers.	su-m	s-i-m	Perfekt	fu-ī	fu-erim
	2. Pers.	es	s-ī-s		fu-istī	fu-eris
	3. Pers.	es-t	s-i-t		fu-it	fu-erit
	Pl. 1. Pers.	s-u-mus	s-ī-mus		fu-imus	fu-erimus
	2. Pers.	es-tis	s-ī-tis		fu-istis	fu-eritis
	3. Pers.	su-nt	s-ī-nt		fu-ērunt	fu-erint
Imperfekt	Sg. 1. Pers.	er-a-m	es-se-m	Plusquamperfekt	fu-eram	fu-issem
	2. Pers.	er-ā-s	es-sē-s		fu-erās	fu-issēs
	3. Pers.	er-a-t	es-se-t		fu-erat	fu-isset
	Pl. 1. Pers.	er-ā-mus	es-sē-mus		fu-erāmus	fu-issēmus
	2. Pers.	er-ā-tis	es-sē-tis		fu-erātis	fu-issētis
	3. Pers.	er-a-nt	es-se-nt		fu-erant	fu-issent
Futur I	Sg. 1. Pers.	er-ō		Futur II	fu-erō	
	2. Pers.	er-i-s			fu-eris	
	3. Pers.	er-i-t			fu-erit	
	Pl. 1. Pers.	er-i-mus			fu-erimus	
	2. Pers.	er-i-tis			fu-eritis	
	3. Pers.	er-u-nt			fu-erint	

Andere Verben

		īre Inf. Präs.			īsse Inf. Perf.	
		Indikativ	Konjunktiv		Indikativ	Konjunktiv
Präsens	Sg. 1. Pers.	e-ō	e-a-m	Perfekt	i-ī	i-erim
	2. Pers.	ī-s	e-ā-s		ī-stī	i-eris
	3. Pers.	i-t	e-a-t		i-it	i-erit
	Pl. 1. Pers.	ī-mus	e-ā-mus		i-imus	i-erimus
	2. Pers.	ī-tis	e-ā-tis		ī-stis	i-eritis
	3. Pers.	e-u-nt	e-a-nt		i-ērunt	i-erint
Imperfekt	Sg. 1. Pers.	ī-ba-m	ī-re-m	Plusquamperfekt	i-eram	īssem
	2. Pers.	ī-bā-s	ī-rē-s		i-erās	īssēs
	3. Pers.	ī-ba-t	ī-re-t		i-erat	īsset
	Pl. 1. Pers.	ī-bā-mus	ī-rē-mus		i-erāmus	īssēmus
	2. Pers.	ī-bā-tis	ī-rē-tis		i-erātis	īssētis
	3. Pers.	ī-ba-nt	ī-re-nt		i-erant	īssent
Futur I	Sg. 1. Pers.	ī-b-ō		Futur II	i-erō	
	2. Pers.	ī-bi-s			i-eris	
	3. Pers.	ī-bi-t			i-erit	
	Pl. 1. Pers.	ī-bi-mus			i-erimus	
	2. Pers.	ī-bi-tis			i-eritis	
	3. Pers.	ī-bu-nt			i-erint	
	PPA	iēns, euntis				

Andere Verben

		ferre (Inf. Präs. Akt.)		ferrī (Inf. Präs. Pass.)	
		Indikativ	Konjunktiv	Indikativ	Konjunktiv
Präsens	Sg. 1. Pers.	fer-ō	fer-a-m	fer-o-r	fer-a-r
	2. Pers.	fer-s	fer-ā-s	fer-ris	fer-ā-ris
	3. Pers.	fer-t	fer-a-t	fer-tur	fer-ā-tur
	Pl. 1. Pers.	fer-i-mus	fer-ā-mus	fer-i-mur	fer-ā-mur
	2. Pers.	fer-tis	fer-ā-tis	fer-i-minī	fer-ā-minī
	3. Pers.	fer-u-nt	fer-a-nt	fer-u-ntur	fer-a-ntur
Imperfekt	Sg. 1. Pers.	fer-ēba-m	fer-re-m	fer-ēba-r	fer-re-r
	2. Pers.	fer-ēbā-s	fer-rē-s	fer-ēbā-ris	fer-rē-ris
	3. Pers.	fer-ēba-t	fer-re-t	fer-ēba-tur	fer-rē-tur
	Pl. 1. Pers.	fer-ēbā-mus	fer-rē-mus	fer-ēbā-mur	fer-rē-mur
	2. Pers.	fer-ēbā-tis	fer-rē-tis	fer-ēbā-minī	fer-rē-minī
	3. Pers.	fer-ēba-nt	fer-re-nt	fer-ēba-ntur	fer-re-ntur
Futur I	Sg. 1. Pers.	fer-a-m		fer-a-r	
	2. Pers.	fer-ē-s		fer-ē-ris	
	3. Pers.	fer-e-t		fer-ē-tur	
	Pl. 1. Pers.	fer-ē-mus		fer-ē-mur	
	2. Pers.	fer-ē-tis		fer-ē-minī	
	3. Pers.	fer-e-nt		fer-e-ntur	
	Part. Präs.	fer-ē-ns, -ntis		PPP lātus, a, um	

	velle (Inf. Präs.)	
	Indikativ	Konjunktiv
Präsens	vol-ō	vel-i-m
	vī-s	vel-ī-s
	vul-t	vel-i-t
	volu-mus	vel-ī-mus
	vul-tis	vel-ī-tis
	volu-nt	vel-i-nt
Imperfekt	vol-ēba-m	velle-m
	vol-ēbā-s	vellē-s
	vol-ēba-t	velle-t
	vol-ēbā-mus	vellē-mus
	vol-ēbā-tis	vellē-tis
	vol-ēba-nt	velle-nt
Futur I	vol-a-m	
	vol-ē-s	
	vol-e-t	
	vol-ē-mus	
	vol-ē-tis	
	vol-e-nt	

Part. Präs. vol-ē-ns, -ntis

Grundzahlen

1 = I	ūnus, a, um	20 = XX	vīgintī
2 = II	duo, duae, duo	30 = XXX	trīgintā
3 = III	trēs, tria	40 = XL	quadrāgintā
4 = IV	quattuor	50 = L	quīnquāgintā
5 = V	quīnque	60 = LX	sexāgintā
6 = VI	sex	70 = LXX	septuāgintā
7 = VII	septem	80 = LXXX	octōgintā
8 = VIII	octō	90 = XC	nōnāgintā
9 = IX	novem	100 = C	centum
10 = X	decem	200 = CC	ducentī, ae, a
11 = XI	ūndecim	300 = CCC	trecentī, ae, a
12 = XII	duódecim	400 = CCCC	quadringentī, ae, a
13 = XIII	trēdecim	500 = D	quīngentī, ae, a
14 = XIV	quattuordecim	600 = DC	sescentī, ae, a
15 = XV	quīndecim	700 = DCC	septingentī, ae, a
16 = XVI	sēdecim	800 = DCCC	octingentī, ae, a
17 = XVII	septendecim	900 = CM	nōngentī, ae, a
18 = XVIII	duodēvīgintī	1000 = M	mīlle
19 = XIX	ūndēvigīntī	2000 = MM	duo mīlia

Ordnungszahlen

prīmus	der erste		
secundus	der zweite	vīcēsimus	der 20.
tertius	der dritte	trīcēsimus	der 30.
quārtus	der vierte	quadrāgēsimus	der 40.
quīntus	der fünfte	quinquagēsimus	der 50.
sextus	der sechste	sexāgēsimus	der 60.
sēptimus	der siebte	septuāgēsimus	der 70.
octāvus	der achte	octōgēsimus	der 80.
nōnus	der neunte	nōnāgēsimus	der 90.
dēcimus	der zehnte	centēsimus	der 100.
ūndecimus	der elfte	ducentēsimus	der 200.
duodecimus	der zwölfte	trecentēsimus	der 300.
tertius decimus	der dreizehnte	quadringentēsimus	der 400.
quārtus decimus	der vierzehnte	quīngentesimus	der 500.
quīntus decimus	der fünfzehnte	sescentēsimus	der 600.
sextus decimus	der sechzehnte	septingentēsimus	der 700.
septimus decimus	der siebzehnte	octingentēsimus	der 800.
duodēvicēsimus	der achtzehnte	nōngentēsimus	der 900.
ūndēvicēsimus	der neunzehnte	mīllēsimus	der 1000.

Die Ordnungszahlen werden dekliniert wie die Adjektive der a-/o-Deklination.

anno post Christum natum (p. Chr. n.) septingentesimo   im Jahre 700 n. Chr.

Anders als im Deutschen stehen die Ordnungszahlen im Lateinischen zur Angabe von Jahreszahlen.

Die folgende Übersicht enthält die in Band 1 und 2 gelernten Verben mit unregelmäßiger Perfektbildung (als „regelmäßig" gelten das v-Perfekt der ā- und ī-Konjugation sowie das u-Perfekt der ē-Konjugation). Die Zahlen am rechten Rand geben die Kapitel an, in denen die Verben vorkommen.

v-Perfekt

complēre	compleō	complēvī		anfüllen, erfüllen	4, 11
flēre	fleō	flēvī		beklagen, (be)weinen	11
arcessere	arcessō	arcessīvī		herbeirufen, holen	15
consuēscere	consuēscō	consuēvī	consuētum	sich gewöhnen (an); *Perf.*: gewohnt sein	39
crēscere	crēscō	crēvī		wachsen	**18**
nōscere	nōscō	nōvī	nōtum	erkennen, kennen lernen	36
cognōscere	cognōscō	cognōvī	cognitum	erkennen, kennen lernen	12, 31
petere	petō	petīvī		(auf)suchen, (er)streben, bitten, verlangen	3, 11
repetere	repetō	repetīvī	repetītum	(zurück)verlangen, wiederholen	28
quaerere	quaerō	quaesīvī		erwerben wollen, suchen	17
quiēscere	quiēscō	quiēvī		(aus)ruhen; schlafen	19
cupere	cupiō	cupīvī		verlangen, wünschen, wollen	10, 11

u-Perfekt

vetāre	vetō	vetuī		verhindern, verbieten	28
cēnsēre	cēnseō	cēnsuī	cēnsum	meinen, einschätzen, seine Stimme abgeben (für)	13, 25
docēre	doceō	docuī	doctum	lehren, unterrichten	31
aperīre	aperiō	aperuī		aufdecken, öffnen	13
colere	colō	coluī	cultum	bewirtschaften, pflegen, verehren	5, 11, 25
consulere	consulō	consuluī	consultum	befragen, beraten, Maßnahmen ergreifen (gegen), sorgen für	13, 29, 35
dēserere	dēserō	dēseruī	dēsertum	im Stich lassen, verlassen	20, 29
pōnere	pōnō	posuī	positum	(auf)stellen, (hin)legen, setzen	25
compōnere	compōnō	composuī		vergleichen	7, 11
dēpōnere	dēpōnō	dēposuī		ablegen, niederlegen, aufgeben	4, 11
impōnere	impōnō	imposuī	impositum	auferlegen, (hin)einsetzen	38

rapere	rapiō	rapuī		wegführen, rauben, wegreißen	17
corripere	corripiō	corripuī		ergreifen, gewaltsam an sich reißen	10, 11
ēripere	ēripiō	ēripuī		entreißen	17
velle	volō	voluī		wollen	7, 11
nōlle	nōlō	nōluī		nicht wollen	7, 11

s-Perfekt

ārdēre	ārdeō	ārsī		brennen	28
augēre	augeō	auxī	auctum	vermehren, vergrößern	22
iubēre	iubeō	iussī		anordnen, befehlen	6, 21
manēre	maneō	mānsī		bleiben, warten (auf)	13
remanēre	remaneō	remānsī		(zurück)bleiben	7, 14
persuādēre	persuādeō	persuāsī	persuāsum	überzeugen	30
ridēre	rideō	rīsī		lachen, auslachen	1, 13
torquēre	torqueō	torsī	tortum	drehen, quälen, schleudern	33
sentīre	sentiō	sēnsī		fühlen, meinen, wahrnehmen	18
adiungere	adiungō	adiūnxī		hinzufügen, anschließen	16
cēdere	cēdō	cessī	cessum	gehen, nachgeben, weichen	33
accēdere	accēdō	accessī		herbeikommen, hinzukommen	2, 13
concēdere	concēdō	concessī		erlauben, nachgeben, zugestehen	18
discēdere	discēdō	discessī		auseinander gehen, weggehen	15
excēdere	excēdō	excessī		hinausgehen, weggehen	17
incēdere	incēdō	incessī	incessum	heranrücken, eintreten; (jmd.) befallen	26
prōcēdere	prōcēdō	prōcessī		(vorwärts) gehen, vorrücken	24
cingere	cingō	cinxī		umgeben, umzingeln	23
claudere	claudō	clausī		abschließen, einschließen	15
dīcere	dīcō	dīxī	dictum	sagen, sprechen	7, 13, 28
dūcere	dūcō	dūxī	ductum	führen, ziehen	8, 13, 25
abdūcere	abdūcō	abdūxī		wegführen	15
addūcere	addūcō	addūxī	adductum	heranführen, veranlassen	40
condūcere	condūcō	condūxī		zusammenführen; anwerben, mieten	24
ēdūcere	ēdūcō	ēdūxī	ēductum	herausführen	34
indūcere	indūcō	indūxī		(hin)einführen, verleiten	9, 17
redūcere	redūcō	redūxī	reductum	zurückführen, zurückziehen	27

exstinguere	exstinguō	exstīnxī	exstīnctum	auslöschen, vernichten	31
flectere	flectō	flexī		biegen, (hin)lenken, umstimmen	23
gerere	gerō	gessī	gestum	ausführen, führen, tragen	7, 41
īnstruere	īnstruō	īnstrūxī	īnstrūctum	aufstellen, ausrüsten; unterrichten	25
laedere	laedō	laesī		beschädigen, verletzen	17
mittere	mittō	mīsī	missum	(los)lassen, schicken, werfen	6, 15, 25
āmittere	āmittō	āmīsī		aufgeben, verlieren	13
committere	committō	commīsī	commissum	anvertrauen, veranstalten, zustande bringen	17, 32
dēmittere	dēmittō	dēmīsī	dēmissum	hinabschicken, sinken lassen	30
prōmittere	prōmittō	prōmīsī		versprechen	21
nūbere	nūbō	nūpsī	nūptum	heiraten	29
premere	premō	pressī	pressum	(unter)drücken, bedrängen	29
regere	regō	rēxī		lenken, leiten; beherrschen	20
surgere	surgō	surrēxī		aufstehen, sich erheben; aufrichten	2, 15
scrībere	scrībō	scrīpsī	scrīptum	beschreiben, schreiben	37
conscrībere	conscrībō	conscrīpsī	conscrīptum	aufschreiben, verfassen	40
sūmere	sūmō	sūmpsī	sūmptum	nehmen	4, 35
consūmere	consūmō	consūmpsī	consūmptum	verbrauchen, verwenden	29
vehere	vehō	vēxī	vectum	fahren, tragen, ziehen	35
vīvere	vīvō	vīxī		leben	5, 30
aspicere	aspiciō	aspexī		erblicken	10, 13
conspicere	conspiciō	conspexī	conspectum	erblicken	34
perspicere	perspiciō	perspexī		erkennen, genau betrachten, sehen	16
respicere	respiciō	respexī	respectum	zurückblicken, berücksichtigen	25

Dehnungsperfekt

lavāre	lavō	lāvī	lautum	waschen, reinigen	35
cavēre	caveō	cāvī	cautum	sich hüten (vor), Vorsorge treffen	32
movēre	moveō	mōvī	mōtum	bewegen	24, 25
commovēre	commoveō	commōvī	commōtum	bewegen, veranlassen	24, 25
permovēre	permoveō	permōvī	permōtum	beunruhigen, veranlassen	24, 26
sedēre	sedeō	sēdī		sitzen	19
vidēre	videō	vīdī	vīsum	sehen, darauf achten	3, 13, 25
prōvidēre	prōvideō	prōvīdī	prōvīsum	dafür sorgen	41

venīre	veniō	vēnī	ventum	kommen	8, 13
circumvenīre	circumveniō	circumvēnī	circumventum	umringen, umzingeln	42
convenīre	conveniō	convēnī		besuchen, zusammenkommen, zusammenpassen	9, 13
ēvenīre	ēveniō	ēvēnī	ēventum	sich ereignen	34
invenīre	inveniō	invēnī		finden, erfinden	24
pervenīre	perveniō	pervēnī		kommen (zu/nach)	8, 13
agere	agō	ēgī	āctum	handeln, treiben, verhandeln	8, 13, 25
cōgere	cōgō	coēgī	coāctum	(ver)sammeln, zwingen	33
consīdere	consīdō	consēdī		sich setzen, sich niederlassen	9, 40
corrumpere	corrumpō	corrūpī	corruptum	bestechen, verderben	31
emere	emō	ēmī	ēmptum	kaufen	6, 35
frangere	frangō	frēgī	frāctum	zerbrechen	27
legere	legō	lēgī	lēctum	lesen, auswählen	10, 25
colligere	colligō	collēgī	collēctum	sammeln	32
dēligere	dēligō	dēlēgī	dēlēctum	(aus)wählen	25
intellegere	intellegō	intellēxī		(be)merken, verstehen	23
neglegere	neglegō	neglēxī	neglēctum	nicht (be)achten, vernachlässigen	30
relinquere	relinquō	relīquī		unbeachtet lassen, verlassen, zurücklassen	3, 13
trahere	trahō	trāxī		ziehen, schleppen	19
vincere	vincō	vīcī	victum	(be)siegen, übertreffen	13, 26
adicere	adiciō	adiēcī		hinzufügen	23
conicere	coniciō	coniēcī		(zusammen)werfen, folgern, vermuten	16
ēicere	ēiciō	ēiēcī	ēiectum	hinauswerfen, vertreiben	29
capere	capiō	cēpī	captum	fassen, nehmen; erobern	10, 13, 26
accipere	accipiō	accēpī	acceptum	aufnehmen, erhalten, erfahren	27
excipere	excipiō	excēpī	exceptum	aufnehmen, eine Ausnahme machen	25
incipere	incipiō	incēpī (coepī)	inceptum	anfangen, beginnen	31
recipere	recipiō	recēpī	receptum	aufnehmen, wieder bekommen, zurücknehmen	28
suscipere	suscipiō	suscēpī	susceptum	auf sich nehmen, sich (einer Sache) annehmen, unternehmen	29
facere	faciō	fēcī	factum	machen, tun, handeln	10, 13, 26
conficere	conficiō	confēcī	confectum	beenden, fertig machen	26
dēficere	dēficiō	dēfēcī		abnehmen, ermatten; verlassen, ausgehen	18
efficere	efficiō	effēcī	effectum	bewirken, herstellen	40
interficere	interficiō	interfēcī	interfectum	töten, vernichten	25

perficere	perficiō	perfēcī	perfectum	erreichen, fertig stellen, vollenden	41
fugere	fugiō	fūgī		fliehen (vor), meiden	20
effugere	effugiō	effūgī		entfliehen, entkommen	34

Reduplikationsperfekt

dare	dō	dedī	datum	geben	2, 15, 25
stāre	stō	stetī		stehen	1, 15
constāre	constō	constitī		feststehen; kosten	35
īnstāre	īnstō	īnstitī		bevorstehen, hart zusetzen	20
praestāre	praestō	praestitī		übertreffen; gewähren, leisten, zeigen	16, 33
restāre	restō	restitī		übrig bleiben, Widerstand leisten	13, 15
respondēre	respondeō	respondī		antworten, entsprechen	5, 15
reperīre	reperiō	repperī		(wieder)finden	17
cadere	cadō	cecidī		fallen	30
accidere	accidō	accidī		geschehen, sich ereignen	33
occidere	occidō	occidī		umkommen, untergehen	42
occīdere	occīdō	occīdī	occīsum	niederschlagen, töten	32
consistere	consistō	constitī		Halt machen, sich aufstellen	5, 20
resistere	resistō	restitī		stehen bleiben; Widerstand leisten	31
currere	currō	cucurrī		eilen, laufen	2, 15
occurrere	occurrō	occurrī		begegnen, entgegentreten	28
condere	condō	condidī	conditum	erbauen, gründen; verwahren, verbergen, bestatten	22, 32
crēdere	crēdō	crēdidī		anvertrauen, glauben	11, 21
dēdere	dēdō	dēdidī	dēditum	ausliefern, übergeben	33
reddere	reddō	reddidī	redditum	(jmd. zu etwas) machen	34
perdere	perdō	perdidī	perditum	verlieren, verschwenden, zugrunde richten	29
trādere	trādō	trādidī	trāditum	übergeben, überliefern	39
discere	discō	didicī		lernen, erfahren	39
fallere	fallō	fefellī		täuschen, betrügen	20
parcere	parcō	pepercī		schonen, sparen	22
pellere	pellō	pepulī	pulsum	schlagen, vertreiben	15, 31
expellere	expellō	expulī		vertreiben, verbannen	12, 15
repellere	repellō	reppulī	repulsum	zurückstoßen, abweisen, vertreiben	28
poscere	poscō	poposcī		fordern, verlangen	40

tangere	tangō	tetigī	tāctum	berühren	28
attingere	attingō	attigī		berühren	7, 15
contingere	contingō	contigī	contāctum	berühren; gelingen	29
tendere	tendō	tetendī	tentum	sich anstrengen, spannen; (aus)strecken	30
contendere	contendō	contendī		eilen; sich anstrengen, kämpfen; behaupten	3, 15, 18, 40
ostendere	ostendō	ostendī		zeigen, darlegen	6, 15

Perfekt ohne Stammveränderung

accendere	accendō	accendī	accēnsum	anfeuern, anzünden	28
incendere	incendō	incendī	incēnsum	entflammen, in Brand stecken	33
dēfendere	dēfendō	dēfendī		abwehren, verteidigen, schützen	5, 15
dēscendere	dēscendō	dēscendī	dēscēnsum	herabsteigen	37
metuere	metuō	metuī		(sich) fürchten	29
reprehendere	reprehendō	reprehendī	reprehēnsum	kritisieren, wieder aufgreifen	31
ruere	ruō	ruī		eilen, stürmen, stürzen	17
solvere	solvō	solvī	solūtum	auflösen, bezahlen, lösen	28
statuere	statuō	statuī		aufstellen, beschließen, festsetzen	23
constituere	constituō	constituī	constitūtum	festsetzen, beschließen	32
īnstituere	īnstituō	īnstituī		beginnen, einrichten, unterrichten	10, 15
vertere	vertō	vertī	versum	drehen, wenden	30
animadvertere	animadvertō	animadvertī		bemerken, wahrnehmen	15
āvertere	āvertō	āvertī	āversum	abwenden, vertreiben	37

esse

esse	sum	fuī		sein	1, 11
abesse	absum	āfuī		abwesend sein, fehlen	24
adesse	adsum	adfuī		da sein; helfen	1, 6, 17
dēesse	dēsum	dēfuī		abwesend sein, fehlen	33
praeesse	praesum	praefuī		an der Spitze stehen, leiten	36
posse	possum	potuī		können	11

ire

īre eō	iī	itum		gehen	20
abīre	abeō	abiī		weggehen	24
adīre	adeō	adiī		herantreten (an), bitten	20
exīre	exeō	exiī		herausgehen	23
inīre	ineō	iniī		hineingehen; beginnen	20
perīre	pereō	periī		zugrunde gehen, umkommen	20
redīre	redeō	rediī		zurückgehen, zurückkehren	23
subīre	subeō	subiī		auf sich nehmen, herangehen	33
trānsīre	trānseō	trānsiī		hinübergehen, überschreiten, durchqueren	20

ferre

ferre	ferō	tulī	lātum	bringen, tragen; ertragen	37
afferre	afferō	attulī	allātum	bringen, herbeibringen, mitbringen; melden	37
auferre	auferō	abstulī	ablātum	rauben, wegbringen	37
conferre	conferō	contulī	collātum	vergleichen, zusammentragen	37
efferre	efferō	extulī	ēlātum	herausheben, hervorbringen	41
referre	referō	rettulī	relātum	(zurück)bringen, berichten	40
tollere	tollō	sustulī	sublātum	aufheben, in die Höhe heben, wegnehmen	3, 31

v. Chr.

um 900	Erste Hirtensiedlungen auf dem Palatin
753	sagenhaftes **Gründungsdatum der Stadt Rom**
um 550	Herrschaft etruskischer Könige in Rom; Errichtung des Circus Maximus und der ersten römischen Stadtmauer
510	Vertreibung des Tarquinius Superbus: Ende der etruskischen Königsherrschaft und **Beginn der römischen Republik**
494	Auszug der plebs aus Rom: Vermittlung durch Menenius Agrippa
450	**Zwölftafelgesetz:** erste schriftliche Fixierung des römischen Rechts
um 264	Nach zahlreichen Kriegen gegen die umliegenden Völker ist die **römische Herrschaft in Mittel- und Süditalien gefestigt**.
264–241	**1. Punischer Krieg**
242	Einrichtung der ersten römischen Provinz (Sicilia)
218–201	**2. Punischer Krieg**
219/218	**Hannibal** zieht durch Spanien bis nach Italien: **Alpenübergang**
216	Niederlage der Römer bei Kannä
202	Sieg **Scipios** über Hannibal bei Zama
184	Zensur des **M. Porcius Cato** und des L. Valerius Flaccus
168	Schlacht bei Pydna: Sieg des **L. Aemilius Paullus** über die Makedonen unter König Perseus
149–146	**3. Punischer Krieg**
146	**Zerstörung Karthagos:** Africa wird römische Provinz. Griechenland wird zur römischen Provinz Achaia. **Herrschaft der Römer über den Mittelmeerraum**
133/121	Gescheiterte Reformbewegung der **Gracchen**
102/101	Siege des **Marius** über die Kimbern und Teutonen
82–79	Diktatur **Sullas**
73–71	Sklavenaufstand unter Spartakus
67	Pompejus beendet im Auftrag des Senats den Seeräuberkrieg.
63	**Konsulat Ciceros**
63–62	**Catilinarische Verschwörung**
60	1. Triumvirat: Pompejus, Crassus, Cäsar
59	**Konsulat Cäsars**
58–51	**Eroberung Galliens** durch Cäsar
49–46	**Bürgerkrieg:** Cäsar gegen Pompejus/Senat
48	**Schlacht bei Pharsalos:** Sieg Cäsars über Pompejus, bald darauf Ermordung des Pompejus in Ägypten
48–47	Cäsar in Ägypten bei Kleopatra
47–44	Diktatur Cäsars
45	Einführung des julianischen Kalenders
15.3.44	**Ermordung Cäsars**
43	2. Triumvirat: Antonius, Lepidus, Oktavian
43	Ermordung Ciceros durch Schergen des Antonius
42	**Schlacht bei Philippi:** Niederlage der Cäsarmörder
31	**Schlacht bei Aktium:** Sieg Oktavians über Marcus Antonius und Kleopatra; Ägypten wird römische Provinz.
30	Selbstmord des Antonius und der Kleopatra
27	Der Senat verleiht Oktavian den Ehrentitel Augustus: **Beginn des Prinzipats**
19	Veröffentlichung der „Äneis“ Vergils
9	Einweihung der Ara Pacis Augustae

n. Chr.

um 8 n. Chr.	Veröffentlichung der „Metamorphosen“ Ovids
9	**Schlacht im Teutoburger Wald:** Sieg des Cheruskerfürsten Arminius über die Legionen des römischen Feldherrn Varus
14	Tod des Augustus
14–68	**Julisch-Claudisches Herrscherhaus**
14–37	**Kaiser Tiberius**
37–41	**Kaiser Caligula**
41–54	**Kaiser Claudius**
54–68	**Kaiser Nero**
64	**Brand Roms:** erste Christenverfolgungen
68–69	Vierkaiserjahr (Galba, Otho, Vitellius, Vespasian)
69–96	**Flavisches Herrscherhaus**
69–79	**Kaiser Vespasian**
79–81	**Kaiser Titus**
79	Vesuv-Ausbruch, Zerstörung von Pompeji und Herkulaneum
80	Bau des Kolosseums beendet
81–96	**Kaiser Domitian**
84	Baubeginn des **Limes** in Germanien
96–180	**Adoptivkaiser**
96–98	**Kaiser Nerva**
98–117	**Kaiser Trajan**
106–115	**Größte Ausdehnung des römischen Reiches** (Schaffung der Provinzen Arabia, Dacia, Armenia, Mesopotamia und Assyria)
117–138	**Kaiser Hadrian**
138–161	**Kaiser Antoninus Pius**
161–180	**Kaiser Mark Aurel**
180–192	**Kaiser Commodus**
193–235	**Severisches Kaiserhaus**
235–305	**Soldatenkaiser**
um 250	Erste allgemeine Christenverfolgung unter den Kaisern Decius und Valerian
um 250	Beginn der **Völkerwanderung**: Die Goten überschreiten die Donau. Die Alemannen durchbrechen den Limes und brechen in das Reichsgebiet ein.
284–305	**Kaiser Diokletian**
303–311	Christenverfolgung unter Diokletian
306–337	**Kaiser Konstantin der Große**
312–315	Errichtung des Konstantinbogens
330	**Konstantinopel wird Hauptstadt des römischen Reiches.**
379–395	**Kaiser Theodosius der Große**
391	Das **Christentum wird Staatsreligion** (Verbot heidnischer Kulte).
395	**Reichsteilung** nach dem Tod des Theodosius (Entstehung eines west- und eines oströmischen Reiches)
410	Rom wird von den Westgoten (Alarich) eingenommen.
476	Absetzung des letzten weströmischen Kaisers durch den Germanen Odoaker: **Ende des weströmischen Reiches**
527–565	**Kaiser Justinian** (Sein Versuch, die Reichseinheit wiederherzustellen, scheitert.)
534	Codex Iustinianus
800	Kaiserkrönung Karls des Großen

IMPERIVM ROMANVM
Mare Germanicum
Mar
BRITANNIA
Oceanus Britannicus
saltus Teutoburgiensis
Colonia Agrippina
GERMANIA
Augusta Treverorum
Mosella
Mogontiacum
Limes
GALLIA
Castra Regina
Danuvius
Rhenus
Castra Biriciana
Argentorate
Alesia
Augusta Vindelicorum
Castra Batavis
Alpes
Rhodanus
GALLIA (cisalpina)
Mediolanum
Pannon
ILLYRIC
HISPANIA
Hiberus
ITALIA
Tiberis
Mare Adriaticum
Corsica
Roma
Tusculum
Ostia
Latium
Brundisium
Cumae
Neapolis
Pompei
Tarentu
Sardinia
Mare Tyrrhenum
Paestum
Carthago Nova
Mare Ibericum
Mare Herculeum
Messana
Sicilia
Aetna
Syracusae
MAURETANIA
Carthago
Zama
NUMIDIA
Mare Intern
AFRICA
AETHIOPIA